Gespenster – Geister – Phänomene

Brian Innes

GESPENSTER GEISTER PHÄNOMENE

Aus dem Englischen von
Ulrike Strerath-Bolz

Weltbild

Die englische Originalausgabe erschien 2016 unter dem Titel
GHOST SIGHTINGS – The World's Spookiest Cases
First published by Amber Books Ltd, London
Die Übersetzung von GESPENSTER – GEISTER – PHÄNOMENE wurde 2017
nach Vereinbarung mit Amber Books Ltd. veröffentlicht.

Copyright © 2016 Amber Books Ltd
Copyright der deutschsprachigen Ausgabe © 2017 by Weltbild GmbH & Co. KG,
Werner-von-Siemens-Str. 1, 86159 Augsburg
Übersetzung: Ulrike Strerath-Bolz
Projektleitung und Redaktion: usb bücherbüro, Friedberg/Bayern
Umschlaggestaltung: Büro 18, Friedberg (Bay.)
Umschlagfoto: Simon Marsden

Druck und Bindung: Neografia, a.s. printing house, Martin
Printed in the EU
978-3-8289-8046-4

2019   2018   2017
Die letzte Jahreszahl gibt die aktuelle Lizenzausgabe an.

Einkaufen im Internet:
www.weltbild.de

INHALT

EINLEITUNG

Was bedeutet das Wort »Geist«? Lexika und Wörterbücher bleiben erstaunlich vage, wenn es um die Herkunft des Wortes geht. Sie führen es auf ein germanisches Wort zurück, aber bereits dieser Begriff »Geist« ist doppeldeutig. Andere Interpretationen führen es auf nordische Wurzeln mit der Bedeutung »wütend« oder auf ein Wort mit der Bedeutung »Windhauch« oder »Windstoß« zurück. Der Heilige Geist ist ja tatsächlich in der Theologie oft als »Atem Gottes« identifiziert worden. In diesem Zusammenhang ist es interessant, wie oft Geistererscheinungen mit einem kalten Windstoß, einem Sirren in der Luft oder einen Geräusch wie von Vogelschwingen beschrieben wurden.

Aber woher auch immer das Wort stammt, es ist jedem bekannt und wird von jedem verstanden. Was man jedoch individuell darunter versteht, steht auf einem anderen Blatt. H. H. Price, Philosoph an der Universität Oxford, hat in den Fünfzigerjahren unter anderem ein Buch über Parapsychologie geschrieben. Darin sagt er, die Frage »Glauben Sie an Geister?« könne erst beantwortet werden, wenn der Begriff richtig definiert sei. Oder anders gesagt, mit den Worten von C. E. M. Joad, einem Zeitgenossen und Fachkollegen von Price: »Es kommt darauf an, was Sie unter Geister verstehen.«

Es ist nicht zu leugnen, dass viele Tausend Menschen, die weitaus meisten im Vollbesitz ihrer geistigen Kräfte und sehr vernunftgesteuert, irgendwann in ihrem Leben eine Begegnung mit etwas gehabt haben, was »nicht da war«. Und dass es viele Begriffe gibt, abgesehen von dem Wort »Geist«, die dieses seltsame Etwas beschreiben können: Erscheinung, Gespenst, Schemen, Phantom, Seelenwesen, Wiedergänger, Polstergeist – oder Halluzination.

GEISTER DER VERGANGENHEIT

Viele Völker der Vergangenheit glaubten fest daran, dass die Seelen der Verstorbenen am Ort ihres Todes oder ihres Begräbnisses verblieben. Platon schreibt in seinem Werk *Phaedon:* »Du kennst die Geschichten von Seelen, die über Gräbern und Begräbnisstätten verharren.« Er glaubte darüber hinaus, dass diese Geister böse waren: »Es sind eindeutig nicht die Seelen der guten Menschen, sondern die der Bösen, die

Die *Dialoge* von Papst Gregor dem Großen enthalten auch eine Sammlung von Geistergeschichten aus dem frühen Mittelalter.

Dieses Foto aus dem Jahr 1891 zeigt die Bibliothek von Combermere Abbey. Eine Gestalt, die aussieht wie Lord Combermere, sitzt im Sessel, während gleichzeitig seine Beerdigung stattfindet.

dazu verdammt sind, an solchen Orten zu wandern, als Strafe für ihr schlechtes Leben.«

Im Christentum wurde die Sache noch schwieriger, und zwar durch eine absichtliche Fehlinterpretation des griechischen Wortes »daimonion«. Für Sokrates im 5. Jahrhundert v. Chr. bezeichnete dieses Wort eine »innere Stimme«, einen geistigen Begleiter, der ihn daran hinderte, das Falsche zu tun. Christliche Theoretiker verstanden darunter einen Diener des Bösen, einen Dämon oder Teufel. Menschen, die Poltergeist-Phänomene anzogen oder in Trance sprachen, galten als »besessen«. Die größte Sammlung von Geistergeschichten aus dem frühen Mittelalter ist in den Dialogen von Papst Gregor dem Großen (590–604) zu finden. Gregors Zeitgenossen, von deren Geisterbegegnungen das Buch erzählt, erklären immer wieder, dass sie im Fegefeuer schmoren, dass ihr Leiden aber durch Gebete für ihre Seele gelindert wird. Orte, an denen es spukte, mussten mit Glocke, Buch und Kerze exorziert werden, um die Dämonen zu vertreiben, die sie verseuchten. Und als die Kirche sich schließlich von innen her bedroht fühlte, wurden Tausende unschuldiger Menschen in einem letzten, vergeblichen Kampf gegen die eingebildeten höllischen Dämonen auf den Scheiterhaufen verbrannt.

BÖSE ABSICHT?

In den meisten Fällen, die in diesem Buch beschrieben werden, deutet nichts darauf hin, dass böse Geister im Spiel sind. Die Berichte auf den folgenden Seiten stammen von denjenigen, die sich nicht erschrecken ließen. Sie legten objektive Berichte über ihre Beobachtungen vor und beobachteten häufig ein Fehlen jeglicher Gefühlsregungen zwischen ihnen und der Erscheinung. Selbst in den sensationellsten Poltergeist-Fällen haben Forscher festgestellt, dass die »böse Absicht« eher von Menschen ausging, die in der Lage waren, ein äußeres, unpersönliches Kraftfeld anzuzapfen, um die Phänomene hervorzurufen.

GEISTER VERGANGE-NER JAHRHUNDERTE

Vor dem 19. Jahrhundert wurde zwischen unterschiedlichen Arten von Geistern kaum unterschieden, egal, ob sie gut oder böse, lärmend oder schweigend, sichtbar oder unsichtbar waren. Deshalb umfasst dieses Kapitel Phänomene von der Totenbeschwörung bis zu Erscheinungen in Krisensituationen und Poltergeistern.

DER GEIST VON EN-DOR

Wo: En-Dor

Wann: 800 vor Christus

Der älteste schriftliche Bericht über die Anrufung und Befragung eines Geistes findet sich in der Bibel, und zwar im Ersten Buch Samuel. Saul, der erste König von Israel, war unglaublich eifersüchtig auf seinen Gefolgsmann David und schmiedete ein Mordkomplott gegen ihn. Unter dem wachsenden Eroberungsdruck der Philister litt Saul immer häufiger unter Anfällen von Melancholie und unkontrollierbarer Wut. David floh in die Wüste Negev, wo er viele Ausgestoßene um sich sammelte.

Auf der Suche nach Rat befahl Saul seinen Dienern, eine Wahrsagerin und Geisterbeschwörerin zu suchen, damit er sie befragen konnte. Die Diener kannten eine Art Hexe in En-Dor, und Saul verklei-

Gustave Dorés Stich zeigt, wie Samuel dem König Saul erscheint. Saul bricht zusammen, als die Hexe den Geist herbeibeschwört und dieser fragt: »Warum störst du mich in meiner Ruhe?«

Diese Zeichnung gilt als die früheste englische Wiedergabe der Hexe von En-Dor.

dete sich so, dass man ihn nicht erkannte, und ging mit zwei Leibwächtern bei Dunkelheit in das Haus der Frau. Er bat sie um Hilfe, aber sie erinnerte ihn daran, wie schlecht er Hexen und Zauberer behandelt hatte. »Du weißt, was Saul getan hat«, sagte sie. »Er hat die Wahrsagerinnen und Zauberer geächtet und aus dem Land gejagt. Warum stellst du mir eine Falle, willst du, dass ich sterbe?«

Saul schwor, dass ihr kein Schaden zugefügt werden sollte, und bat sie, den Geist des Propheten Samuel herbeizurufen, der ihn zum König gesalbt hatte. Sie willigte ein und rief den Geist herbei, aber sie hatte Angst. »Ich habe Götter aus der Erde aufsteigen sehen«, sagte sie. »Und einen alten Mann mit einem Mantel.« Saul, der erkannte, dass es sich bei diesem Mann um Samuel handelte, neigte den Kopf. Als Samuel Saul fragte, warum er seine Ruhe störte, antwortete Saul: »Ich mache mir große Sorgen, denn die Philister führen Krieg gegen mich, und Gott hat mich verlassen.« Samuel erwiderte: »Der Herr hat dir das Königreich aus den Händen genommen und es

Drei Nächte nach der Enthauptung von Thomas Wentworth, Lord Stafford, wegen Hochverrats am 12. Mai 1641 wurde der Erzbischof von Canterbury vom Geist des längst verstorbenen Kardinals Wolsey heimgesucht.

deinem Nachbarn gegeben, David, weil du der Stimme des Herrn nicht gehorcht hast. Nun wird der Herr auch Israel in die Hände der Philister geben, und morgen wirst du mitsamt deinen Söhnen bei mir sein.«

Als Saul das hörte, brach er zusammen und musste von der Hexe versorgt werden, bis er wieder zu Kräften kam. Kurz darauf wurde die Prophezeiung des Geistes wahr: Drei Söhne von Saul wurden in der Schlacht bei Gilboa getötet, und Saul, der tödlich verwundet war, nahm sich das Leben. Der nachfolgende Sieg über die Philister war Davids Werk.

KOMMENTAR

Dieser Bericht lässt zweifeln, ob Saul selbst den Geist wahrnahm oder ob es sich um eine Seance handelte, bei der die Hexe in Trance mit Samuels Stimme sprach. In jedem Fall handelt es sich um ein Beispiel von Nekromantie, also Totenbeschwörung, um zu einer Prophezeiung zu kommen. Gerade diese Praxis war streng verboten. Es handelt sich nicht um eine echte Geistererscheinung, denn der Bericht macht ganz klar, dass Samuel nicht aus eigenem Antrieb erscheint und später auch nicht mehr gesehen wurde.

DIE GEISTER VON MARATHON

Wo: Schlachtfeld von Marathon, Griechenland

Wann: 490 v. Chr. und später

Bericht bei Pausanius

Die Schlacht von Marathon, in der die Athener unter der Führung von Miltiades die angreifenden Perser besiegten, fand im September 490 v. Chr. statt. Die Perser verloren 6400 Mann, die Athener nur 192. Für die Griechen wurde der Ort zu einem Heiligtum.

Jahrhunderte nach der Schlacht vom Marathon (490 v. Chr.) wurde immer wieder berichtet, dass um den Schrein für die gefallenen griechischen Soldaten Kampflärm zu hören war.

Um 150 n. Chr. schrieb Pausanius einen Griechenland-Reiseführer. Über das Schlachtfeld von Marathon schreibt er: »In der Ebene gibt es ein Grabmal der Athener; darauf befinden sich Steinplatten mit den Namen der Gefallenen, nach Stämmen geordnet … An diesem Ort kann man nachts Pferdegewieher und Kampflärm hören. Wenn man absichtlich dort bleibt, um es zu erleben, kommt nichts Gutes dabei heraus. Aber denjenigen, die gegen ihren Willen dort hinkommen, zürnen die Geister nicht. Die Leute von Marathon verehren die Männer, die dort im Kampf gefallen sind. Sie nennen sie Helden. Sie verehren auch Herakles und sagen, sie seien die Ersten unter den Griechen gewesen, die ihn als Gott anerkannten.«

Die Stadt Alès in Südfrankreich war Schauplatz für eine der frühesten Untersuchungen einer Geistererscheinung. Nach dem Tod des Kaufmanns Guy de Torno suchte sein Geist das Haus heim, in dem er gelebt hatte. Die Erscheinungen endeten erst, als der Prior der Stadt eingriff.

KOMMENTAR

Schlachtfelder, auf denen so viele Menschen in körperlicher und seelischer Qual den Tod fanden und fern von der Heimat ohne richtige Zeremonie beerdigt wurden, sind oft berüchtigt für ihre Geistererscheinungen. Dieser Bericht ist besonders interessant, weil er so früh behauptet, es gäbe einen Unterschied in der Haltung der Geister zu den Besuchern. Es heißt, sie behandelten diejenigen, die aus Neugier über das Phänomen kommen, anders, als diejenigen, die sich nur zufällig dort aufhalten.

DIE STIMME DES GUY DE TORNO

Wo: Alès, Frankreich

Wann: Dezember 1323

Untersucht von John Goby

Diese Spukgeschichte aus dem 14. Jahrhundert berichtet von einem unglücklichen Geist und ist besonders interessant, weil es sich um eine der ersten Aufzeichnungen handelt, die mit einiger wissenschaftlicher Genauigkeit und Sorgfalt durchgeführt wurden.

Alès ist eine Stadt 70 Kilometer von Avignon in Südfrankreich. Im Dezember 1323 starb dort ein Kaufmann namens Guy de Torno. Wenige Tage nach seiner Beerdigung gab es die ersten Berichte, dass sein Geist nach Hause zurückgekehrt sei und dass seine Witwe seine Stimme höre.

Davon hörte man auch in Avignon. Das frühe

14. Jahrhundert war die Zeit des »großen Schismas«, also der Kirchenspaltung, in der es zwei Päpste gab, einen in Avignon und einen in Rom. Der Papst in Avignon zu dieser Zeit war Johannes XXII. Nachdem er von den Ereignissen in Alès gehört hatte, beauftragte er den Prior des örtlichen Benediktinerklosters, John Goby, der Sache nachzugehen. Bruder John ging am Weihnachtstag, begleitet von drei Mitbrüdern und vielen Einwohnern der Stadt, zu dem Haus, wo die Witwe des Guy de Torno lebte. Zunächst untersuchte er Haus und Garten, um sich zu vergewissern, dass es sich nicht um einen Trick handelte, zum Beispiel um ein Rohr, durch das gesprochen wurde, oder ein seltsames Echo. Danach suchte er einige verantwortungsbewusste Bürger aus, die das Gelände bewachen sollten.

Die Witwe hatte berichtet, dass die Geisterstimme am besten im Schlafzimmer zu hören sei. Also bat John Goby sie, sich aufs Bett zu legen, und zwar in Begleitung einer »würdigen älteren Frau«, während er und seine drei Mitbrüder sich auf die Ecken des Bettes setzten. Die Mönche lasen sodann eine Totenmesse, und kurz danach hörten sie ein wischendes Geräusch in der Luft, ähnlich wie von einem Straßenbesen. Die Witwe schrie entsetzt auf, und Goby fragte laut, ob dieses Geräusch von dem Geist des toten Guy de Torno verursacht würde. »Ja, ich bin es«, antwortete eine leise Stimme.

Inzwischen hatten sich noch mehr Menschen vor dem Haus versammelt und fragten sich, ob der Geist nicht vielleicht eine Manifestation des Teufels sei. Dann forderten sie, einige Zeugen ins Haus zu lassen. Ein Dutzend Stadtbewohner wurden in das Schlafzimmer gebracht und standen im Kreis um das Bett. Als Antwort auf ihre Fragen und die von John Goby versicherte die Stimme ihnen, sie sei nicht vom Teufel gesandt, sondern der erdgebundene Geist des Guy de Torno, der dazu verdammt sei, sein altes Haus zu besuchen, weil er darin Sünden begangen habe, die noch nicht vergeben seien. Vor allem, sagte er, habe er Ehebruch begangen, eine Sünde, die mit Exkommunikation bestraft wurde. Unbemerkt hatte John Goby geweihte Hostien und Messwein mitgebracht, die er in einer Silberschachtel in seinen Kleidern versteckte. Nun sprach ihn die Geisterstimme darauf an. Als Goby erklärte, der Geist könne von seinen Sünden losgesprochen werden und ein letztes Mal die Kommunion erhalten, hörte man nur noch einen tiefen Seufzer. Dann war der Geist verschwunden.

KOMMENTAR

John Goby hat einen detaillierten Bericht über seine Untersuchung an den Papst in Avignon geschickt. Der Fall ist ungewöhnlich, weil Goby so sachlich berichtet, und dies in einer Zeit, in der die leibhaftige Anwesenheit des Teufels unumstritten war und man normalerweise davon ausging, dass nur ein kompliziertes Ritual des Exorzismus – mit Glocke, Buch und Kerze – die Kirche und das Volk zufriedenstellen konnte.

Aus Sicht des naturwissenschaftlichen Betrachters fand der Spuk nur enttäuschend kurze Zeit statt, sodass keine genauere Untersuchung des Phänomens möglich war. Aber damit ist auch gleich eine der möglichen Erklärungen vom Tisch: dass nämlich Guy de Tornos Witwe die Geistererscheinung fälschte und die Stimme durch Bauchreden selbst hervorrief, um Aufmerksamkeit auf sich zu ziehen. Wenn es so gewesen wäre, dann hätte sie sicher nicht gleich bei John Gobys erstem Besuch damit aufgehört.

Die Vorstellung, die Stimme sei durch jemanden hervorgebracht worden, der der Witwe einen Streich spielen wollte, wird durch Gobys Versicherung widerlegt, er habe das gesamte Gelände untersucht. Vermutlich hat die Witwe in Trance gesprochen.

Interessant ist noch, dass in diesem Bericht wie auch in vielen späteren von einem wischenden Geräusch in der Luft die Rede ist.

DER TROMMLER VON TEDWORTH

Wo: Tedworth (heute North Tideworth), Wiltshire, England

Wann: 1662–1663

Opfer: John Mompesson mit Ehefrau und Familie

Untersucht von Rev. Joseph Glanvill

Als Richter John Mompesson im März 1662 die Stadt Ludgershall in Wiltshire besuchte, traf er dort einen Mann namens William Drury, der auf der Straße die Trommel schlug. Seine Erlaubnis aber war gefälscht. Daraufhin übergab er ihn der Stadtwache; die Trommel wurde beim Büttel aufbewahrt. Einige Wochen später schickte der Büttel die Trommel zu Mompesson nach Tedworth, wo seine Mutter die Kinder dazu ermunterte, damit zu spielen.

Ein Ausschnitt aus dem Frontispiz des Buchs *Saducismus Triumphatus* von Joseph Glanvill zeigt den Trommler von Tedworth als teuflische Gestalt, umgeben von kleineren Dämonen.

Als der Richter am 4. Mai von einer Geschäftsreise zurückkehrte, berichtete ihm seine Frau, sie seien in der Nacht von Dieben erschreckt worden, die ins Haus eingebrochen seien. Drei Nächte später war derselbe Lärm wieder zu hören: ein lautes Klopfen an den Türen und Wänden des Hauses, das im Wesentlichen aus Holz gebaut war. Mompesson nahm seine Pistole und suchte draußen, aber als er wieder ins Haus kam, hörte er das Klopfen und Trommeln vom Dach. So ging es noch eine Weile weiter, dann verstummte der Lärm wieder.

In den folgenden Tagen kam und ging der Lärm, bis er endlich in dem Zimmer zu hören war, wo die Trommel aufbewahrt wurde. Mompesson schlug sein Nachtlager dort auf und beobachtete die Trommel. An vier oder fünf von sieben Nächten ging ein lauter, hohler Klang von ihr aus. Bevor getrommelt wurde, hörte die Familie ein Heulen in der Luft über dem Haus. Dann wurde die Trommel geschlagen wie im Krieg, wenn die Wachen zusammengerufen werden. So ging es dann zwei Stunden lang. Bald darauf war der Lärm mit immer anderen Geräuschen auch in anderen Zimmern zu hören.

Mrs Mompesson war schwanger und bekam ein Kind. Während des Wochenbetts verstummte der Lärm, aber nach drei Wochen ging es wieder los, so laut wie eh und je. Die Kinderbetten zitterten so sehr, dass die Familie dachte, sie würden zusammenbrechen. Eine Stunde lang wurde das Lied »Roundheads and Cuckolds go digg, go digg« gespielt. Und unter den Betten klang es, als würde mit Hufeisen gescharrt. Die Kinder wurden in ihren Betten hochgehoben. Es ging von einem Zimmer ins andere.

Die Erscheinung wurde sogar noch heftiger: Bodendielen bewegten sich, manchmal schlug etwas

nach Dienstboten und Besuchern. Stühle wurden gerückt, die Schuhe der Kinder flogen über ihre Köpfe, und ständig wurden lose Gegenstände durchs Zimmer geworfen. Alle Kinder bis auf die älteste Tochter, die zehn Jahre alt war, wurden zu Nachbarn ausquartiert. Die älteste Tochter schlief im Zimmer von Mompesson, wo der Geist seit einem Monat nicht mehr aufgetaucht war. Sobald Mompessons Tochter dort im Bett lag, war der Geist auch da. Und so blieb es die nächsten drei Wochen. Als die anderen Kinder zurückkamen, wurden sie am Nachtzeug und an den Haaren gezogen, sodass man beschloss, sie doch wieder auszuquartieren.

Reverend Joseph Glanvill, Kaplan von König Charles II. und mit vielen Naturwissenschaftlern seiner Zeit eng verbunden, dokumentierte seine eigenen Beobachtungen in seinem Buch über Hexerei, *Saducismus Triumphatus* (1681) folgendermaßen: »Ein lautes Kratzen, als würde jemand mit langen Fingernägeln über ein Polster fahren. Zwei kleine Mädchen, etwa sieben und elf Jahre alt saßen in dem Bett. Ich sah, dass sie die Hände über den Laken hatten, sie konnten also nicht zu dem Lärm hinter ihren Köpfen beigetragen haben.«

Glanvill untersuchte das Bett und die Wand dahinter, konnte aber nichts finden. »Nachdem das Kratzen etwa anderthalb Stunden oder länger weitergegangen war, kroch ich unter das Bett. Dort klang es, als würde ein Hund hecheln, so heftig, dass das Zimmer und die Fenster erschüttert wurden.« Und dann ließen die Störungen plötzlich nach. Ab April 1663 war alles wieder ruhig.

KOMMENTAR

Dieser Fall war für die Forschung lange von großem Interesse, weil er so detailliert und in jeder Hinsicht objektiv aufgezeichnet wurde. Selbst John Mompesson erklärte, trotz der Ungelegenheiten, die durch die Erscheinungen verursacht wurde, sei weder er noch seine Familie besonders in Angst versetzt worden. Auch Reverend Glanvill sagte aus, er sei während der gesamten Zeit in dem Zimmer und in dem Haus nicht besonders verängstigt gewesen.

Im Prinzip zeigt die Erscheinung des Trommlers von Tedworth alle Merkmale eines typischen Poltergeistes. Klopfende und schlagende Geräusche, die allmählich stärker werden; Kratzen, Ziehen an den Haaren und Kleidern; Verschiebung von Möbeln und anderen Gegenständen; die Anwesenheit eines jungen Mädchens, in diesem wie in vielen anderen Fällen vor der Pubertät. Auf dieses Mädchen scheinen sich die Aktivitäten zu konzentrieren.

Es tritt jedoch noch ein weiterer, eher düsterer Faktor auf. William Drury, der Mann, dessen Trommel konfisziert wurde, kam wegen eines Viehdiebstahls ins Gefängnis von Gloucester. Beim Besuch eines Mannes aus Wiltshire erklärte er: »Ich habe ihn [John Mompesson] gequält, und er soll nie Ruhe finden, bis er mich für die Trommel entschädigt hat, die er mir weggenommen hat.«

Mompesson seinerseits versuchte, Drury wegen Hexerei anklagen zu lassen. In einem Brief vom 8. August 1674 schreibt er: »Als der Trommler aus der Verbannung entkam, zu der er in Gloucester wegen eines Diebstahls verurteilt worden war, griff ich ihn auf und brachte ihn ins Gefängnis von Salisbury, wo er wegen Hexerei gegen mich und mein Haus angeklagt wurde … nach dem *Statute Primo Jacobi*, Kap. 12. Dort heißt es, dass es ein Verbrechen ist, einen bösen Geist zu nähren, einzusetzen oder zu belohnen.« Zu Mompessons Ärger ließ das Gericht Drury frei, »wenn auch erst nach einigem Streit«.

Trotz dieses Freispruchs wurde Drury in die Verbannung geschickt, es heißt aber, er sei entkommen, indem er, so Glanvill, »Stürme heraufbeschwor und die Seeleute ängstigte«. So kam er wieder nach England. Glanvill sagt, bei Drurys Rückkehr hätten die Störungen im Hause Mompesson wieder angefangen, aber dafür gibt es sonst keine Belege. Ob Drury

Komplizen hatte, die die Erscheinungen ins Werk setzten, während er im Gefängnis war, ob er selbst aus der Ferne Einfluss nahm oder ob die Störungen tatsächlich auf einen Poltergeist zurückgingen, der von Drury ganz unabhängig war, lässt sich heute nicht mehr feststellen.

DIE LETZTE REISE DER MRS VEAL

Wo: Canterbury, England

Wann: 8. September 1705

Bericht: Daniel Defoe

In seinem *Bericht über die Erscheinung einer gewissen Mrs Veal*, der 1706 zum ersten Mal veröffentlicht wurde, schrieb der englische Autor Daniel Defoe: »Zu meiner großen Befriedigung stehe ich fest auf dem Boden der Fakten. Und warum sollten wir Fak-

Daniel Defoe, der mit seinem Roman Robinson Crusoe weltberühmt wurde, war auch Journalist und Schreiber von Flugblättern, zumeist zu politischen Themen. Eines dieser Flugblätter aus dem Jahr 1706 beschäftigte sich jedoch mit übersinnlichen Erscheinungen.

ten bestreiten, wenn wir die Frage nicht beantworten können, die sich uns auf so seltsame Weise stellt. Mrs Bargraves Autorität und Sicherheit lässt sich in diesem wie in vielen anderen Fällen nicht in Frage stellen.«

Mrs Bargrave hatte zuvor in Dover gelebt, wo sie eine enge Freundin von Mrs Veal war. Sie war vor einigen Monaten nach Canterbury gezogen und lebte in einem eigenen Haus. Am Morgen des 8. September 1705 saß sie in ihrem Lieblingssessel im Salon und nähte, als genau zum Mittagsläuten Mrs Veal an ihre Tür klopfte.

Mrs Bargrave war erstaunt über die Besucherin, von der sie einige Zeit nichts gehört hatte. Sie ging auf sie zu, um sie zu küssen, »was Mrs Veal auch zuließ, bis sich ihre Lippen fast berührten. Dann fuhr Mrs Veal sich mit der Hand über die Augen und sagte, ihr sei unwohl.«

Mrs Veal erzählte Mrs Bargrave, sie wolle eine Reise unternehmen und habe ihre Freundin vorher noch einmal sehen wollen. Mrs Bargrave war sehr überrascht, dass Mrs Veal allein gekommen war, aber Mrs Veal sagte: »Ich hatte so große Sehnsucht, Sie zu sehen, bevor ich abreise.«

Mrs Bargrave führte Mrs Veal in den Salon und bot ihr den Sessel an, in dem sie gesessen hatte. Während sie miteinander sprachen, »fuhr sie sich öfter mit der Hand über die Augen« und fragte Mrs Bargrave, ob sie krank aussähe. Mrs Bargrave verneinte dies. Sie fand, die Freundin sähe so gesund aus wie eh und je.

Die beiden Damen sprachen über ihre Freundschaft, und Mrs Veal sagte, sie sei gekommen, um diese Freundschaft aufzufrischen und Mrs Bargrave um Verzeihung zu bitten. »Wenn Sie mir vergeben können, sind Sie eine sehr gute Frau.«

Mrs Bargrave erklärte, sie hätte nie schlecht von ihrer Freundin gedacht, und vergab ihr bereitwillig, wenn auch mit einer gewissen Traurigkeit, weil sie in letzter Zeit viel über ihr Unglück und ihre Einsam-

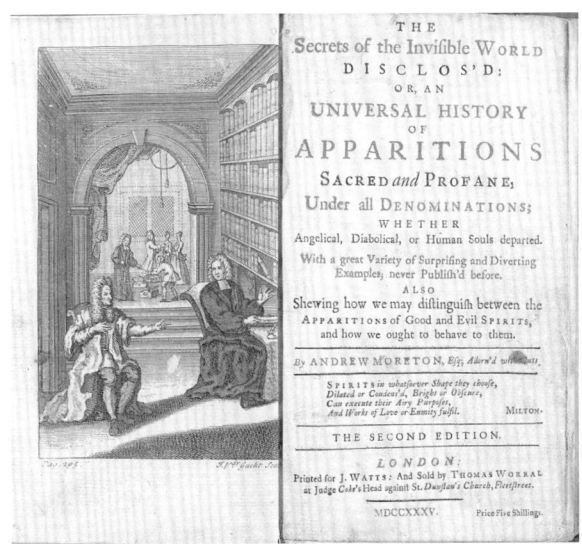

Daniel Defoes Erfahrungen mit dem Übernatürlichen wurden 1735 unter dem Pseudonym Andrew Moreton veröffentlicht. Der Titel lautete: *The Secrets of the Invisible World* (Die Geheimnisse der unsichtbaren Welt).

keit gegrübelt hatte. »Ich dachte, Sie wären wie der Rest der Welt und der Wohlstand hätte Sie unsere Freundschaft vergessen lassen.« Das Gespräch wandte sich den Zeiten zu, als sie sich nahegestanden hatten, den langen Gesprächen und den Büchern, die sie gemeinsam gelesen hatten. Darunter, so Mrs Veal, erinnerte sie sich besonders an Charles Drelincourts *Buch des Todes*, das sie sehr getröstet habe und das sie für eines der besten Bücher hielt, die je über das Thema geschrieben wurden.

Während sie noch von ihrer Freundschaft sprachen, sagte Mrs Veal: »Liebe Mrs Bargrave, ich werde Sie immer lieb haben.« Dann erklärte sie, sie würde sich nicht verabschieden, und ging. Mrs Bargrave sah ihr nach, bis eine Wegbiegung ihr die Sicht nahm. Das war um Viertel vor zwei am Nachmittag.

Defoe berichtete, Mrs Veal sei an einem Herzanfall um die Mittagszeit am 7. September gestorben, also exakt 24 Stunden vor dem Klopfen an Mrs Bargraves Tür.

KOMMENTAR

Dies ist ein ausgezeichnetes Beispiel für eine Geistererscheinung in einer Krisensituation. Im *Census of Hallucinations* der Society for Psychical Research von 1894 wurden viele derartige Fälle dokumentiert, bei denen Personen, die einen frühen Tod erlitten hatten, danach erschienen, oft mit einer Botschaft für nahe Verwandte oder Freunde. Besonders auffällig sind Mrs Veals Erklärung, sie würde eine Reise antreten, und ihr Bestreben, etwaige Differenzen mit

DER GEIST DES CÄSAR

In Shakespeares Stück Julius Caesar erscheint der Geist des Cäsar dem Brutus in seinem Zelt. Als später in der Schlacht eine Niederlage droht, sagt Brutus seinen Männern: »Der Geist des Cäsar ist mir erschienen … ich weiß, dass meine Stunde naht.« Dann stürzt er sich in sein Schwert.

ihrer Freundin beizulegen. Zweifellos hatte sie, inspiriert durch ihre Lektüre des Buchs von Drelincourt, sich in ihren letzten Stunden intensiv mit solchen Gedanken beschäftigt.

»OLD JEFFREY«

Wo: Epworth Rectory, Lincolnshire, England

Wann: 1716–1717

Opfer: Reverend Samuel Wesley und seine Familie

John Wesley, der spätere Gründer der Methodisten, war ein Junge von dreizehn Jahren und besuchte die Schule in London, als seine Mutter ihm von seltsamen Ereignissen zu Hause in Lincolnshire berichtete.

Am 1. Dezember, so schrieb sie ihm in einem Brief, »hörte unser Mädchen an der Tür zum Speisezimmer ein scheußliches Stöhnen, als läge jemand im Sterben … Zwei oder drei Nächte später hörten mehrere Mitglieder der Familie ein seltsames Klopfen an verschiedenen Stellen im Haus, in der Regel drei oder vier Mal. So ging es zwei Wochen lang. Manchmal kam das Klopfen vom Dachboden, meistens jedoch aus den Kinderzimmern … Wir alle hörten es, nur dein Vater [Reverend Samuel Wesley] nicht, und ich wollte auch nicht, dass man ihm davon erzählte, damit er nicht glaubte, es kündige seinen Tod an. … Doch als es wirklich lästig wurde und Tag und Nacht zu hören war, sodass niemand aus der Familie mehr allein bleiben wollte, beschloss ich, es ihm zu sagen. Ich hoffte, er würde die Erscheinung vertreiben. Zuerst wollte er mir nicht glauben, aber in der Nacht darauf, als er im Bett lag,

Das alte Pfarrhaus in Epworth, Lincolnshire. Im Winter 1716/17 wurde es von einem laut lärmenden Geist heimgesucht, dem John Wesleys Schwestern den Spitznamen »Old Jeffrey« gaben.

Das Schlafzimmer in Epworth, wo das Klopfen von »Old Jeffrey« zuerst gehört wurde. Später sah man auch einen Mann im Nachtgewand und eine Tiergestalt, die einem Dachs ähnelte.

klopfte es neun Mal ganz laut an seine Bettkante. … Eines Nachts war der Krach im Zimmer über uns so laut, als würden mehrere Personen dort herumlaufen. … wir dachten, es würde den Kindern Angst einjagen. Also standen Dein Vater und ich auf und gingen im Dunkeln nach unten, um eine Kerze anzuzünden. Als wir am unteren Ende der großen Treppe angekommen waren und uns aneinander festhielten, schien es mir, als hätte jemand neben mir einen Beutel mit Geld ausgeleert. Und auf seiner Seite hörte es sich an, als wären all die vielen Flaschen unter der Treppe in tausend Scherben zersprungen. Wir gingen durch die Diele in die Küche, nahmen eine Kerze und gingen, um nach den Kindern zu sehen, die wir schlafend antrafen.«

Die Familie war durch die Erscheinung offenbar nicht besonders verängstigt, sie bekam den Namen »Old Jeffrey«. Der Haushund bellte, zitterte und winselte, wenn er das Geräusch hörte, und versuchte sich hinter einem der Menschen zu verstecken. Zuerst dachten sie, es könnten ein paar Ratten sein, die von einem Nachbarn durch Hornstöße vertrieben worden waren. Deshalb schickte Mrs Wesley nach jemandem, der die Ratten ebenfalls mit einem Horn vergrämen würde. Aber davon wurde das Klopfen nur noch lauter. Als die älteste Tochter, Molly, ein Klappern an der Küchentür hörte, öffnete sie vorsichtig, sah aber draußen nichts. Als sie die Tür wieder schließen wollte, musste sie mit Knie und Schulter fest drücken und den Schlüssel umdrehen. Daraufhin klopfte es wieder.

Reverend Wesley versuchte die Erscheinung zu befragen, da er die Vermutung hatte, es handele sich um den verstorbenen Sohn Sam, aber es kam keine Antwort. Allerdings imitierte die Erscheinung Klopf- und Stampfgeräusche der Familie.

Gelegentlich wurden auch seltsame Gestalten sichtbar. Die Tochter Emily schrieb dazu: »Meine Schwester Hetty, die immer auf meinen Vater wartet, bevor sie zu Bett geht, saß noch auf der untersten Stufe zum Dachboden, als die Tür hinter ihr geschlossen wurde und eine Männergestalt zu ihr herunterkam. Er trug eine Art Nachthemd, das hinter ihm über die Stufen schleifte.«

Emily berichtete ihrer Mutter außerdem, sie habe unter dem Bett der Schwester ein Tier »ähnlich wie ein Dachs« gesehen, aber ohne Kopf. Später wurde auch in der Küche ein Tier gesehen, aber diesmal ähnelte es eine weißen Kaninchen.

Der Herrendiener Robert Brown hörte Geräusche »wie das Kollern eines Truthahns«. Zwei Töchter beschrieben es wie das Aufziehen des drehenden Bratspießes, während es für Reverend Wesley klang »wie eine Windmühle, wenn der Wind sich dreht«. Ende Januar 1717 ließen die Geräusche endlich nach.

KOMMENTAR

Dieser Fall ist besonders wertvoll, weil er so gut dokumentiert ist. Es gibt mehr als ein Dutzend Briefe von verschiedenen Familienmitgliedern und einen langen Eintrag im Tagebuch des Reverend Wesley. Außerdem sammelte John Wesley 1726 acht Berichte und veröffentlichte in einem Arminian Magazine 1784 den »Bericht über die Störungen im Haus meines Vaters«. Schließlich existiert auch noch der »Bericht über die Störungen im Haus meines Vaters«, den John Wesley in einem *Arminian Maga-*

zine 1784 veröffentlichte. Wie so oft schienen sich die Spukerscheinungen um eine Jugendliche zu konzentrieren, nämlich um die 19-jährige Hetty (Mehetabel) Wesley.

Hettys Verstrickung in den Fall ist ein wenig rätselhaft. Ein Brief der Tochter Susannah berichtet: »Ich sollte dir noch mehr über die Störungen schreiben, aber das muss ich nicht tun, weil meine Schwestern Emilia und Hetty so ausführlich darüber schreiben.« Der besagte Brief von Hetty ist jedoch nicht erhalten. Vielleicht hat ihn John Wesley vernichtet, vielleicht auch Joseph Priestley, der alle anderen Briefe in Wesleys Todesjahr 1791 veröffentlichte. Priestley schreibt: »Mr John Wesley … war sehr bestrebt, diese Briefe in seinen Besitz zu bekommen … Man ging davon aus, dass er sie vernichten wollte.« Was hätte der fehlende Brief über Hettys Haltung zu »Old Jeffrey« verraten können?

DER HERZOG VON BUCKINGHAM

Der Geist des Vaters von George Villiers, Herzog von Buckingham, soll im Jahr 1628 einem Offizier des Königs erschienen sein und ihn vor einem Mordkomplott gegen den Herzog gewarnt haben. Man berichtete Buckingham davon, aber der Herzog ignorierte die Warnung. Er wurde von einem unzufriedenen Untergebenen namens John Felton ermordet.

»SCRATCHING FANNY«

Wo: Cock Lane, London, England

Wann: 1759–1762

Opfer: Richard Parsons und seine Familie

Gespenster, die sich in weiße Laken hüllen? Geister, die einmal klopfen, wenn sie Ja meinen, und zweimal, wenn sie Nein meinen? Im Fall von »Scratching Fanny«, der kratzenden Fanny, kommen viele Elemente zusammen, die zu Eckpunkten zahlreicher Geisterbeobachtungen wurden.

Im Oktober 1759 lebte in der Cock Lane Nummer 20 in der City of London ein Mann namens Richard Parsons. Er war Kirchendiener in St. Sepulchre und lebte dort mit seiner Frau und zwei Töchtern, von denen die ältere, Elizabeth, zu diesem Zeitpunkt elf Jahre alt war. Ein Paar, das sich als Mr und Mrs William Kent vorstellte, wohnte ebenfalls im Haus. Bei

ihrem Einzug erklärten die beiden, sie seien gerade aus Norfolk zugezogen.

Es dauerte nicht lange, dann offenbarte William Kent seinem Nachbarn, dass er und Fanny Kent nicht verheiratet waren. Sie war die Schwester seiner Frau Elizabeth, die im Kindbett gestorben war. Fanny und er hatten sich ineinander verliebt, aber das Kirchenrecht der damaligen Zeit ließ eine solche Ehe nicht zu. Als Zeichen ihrer Verbundenheit hatten sie sich allerdings gegenseitig in ihrem Testament als Alleinerben eingesetzt.

Eines Tages, als Kent sich außerhalb von London befand, lud Fanny, die die Nacht nicht gern in der Wohnung verbrachte, die kleine Elizabeth Parsons ein, bei ihr zu übernachten. In dieser Nacht wurden sie von Klopfgeräuschen an den Bettpfosten, unter dem Bett und an der Holzvertäfelung des Zimmers geweckt. Es klang nach ihrer Aussage wie von Fingerknöcheln, und es gab auch Kratzgeräusche. Als Fanny sich darüber bei Mrs Parsons beklagte, sagte diese ihr, es sei vielleicht der Schuster nebenan gewesen, der spät noch arbeitete. Aber als die Geräusche in der Nacht zum Sonntag weitergingen, waren alle doch sehr alarmiert.

Fanny litt besonders unter den Erscheinungen. Die Beziehungen zwischen den Kents und den Parsons wurden außerdem durch die Tatsache getrübt, dass Richard Parsons ein Darlehen von 12 Guineen nicht zurückzahlte, das William Kent ihm gegeben hatte. Es gab einen heftigen Streit, Kent ging vor Gericht, und die Kents zogen aus. Parsons sprach jetzt immer häufiger davon, dass vielleicht der Geist von Fannys verstorbener Schwester die Geräusche verursachte. Als Fanny, die im sechsten Monat

Ein Stich aus dem 19. Jahrhundert zeigt eine Szene aus den Erscheinungen von »Scratching Fanny«. Obwohl die Parsons später der Verschwörung schuldig befunden wurden, gibt es nur wenige Hinweise auf absichtlichen Betrug.

schwanger war, krank wurde, erklärte er, dies sei die Strafe für ihre illegitime Beziehung mit Kent.

Parsons Verdacht wurde durch ein Erlebnis genährt, das er und James Franzen, der Wirt des benachbarten Pubs Ende Januar 1760 hatten. Franzen hatte Parsons besucht; da dieser aber gerade nicht da war, hatte er eine Weile bei Mrs Parsons gewartet. Die seltsamen Geräusche machten ihm jedoch Angst, und er erhob sich und wollte gehen. Als er an die Küchentür kam, sah er »etwas in Weiß, wahrscheinlich ein Laken, das an ihm vorbei die Treppe hinaufeilte«. Das »Etwas«, sagte er, hätte so geleuchtet, dass man die Uhr an der Armenschule auf der anderen Straßenseite sehen konnte.

Zitternd rannte der Wirt zurück zu seinem Pub und schenkte sich sofort ein Glas Brandy ein. Gleich darauf tauchte auch schon der ebenso verschreckte Richard Parsons bei ihm auf. »Gib mir das größte Glas Brandy, das du hast«, keuchte der Kirchendiener. »Oh, Franzen! Als ich gerade mein Haus betrat, habe ich den Geist gesehen.«

»Ich auch!«, rief der Wirt. »Ich bin vollkommen verstört. Himmel, was hat das alles zu bedeuten?«

Sehr bald glaubten sie, die Bedeutung der Erscheinung zu kennen, denn Fanny Kent lag im Sterben. Reverend Stephen Aldrich von der St. John's Church kümmerte sich um sie, gemeinsam mit einem Arzt und dem Apotheker. In den nächsten zwei Tagen nahm sie nur ein wenig flüssige Medizin zu sich, die ihr der Apotheker zubereitet hatte und die vom Arzt verabreicht wurde. Am Abend des 2. Februar starb sie. Der Arzt bestätigte, sie sei an einer sehr aggressiven Art der Windpocken gestorben. Kent ließ einen gepolsterten Sarg herstellen, aber damit er nicht wegen des Zusammenlebens mit Fanny in Schwierigkeiten käme, bat er den Bestatter, kein Namensschild daran zu befestigen. Fanny wurde in den Kellergewölben von St. John's zur letzten Ruhe gebettet.

Die Geräusche im Hause Parsons jedoch gingen weiter, und zwei spätere Mieter, Catherine Friend

**Das Wohnzimmer im Haus der Parsons'. Die Kratz-
geräusche schienen aus der Wandtäfelung in der
rechten Ecke zu kommen, aber als man die Täfelung
entfernte, fand man keine Spuren.**

und Joyce Weatherall, sagten später aus, sie hätten
das Haus in großer Angst verlassen. Parsons rief
einen Schreiner, der die Vertäfelung in Elizabeths
Zimmer abnahm, aber als man dahinter nichts fand,
wurde sie wieder angebracht. Dann bat Parsons den
Pfarrer von St. Bartholomew the Great, Reverend
John Moore, um Hilfe.

Moore nahm für sich in Anspruch, einiges über
derartige Phänomene zu wissen. Er war ein Anhän-
ger von John Wesley, dessen Vater Samuel selbst vierzig Jahre zuvor in Epworth Rectory von derartigen
Geräuschen verfolgt worden war. Mit Hilfe von Mary
Frazer, die sich um Elizabeth Parsons kümmerte,
stellte Moore eine Verbindung zu dem Geist her, wie
sie seitdem in unzähligen Fällen benutzt wurde: Er
stellte Fragen, und der Geist klopfte einmal für Ja
und zweimal für Nein.

So kam es zu einer ganzen Reihe von Seancen, die
bald auch die Nachbarn anzogen. Moore hielt viele
dieser Seancen in Elizabeths Zimmer ab, wenn das
Mädchen im Bett lag. Das Klopfen war vom Fußbo-
den, aus den Wänden und dem Bett zu hören. Gelegentlich klang es auch, »als würde ein großer Vogel

durchs Zimmer fliegen«, manchmal »wie ein Kratzen von Katzenkrallen auf einem Rohrstuhl«. So bekam die Erscheinung den Namen »Scratching Fanny«. Nach einigen Fragen erklärte Moore, das Klopfen komme von Fannys Geist. Kent habe sie mit »rotem Arsen« vergiftet, das er in einen Krug Kräuterbier gemischt habe.

Es dauerte fast ein Jahr, bevor William Kent von seiner Verstrickung in den Fall erfuhr. Er las darüber in einigen Sensationsartikeln im *Public Ledger,* einer beliebten Zeitung, und wandte sich an Reverend Moore. Moore versicherte ihm, es gäbe im Haus der Parsons »jede Nacht sehr seltsame Klopf- und Kratzgeräusche«, und diese Geräusche hätten eine sehr finstere Quelle. Kent besuchte bald darauf eine der Seancen und hörte, wie der Geist ihn beschuldigte. Als er fragte, ob man ihn hängen würde, antwortete der Geist mit einem einzelnen Klopfen Ja. »Du bist ein Lügengeist!«, rief Kent. »Du bist nicht der Geist meiner Fanny, sie hätte so etwas nie gesagt.«

Inzwischen hatte sich die Nachricht von »Scratching Fanny« weithin verbreitet, und viele Leute kamen in die Cock Lane. Unter den Teilnehmern der Seancen waren sogar der Duke of York, der künftige Bischof von Salisbury, der Dramatiker Oliver Goldsmith und der Politiker Horace Walpole, der später schrieb: »Es gibt dort reichlich zu essen, und die Gasthäuser in der Nachbarschaft machen gute Geschäfte.« Jedoch bereicherte sich die Familie Parsons nicht an ihrer Bekanntheit.

Reverend Aldrich, der an Fannys Sterbebett gewesen war, ließ Elizabeth am 1. Februar 1762 in seinem Haus befragen. Dabei war auch Dr. Samuel Johnson anwesend, der später darüber im *The Gentleman's Magazine* schrieb. Elizabeth wurde ins Bett gelegt, und man befahl ihr, die Hände über der Bettdecke zu halten. Daraufhin gab es keine Klopf- oder Kratzgeräusche. Der Geist hatte sich bereiterklärt, an den eigenen Sarg in der Krypta von St. John's zu klopfen, wenn sich die Forscher dort nachts um eins versam-

meln wollten. Sie gingen gemeinsam dorthin und warteten lange, aber nichts geschah. Und so entschieden sie, es sei wohl das Kind gewesen, das diese Geräusche gemacht habe.

So wurden Behörden eingeschaltet. Nach ein paar weiteren vergeblichen Seancen erklärte man Elizabeth, wenn bei einer letzten Seance keine echten Phänomene aufträten, würde man sie und ihre Eltern ins Gefängnis von Newgate bringen. Das Kind bekam natürlich Angst, und man stellte fest, dass es ein Brettchen und einen Stock in seinem Kleid versteckte. Allerdings war man sich einig, dass Elizabeth mit diesen Werkzeugen kaum die zuvor gehörten Geräusche hätte hervorbringen können.

So standen dann am 10. Juli Mr und Mrs Parsons, Mary Frazer, Reverend John Moore und einige weitere Personen vor dem Königlichen Gericht in der Guildhall der City of London. Sie wurden angeklagt, sich gegen William Kent verschworen zu haben, »indem sie ihn des Giftmordes an Frances Lynes beschuldigten«. Sie wurden schuldig gesprochen, Reverend Moore bekam eine Haftstrafe und Parsons wurde an den Pranger gestellt.

Es scheint jedoch, dass die Menschen in der Gegend überzeugt blieben, dass es in der Cock Lane wirklich einen Geist gegeben habe. Sie hielten Parsons für unschuldig. Statt ihn mit verfaultem Obst und toten Katzen zu bewerfen, warfen sie ihm Geld zu.

KOMMENTAR

Hier handelt es sich um einen weiteren historischen Fall, der viele Diskussionen hervorgerufen hat. Auch er wurde sehr detailliert dokumentiert. Wie in so vielen Fällen dieser Art liegt der Fokus vor allem auf der jungen Elizabeth Parsons. Während der Erscheinungen zeigte sie Symptome, die auf Epilepsie hindeuteten, aber vielleicht fiel sie auch nur in Trance.

Seit dem 19. Jahrhundert gab es viele Sichtungen einer Dame in Grau in Hampton Court Palace. Die Frage bleibt: Ist dieses Bild aus dem Jahr 2015 ein echtes Dokument oder nur ein fehlerhaftes Digitalfoto?

Es ist natürlich durchaus denkbar, dass die ganze Angelegenheit tatsächlich auf Betrug beruhte. Im Gentleman's Magazine von 1762 schrieb Dr. Johnson: »Nach Meinung der gesamten Versammlung hat das Kind das Geräusch hervorgebracht, es gibt keinen anderen Hintergrund.« Aber die Ereignisse begannen nach dem Streit um das Geld zwischen Parsons und Kent, und die Parsons scheinen nie einen materiellen Gewinn aus der Sache gezogen zu haben. Man kann sie also kaum des absichtlichen Betrugs bezichtigen.

EINE WEITERE GRAUE DAME

Wo: Hampton Court Palace in der Nähe von London, Surrey, England

Wann: 2015

Bericht: Holly Hampsheir und ihre Cousine Brook McGee, beide zwölf Jahre alt, und andere

Ein Geist kann Hunderte Jahre alt sein und trotzdem noch im 21. Jahrhundert erscheinen. Im Jahr 2015 fotografierte die zwölfjährige Holly Hampsheir bei einem Besuch in Hampton Court Palace in den königlichen Gemächern ihre Cousine Brook McGee. Zu ihrer Überraschung war später auf dem Foto eine hochgewachsene Frauengestalt zu sehen. Sie hatte lange Zöpfe und trug ein graues Kleid. War es nur eine weitere von vielen Geistererscheinungen, darunter auch der Dame in Grau aus Hampton Court? Man hat traditionell bereits Catherine Howard, die fünfte Frau von Heinrich VIII., und Sybil Penn, eine Krankenschwester am Hof, als die graue Dame identifiziert. Sibyl hatte Königin Elizabeth I. gepflegt, als diese 1562 die Windpocken bekam. Sie soll die Königin so hingebungsvoll gepflegt haben, dass sie sich ansteckte und im selben Jahr starb. Catherine Howard soll schreiend durch die Haunted Gallery gezerrt worden sein, als der König von ihrem Ehebruch erfuhr. 1542, im Alter von einundzwanzig Jahren wurde Catherine auf Befehl ihres Mannes enthauptet.

Seit dem 19. Jahrhundert gibt es zahlreiche Berichte über die graue Dame in Hampton Court. Bewohner haben ein Spinnrad gehört, von dem sie glaubten, dass es Sybil gehörte. Luke Wiltshire, Mitglied der Sicherheitsmannschaft im Schloss, hat unerklärliche Schritte im Gebäude gehört. Und Annie Heron, die eine Bildbibliothek leitet, hat einmal spät am Abend eine seltsame Gestalt am oberen Ende der Treppe gesehen.

Dieser Stich zeigt den Geist von Catherine Howard (1521–1542) in Hampton Court. Catherine war die fünfte Frau von Heinrich VIII. Sie wurde auf seinen Befehl hingerichtet, nachdem sie des Ehebruchs überführt worden war.

Eine Darstellung des Geists von Jane Seymour (1508–1537) in der Haunted Gallery in Hampton Court. Die dritte Frau von Heinrich VIII. gebar ihm seinen männlichen Erben Edward, sie starb aber kurz nach der Geburt des Kindes.

Ian Franklin, der als Sanitäter im Schloss arbeitete, sagte: »Wenn ich über Funk höre, dass jemand ohnmächtig geworden ist, gehe ich immer direkt in die Haunted Gallery, auch wenn ich noch gar keine Informationen über den Ort bekommen habe.« Der Geist dort soll der von Catherine Howard sein.

KOMMENTAR

Hat Holly Hamsheirs Kamera tatsächlich das Bild einer Dame in Grau eingefangen, möglicherweise Catherine Howard oder Sybil Penn? Sicher handelt es sich um das Bild eines Geistes, aber in diesem Fall könnten eher technische Probleme der Digitalfotografie eine Rolle spielen als paranormale Erscheinungen. Mick West von Metabunk.org erklärt, die Dame in Grau auf diesem Foto sei vermutlich bei einer Panoramaaufnahme mit dem Handy ins Bild geraten. Bei dieser Aufnahmetechnik wird die Kamera bewegt und macht mehrere Fotos, die dann zusammengefügt werden. Wenn sich dabei jemand oder etwas ins Bild bewegt, kommt es zu Verzerrungen. West zufolge ist die Gestalt im Bild wohl eher Brook McGee.

Das lässt darauf schließen, dass digitale Fotos für den Nachweis von Geistererscheinungen nicht gut geeignet sind und dass man skeptisch sein muss, was Geistersichtungen angeht. Die Erscheinungen der

Dame in Grau begannen im 19. Jahrhundert, nachdem die Kapelle, in der Sybil Penn beerdigt worden war, abgerissen und ihr Grab zerstört wurde. Es kann aber auch andere Gründe geben, warum sie zu dieser Zeit auftauchte und warum sie so gekleidet war. In der Zeit vor dem 19. Jahrhundert, so schrieb Lucy Worsley, leitende Kuratorin der Historic Royal Palaces in einem Artikel für die Daily Mailim März 2015, gab es hauptsächlich männliche Geister, die sich in weiße Laken hüllten. Warum weiße Laken? Nun, im 16./17. Jahrhundert wurden alle Toten vor ihrer Bestattung komplett in ein weißes Leichentuch gehüllt. Seit dem 19. Jahrhundert erwähnen Beschreibungen von Geistersichtungen oft graue oder schwarze formelle Kleidung. Das entspricht der Trauerkleidung in viktorianischer Zeit.

Interessant ist auch, dass seit dem 19. Jahrhundert, also mit dem Aufkommen der spiritistischen Bewegung und dem Einsatz von medial veranlagten Personen, deutlich mehr weibliche Geister ins Spiel kamen.

Gab es von da an einfach mehr weibliche Geister? Oder sehen die Lebenden vielmehr das, was sie sehen wollen, und die Geister sind ein Spiegel der Zeit, in der sie beobachtet werden? Wenn die »Dame in Grau« tatsächlich der Geist von Sybil Penn oder Catherine Howard ist, würde sie dann nicht in Tudor-Kleidung oder mit einem weißen Leichentuch erscheinen? Wenn auf einem Foto von einem berühmten Spukort etwas Ungewöhnliches zu sehen ist, schließen wir vielleicht auch zu schnell, dass es sich um einen Geist handelt und nicht um ein technisches Problem.

Damit sollen aber nicht alle paranormalen Vorkommnisse in Hampton Court diskreditiert werden. Es gibt immer noch die unerklärlichen Schritte, die Luke Wiltshire hörte, und die seltsame Gestalt, die Annie Heron sah. Im Jahr 2015 postete Linda White einige Fotos in den sozialen Netzwerken, auf denen es den Anschein hatte, als sähe man eine Geistererscheinung in der früheren Strafkolonie Port Arthur in Tasmanien. Auf dem Bild war ein Junge aus der Reisegruppe zu sehen, der auf einem Bett in einer Gefängniszelle saß. In der anderen Ecke des Zimmers kauerte eine geisterhafte Kindergestalt. In Port Arthur hat es immer wieder Geistersichtungen gegeben, aber in diesem Fall hieß es bald, es handele sich um einen technischen Fehler und auf dem Bild sei neben dem Jungen eine Abbildung aus einem anderen Museumsraum zu sehen.

Die Ruinen der Kirche in der früheren Strafkolonie Port Arthur in Tasmanien. Die Kolonie wurde 1877 geschlossen, gilt aber heute als einer der am meisten heimgesuchten Orte in Australien. Dort werden historische Führungen und »Geisterführungen« angeboten.

KAPITEL 2

GEISTER DES 19. JAHRHUNDERTS

Im 19. Jahrhundert begann man, übersinnliche Erscheinungen in verschiedene Kategorien einzuteilen. Die Berichte über Geistersichtungen wurden sorgfältiger dokumentiert und auch naturwissenschaftlich untersucht.

DIE CHASE-GRUFT

Wo: Bridgetown, Barbados

Wann: 1812–1820

Thomas Chase war ein weithin bekannter Landbesitzer auf Barbados, aber sein aufbrausendes Temperament und seine Gewalttätigkeit sorgten dafür, dass er allgemein sehr unbeliebt war. Als seine Tochter Dorcas starb und am 6. Juli 1812 in der bescheidenen Familiengruft bestattet wurde, verbreiteten sich bald Gerüchte, dass die unglückliche junge Frau sich aus Verzweiflung über die Grausamkeit des Vaters zu Tode gehungert habe.

Nur wenige Wochen später starb Thomas Chase selbst – zu spät, sagten viele – aus Trauer und Reue. Als das Familiengrab, eine einfache Gruft aus Stein auf einem kleinen Friedhof außerhalb von Bridgetown, wieder geöffnet wurde, um seinen Sarg aufzu-

Die Ruinen von Ecclesgreig House in Aberdeenshire, Schottland. In dem Haus soll der Geist von Osbert Forsyth-Grant umgehen, Kapitän eines Walfängerschiffs, das auf dem Weg mit seiner gesamten Besatzung sank.

nehmen, bot sich den Trauernden ein entsetzlicher Anblick. Die drei Särge, die bereits in der Gruft standen, lagen wild verstreut. Dorcas' Sarg war gegen die Rückwand geschmettert worden.

Zuerst vermutete die Familie, hier hätten Grabräuber gewütet, aber dann stellte man fest, dass nichts gestohlen worden war. Außerdem hätten eventuelle Grabräuber zunächst den Zement weghacken müssen, mit dem die schwere Marmorplatte vor dem Eingang befestigt war. Dieser Zement war aber intakt gewesen, und es gab auch keine Anzeichen dafür, dass man ihn weggehackt und die Platte später wieder befestigt hatte.

In den nächsten sieben Jahren wurde die Gruft noch zwei Mal geöffnet, um die Särge von weiteren Familienmitgliedern aufzunehmen. Jedes Mal musste man feststellen, dass die Särge wieder bewegt worden waren, selbst der von Thomas Chase, der 110 Kilogramm wog. Die Marmorplatte vor dem Eingang war jedoch unberührt.

Nach der zweiten Bestattung hatte sich das Gerücht von den unerklärlichen Ereignissen so weit über die Insel verbreitet, dass der Gouverneur, Lord Combermere, eine Untersuchung befahl. Seine Männer durchsuchten die Gruft, berichteten aber, dass

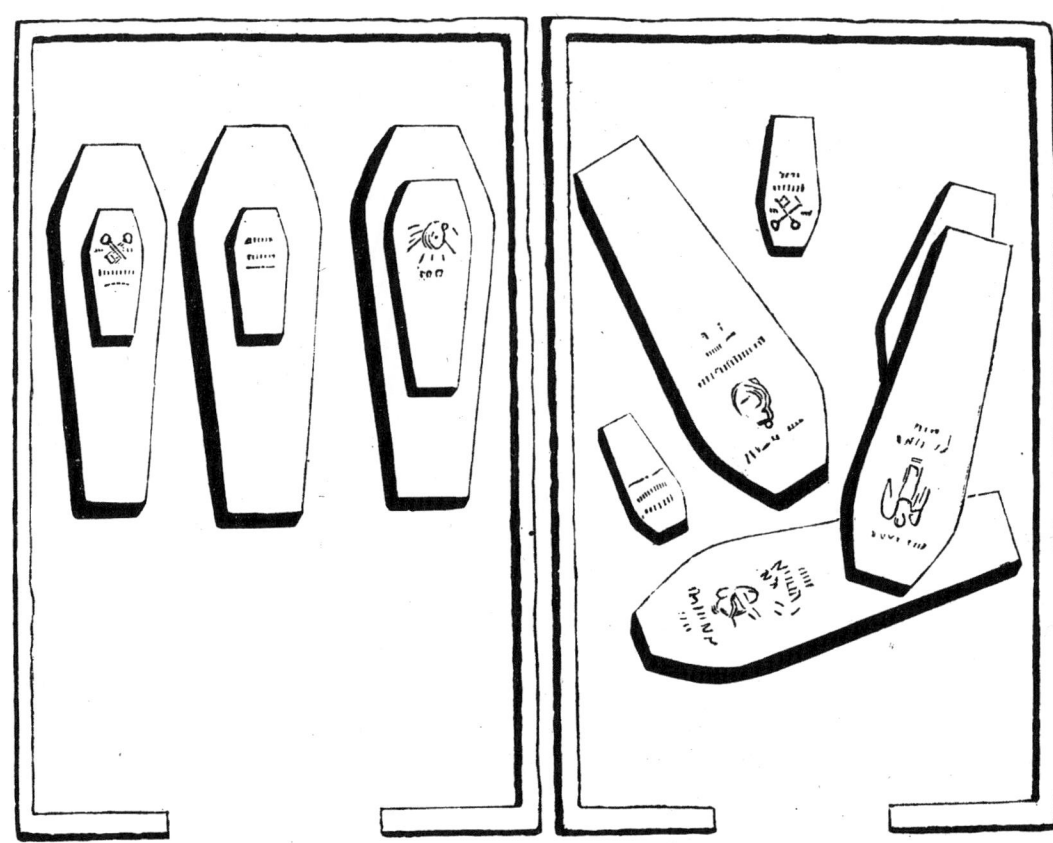

THE COFFINS AS THEY WERE PLACED.

THE COFFINS AS THEY WERE FOUND.

Zeitgenössische Darstellung der chaotischen Verhältnisse in der Chase-Gruft 1819. Links die Särge, wie sie aufgestellt worden waren, rechts die Lage, wie man sie auffand.

durch den Eingang niemand hereingekommen sein konnte. Bevor die Gruft wieder versiegelt wurde, streuten sie Sand auf dem Boden aus, um eventuelle Fußspuren von Eindringlingen sichtbar zu machen.

Ein Jahr später starb wieder ein Mitglied der Familie Chase. Als man die Gruft diesmal öffnete, war die Unordnung sogar noch größer als zuvor. Einer der Särge war umgeworfen worden, einige waren chaotisch aufeinandergestapelt, wieder andere

lehnten an den Wänden. Aber der Sand auf dem Boden war unberührt, kein einziger Fußabdruck war darauf zu sehen. Der verblüffte Lord Combermere befahl, alle Särge aus der Gruft zu entfernen und auf einem anderen Friedhof zu beerdigen. Seitdem herrscht Ruhe.

KOMMENTAR

Einige Autoren beschreiben die Ereignisse in der Chase-Familiengruft als Poltergeist-Aktivitäten. Es scheint offensichtlich, dass sie sich um die junge, unglückliche Dorcas Chase konzentrierten, aber es gibt keine einzige Geistererscheinung, bei der die

Protagonistin bereits tot war. Auch Erdbeben wurden als Ursache vermutet, aber in diesen Jahren gab es keine ausreichend starken Erdstöße, und auch Überschwemmungen der Gruft scheinen unmöglich. Obwohl keine übernatürlichen Phänomene außerhalb der Gruft dokumentiert sind, muss wohl davon ausgegangen werden, dass hier die unglückliche junge Dorcas selbst umging.

SPUK IN DER MÜHLE VON WILLINGTON

Wo: Willington, Northumberland, England

Wann: 1835–1847

Bericht: Joseph Procter

Willington, heute ein Stadtteil von Newcastle-upon-Tyne im Nordwesten Englands, war zu Beginn des 19. Jahrhunderts noch eine selbstständige Kleinstadt, am Fluss Tyne gelegen. Eine Zeitlang war sie berühmt für ihre Mühle, in der es spukte: R. T. Stead berichtete darüber in seinem Buch *Real Ghost Stories* von 1892.

Joseph Procter, der Besitzer der Mühle, war ein bekannter Quäker und alles andere als abergläubisch. Er führte jedoch Tagebuch über die Geistererscheinungen, die fast zwölf Jahre lang auftraten. Nach der Veröffentlichung von Steads Buch gab Josephs Sohn Edmund das Tagebuch heraus und legte es der Society for Psychical Research vor.

Die Störungen hatten Anfang 1835 begonnen. Zu dieser Zeit hatten die Procters nur ein Kind, einen zwei Jahre alten Jungen, der nach seinem Vater benannt war. Während der Zeit, in der die Mühle in ihrem Besitz war, bekam Mrs Procter noch drei Kinder: Jane, Henry und Edmund. Das Kindermädchen berichtete, es sei immer wieder von Schritten in dem Zimmer über dem Kinderzimmer aufgeschreckt worden. Der Raum war unbenutzt und wurde nach diesen Berichten verriegelt und versperrt. Zuerst schenkte Mrs Procter den Klagen des Mädchens keinen Glauben, aber dann schrieb Mr Procter:

»Wenige Tage später jedoch hatten alle Familienmitglieder erlebt, was das Mädchen beschrieben hatte. Von da an bis heute hörten wir fast jeden Tag die Schritte, gelegentlich sogar mehrmals am Tag.«

Die Schritte waren so schwer, dass die Fenster im Kinderzimmer klapperten. Später gab es auch andere Geräusche: Rattern, ein unheimliches Pfeifen, Stühlerücken und der zugeschlagene Deckel einer Truhe. Ein »ehrenwerter Nachbar« gab an, er habe eine durchscheinende weibliche Gestalt an einem Fenster im zweiten Stock gesehen. Kurz danach übernachtete Mrs Procters Mutter im Nachbarhaus, das von Thomas Mann, dem Vorarbeiter der Mühle, bewohnt wurde. An einem dieser Abende sah auch Mrs Mann eine Gestalt an dem Fenster im zweiten Stock.

»Sie rief ihren Mann, der sah, wie sich die Gestalt rückwärts und wieder vorwärts bewegte und dann still am Fenster stehen blieb. Sie war sehr hell und fast durchscheinend und sah aus wie ein Priester in einem weißen Messgewand. Mr Mann rief die Verwandte der Familie [Mrs Procters Mutter] und seine eigene Tochter dazu. Als sie gelaufen kamen, war der Kopf der Gestalt fast weg, und das Leuchten hatte nachgelassen. Aber es dauerte noch ganze zehn Minuten, bis sie ganz verschwunden war … Es war eine dunkle Nacht ohne Mondschein … Der Fensterladen war geschlossen, aber die Gestalt schien durch das Glas und den Fensterladen hindurchzugleiten … Sie durchschritt auch die Mauern.«

Wenig später spürten mehrere Bewohner der Mühle, darunter auch der kleine Joseph, wie ihre Betten bei Nacht angehoben wurden, »als wäre ein Mann darunter und würde sie mit seinem Rücken hochdrücken«. Sie klagten auch darüber, dass jemand in die Schlafzimmer käme, obwohl die Türen verriegelt waren.

GEISTER DES 19. JAHRHUNDERTS

»Jane, die viereinhalb Jahre alt war, erzählte ihren Eltern, sie habe eines Nachts, als sie mit ihrer Tante das Zimmer teilte, einen seltsamen Kopf am Waschtisch gesehen. Der Waschtisch stand am Fußende des Bettes, und die Vorhänge waren aufgezogen. Der Kopf sah aus, als gehörte er zu einer alten Frau. Jane sah auch zwei Hände mit je zwei ausgestreckten Fingern, die einander berührten. Etwas zog sich über die Seiten des Gesichts und darunter her.««

Dann fing der kleine Joseph an, Stimmen zu hören, die manchmal sehr laut waren. Er fürchtete sich selbst bei Tag, sein Zimmer zu betreten. Die Stimmen redeten sinnlose Halbsätze wie »Macht nichts« oder »Komm und nimm«.

Am 3. Juli 1840, als nur Mr Procter und ein Diener im Haus waren, kam ein Bekannter zu Besuch, Dr. Edward Drury aus Sunderland. Er brachte noch einen Freund mit, Thomas Hudson, und wollte die ganze Nacht aufbleiben, um den Geist zu sehen. Gegen Mitternacht hörte man Schritte und ein Rascheln, als käme jemand die Treppe herauf.

»Ich zog meine Uhr aus der Tasche, um nach der genauen Zeit zu sehen. Es war zehn Minuten vor eins. Als ich den Blick wieder hob, wurde er von einer Schranktür gefesselt, die sich öffnete. Eine Frauengestalt in grauen Kleidern und mit gesenktem Kopf erschien. Sie drückte eine Hand an ihre Brust, als hätte sie Schmerzen. Die andere, also die rechte Hand streckte sie Richtung Boden aus. Der Zeigefinger deutete hinunter. Sie näherte sich mit vorsichtigen Schritten, und als sie bei meinem Freund ankam, der eingeschlummert war, streckte sie die rechte Hand nach ihm aus. Ich sprang auf und gab, so sagt Mr Procter, einen fürchterlichen Schrei von mir. Aber statt die Gestalt zu ergreifen, fiel ich auf meinen Freund. An die nächsten drei Stunden erinnere

Willington Mill bei Newcastle-upon-Tyne. In viktorianischer Zeit galt die Mühle als am stärksten heimgesuchtes Gebäude in ganz Nordengland.

ich mich nicht. Später erfuhr ich, dass ich mich in einem Zustand von Angst und Schrecken befand, als man mich die Treppe hinuntertrug.«

Trotz all dieser Vorkommnisse und der Tatsache, dass kleine Kinder im Haus waren, hielten die Procters die Störungen zwölf Jahre lang aus, bevor sie 1847 umzogen. Die letzte Nacht verbrachten Mr und Mrs Procter allein im Haus, und sie hörten, wie Kisten die Treppen hintergeschleift und Möbel herumgeschoben wurden. Es klang genauso wie die Umzugsgeräusche der Tage zuvor.

»Meine Eltern erlebten eine schreckliche Nacht«, schrieb Edmund Procter. »Nicht so sehr wegen der unheimlichen Geräusche, denn daran waren sie ja allmählich gewöhnt, sondern weil sie fürchteten, die schreckliche Erscheinung würde sie an ihren neuen Wohnort begleiten. Zum Glück für die Familie war das nicht der Fall.«

KOMMENTAR

Der Forscher Harry Price schrieb über diese Vorkommnisse in seinem Buch *Poltergeist over England* (1945), aber eigentlich finden sich hier nur einige wenige Merkmale einer Poltergeistmanifestation. Gerade die wichtigsten Merkmale fehlen. Außerdem ist es ganz untypisch für einen Poltergeist, zwölf Jahre lang im Haus zu bleiben, und es gab auch kein Kind im passenden Alter: Joseph war viel zu jung.

Die Stimmen, die der kleine Joseph hörte, könnten als kindliche Einbildung abgetan werden. Da Edmund Procter das wohl erwartete, schrieb er: »Ich kann nur sagen, dass es kaum einen Jungen gab, der die Wahrheit mehr liebte und ehrlicher war.«

Edmund untersuchte auch spätere Ereignisse in der Mühle, und er berichtete, dass der Vorarbeiter der Mühle, Thomas Mann, gelegentlich Erscheinungen sah, aber »äußerst zurückhaltend in seinen Äußerungen war. Ich glaube, er hat nicht sehr darunter gelitten«. Das Haus wurde später in zwei Wohnungen aufgeteilt und irgendwann abgerissen. Es handelt sich also um eine klassische Spukgeschichte. Ungewöhnlich ist jedoch die detaillierte Dokumentation und die Kaltblütigkeit der Familie Procter. Eine mögliche Erklärung liegt in einem unvollendeten Satz aus dem Tagebuch von Mr Procter, den er später strich: »Eine kranke alte Frau, die Schwiegermutter von R. Oxon, der die Anlage baute, lebte und starb in diesem Haus. Es heißt, sie sei nach ihrem Tod dort umgegangen …«

DER PHANTOMRITT DES LEUTNANT B.

Wo: Murree Hill Station, Punjab, Pakistan

Wann: Juni/Juli 1854

Bericht: General R. Barter

Im Frühling 1854 wurde General Barter auf der Bergstation Murree im Punjab stationiert und lebte mit seiner jungen Frau in einem Haus namens »Onkel Toms Hütte«. Es war zwei oder drei Jahre zuvor von einem gewissen »Leutnant B.« erbaut worden, der Anfang des Jahres in Peshawar gestorben war.

Eines Abends war ein anderer Offizier, Leutnant Deane, mit seiner Frau bei den Barters zum Abendessen eingeladen. Gegen 23 Uhr in einer klaren Vollmondnacht – »so hell, dass man draußen Zeitung lesen konnte« – begleitete Barter seine Gäste auf einem Stück ihres Heimwegs. Als er sich von ihnen verabschiedete, beschloss er, am Straßenrand noch seine Zigarre zu Ende zu rauchen, während seine beiden Hunde ein wenig durchs Unterholz streiften.

»Ich hatte mich gerade umgedreht, um nach Hause zu gehen, als ich Hufschlag auf dem Steinpflaster hörte … Wenig später sah ich einen hohen Hut, offenbar getragen vom Reiter des Pferdes. Der

LORD THOMAS LYTTELTON

Lord Thomas Lyttelton (1744–1779) wurde eines Nachts von einem Geräusch wie Flügelschlag geweckt. Als er die Vorhänge seines Bettes zurückzog, sah er den bleichen Geist von Mrs Amphlett, deren drei Töchter er verführt hatte. Die Gestalt näherte sich und sagte Lyttelton voraus, er werde in drei Tagen sterben. Beim Frühstück am folgenden Tag erschien er zwar sehr hager und abgezehrt, aber nach drei Tagen scherzte er schon wieder: »Wenn ich den heutigen Tag überlebe, habe ich das Gespenst besiegt.« Kurz vor Mitternacht jedoch hatte er einen Anfall und starb.

DER UNTERGANG DER VICTORIA

Die HMS Victoria unter dem Kommando von Vizeadmiral Sir George Tryon stieß während eines
Manövers vor Tripolis (Libanon) im Jahr 1893 mit der
HMS Camperdown zusammen. Alle 358 Besatzungsmitglieder und auch der Kapitän kamen ums Leben.
Es gibt verschiedene Berichte darüber, was am
selben Tag im weit entfernten London geschah.
Alle Berichte sagen aber aus, Vizeadmiral Tryon sei
in seinem Haus am Belgrave Square gesehen und
von einigen Gästen erkannt worden, allerdings nicht
von seiner Frau. Er soll wie in Gedanken vorbei-
gegangen sein und niemanden angesprochen haben.

Hufschlag kam näher, und nach ein paar Sekunden erschien ein Reiter auf einem Pony, begleitet von zwei Knechten oder Dienern. In diesem Moment kamen meine Hunde zurück, kauerten an meiner Seite und wimmerten furchtsam.«

Der Reiter trug einen Abendanzug mit weißer Weste und einen hohen Zylinder. Er ritt auf einem kräftigen Bergpony, dunkelbraun mit schwarzer Mähne und schwarzem Schweif, schien aber unsicher im Sattel zu sitzen, sodass er von seinen zwei Dienern gestützt werden musste. Als sie sich näherten rief ich – da mir klar war, dass sie wohl zu mir wollten – auf Hindustani: ›Koi hai?‹ (Wer da?) Ich bekam aber keine Antwort, und sie ritten weiter auf mich zu. Daraufhin fragte ich auf Englisch: »Hallo, was zum Teufel wollen Sie hier?« Sie blieben sofort stehen, und der Reiter, der die Zügel mit beiden Händen festhielt, wandte mir zum ersten Mal das Gesicht zu und schaute auf mich herunter. Sie standen ganz still, der helle Mond beleuchtete die Szene, und da erkannte ich, dass es sich bei dem Reiter um Leutnant B. handelte.«

Der Leutnant sah jedoch ganz anders aus, als Barter ihn in Erinnerung hatte. Er war viel dicker und nicht mehr glattrasiert, sondern er trug einen dunklen Kinnbart um sein leichenblasses Gesicht.

Barter wollte auf die Straße springen, stolperte aber und fiel in den Staub. »Ich stand sofort auf – aber da war nichts, keine Spur. Sie konnten unmöglich weitergeritten sein, die Straße führte ja nur noch achtzehn Meter weiter.« Er lief ein Stück auf der Straße zurück, aber auch dort war nichts zu sehen und zu hören. Als er heimkam, stellte er fest, dass seine Hunde weggelaufen waren.

Am nächsten Morgen rief Barter Deane an, der im selben Regiment gedient hatte wie B., und brachte das Gespräch auf den Leutnant. »D. erwiderte: ›Ja, er hatte vor seinem Tod stark zugenommen. Er führte ja ein ziemlich wildes Leben. Den Bart hat er sich stehen lassen, als er krank geschrieben war, obwohl

ihm alle davon abrieten. Ich glaube, er ist sogar mit Bart bestattet worden.‹ Dann fragte ich ihn, woher B. das Pony hatte, auf dem ich ihn hatte reiten sehen. ›Woher wissen Sie davon?‹, fragte D. ›Sie haben B. doch seit zwei oder drei Jahren nicht mehr gesehen. Das Pony hat er erst später gekauft, in Peshawar, aber er hat es bald zuschanden geritten, auf einem Berghang auf dem Weg nach Trete.‹«

Barter und seine Frau blieben etwa sechs Wochen in »Onkel Toms Hütte«, und während dieser Zeit hörten sie mehrmals Hufschlag auf dem Hang hinter dem Haus. Aber dort war nie jemand geritten, und sie bezweifelten, ob es außer B., der ein rücksichtsloser Reiter war, jemand versucht hätte.

»Einmal war das Galoppieren sehr laut. Ich eilte zur Tür, aber da war nur mein Träger … Ich fragte ihn, was er wolle, und er sagte, er habe Hufschlag auf dem Hang gehört, ›schnell wir ein Taifun‹. Dann sei er ums Haus gekommen, um nachzusehen. ›Shaitan ka ghur hai!‹, sagte er noch, was so viel heißt wie: Es ist ein Haus des Teufels.«

KOMMENTAR

Dies ist ein bemerkenswert detaillierter und sachlicher Bericht, der darüber hinaus durch die Zeugenaussagen von Mrs Barter und einem gewissen Leutnant Adam Steuart gestützt wurde. Zwar sah nur Barter die Erscheinung, aber Mrs Barter bestätigte, sie habe mehrere Male »ein Pferd in halsbrecherischem Tempo vorbeigaloppieren gehört, vor allem während der Nacht«. Sogar das Keuchen des Pferdes sei deutlich zu hören gewesen. Da man bei ihr immerhin eine Beeinflussung durch den Ehemann annehmen könnte, ist die Reaktion des Trägers besonders interessant, ebenso wie das Verhalten der Hunde bei der ersten Erscheinung.

Ernest Bennett schreibt dazu in seinem Buch *Apparitions and Haunted Houses* (1939): »Die Gruppe, die General Barter beobachtete, war wie ein

Nachhall von Fieberträumen oder Erinnerungen des Mannes, der schon seit ein paar Monaten tot und begraben war … Der Bericht zeigt ein gutes Beispiel für einen ›Lokalfall‹, einen Fall also, wo die Erscheinung des Phantoms eher an den Ort als an die Beobachter gebunden ist. Trotzdem scheint das Phantom General Barter erkannt zu haben, da es auf seinen Ruf reagierte, indem es stehen blieb, die Zügel aufnahm und ihn ansah.«

DAS BILD DES CAPTAIN TOWNS

Wo: Cranbrook nahe Sydney, Australien

Wann: Mai 1873

Bericht: Charles Lett

Am 5. April 1873 starb Charles Letts Schwiegervater, Captain Towns, in seinem Haus nahe Sydney. Etwa sechs Wochen danach betrat seine Tochter in Begleitung einer gewissen Miss Berthon gegen 21 Uhr eines der Schlafzimmer. Als sie in das Zimmer ging, in dem man das Gaslicht hatte brennen lassen, sahen sie auf der polierten Schranktür das Bild von Captain Towns. Charles Lett berichtet:

»Es war nur ein Brustbild – Kopf, Schultern und Oberarme – wie bei einem Medaillon-Porträt, aber in Lebensgröße. Das Gesicht wirkte eingefallen und bleich, so wie es vor seinem Tod ausgesehen hatte. Er trug die graue Flanelljacke, in der er oft geschlafen hatte. Die beiden Frauen waren überrascht und ein wenig erschrocken. Zunächst dachten sie, das Porträt sei in dem Zimmer aufgehängt worden und spiegele sich nun in der Schranktür. Aber so ein Porträt existierte nicht.«

Während die beiden Frauen noch da standen, kam Mrs Letts Schwester Sibbie ins Zimmer, und bevor eine der anderen etwas sagen konnte, rief sie auch schon: »Du lieber Himmel, da ist ja Papa!« Eins der Hausmädchen, das gerade vorbeikam, wurde hereingerufen. Als die Frauen sie fragten, ob sie in der Schranktür etwas sähe, rief sie: »Oh, Miss, das ist ja der alte Herr!«

»Captain Towns alter Leibdiener Graham wurde ebenfalls dazugerufen, und auch er sagte sofort: ›Oh, der Herr sei mir gnädig, das ist ja der Captain, Mrs Lett!‹ Man rief auch noch den Butler und das Kindermädchen, und alle konnten sie den Captain erkennen. Schließlich holte man Mrs Towns. Sie ging mit ausgestreckten Armen auf die Erscheinung zu, als wollte sie sie berühren, aber als sie mit der Hand über die Schranktür fuhr, verblasste das Bild, und es erschien nie wieder, obwohl das Zimmer in der Folgezeit dauernd bewohnt war. Das sind die Fakten«, schrieb Mr Lett. »Und sie lassen keinen Zweifel zu. Die Zeugen wurden nicht beeinflusst, man stellte ihnen allen dieselbe Frage, als sie ins Zimmer kamen, und sie antworteten alle ohne Zögern. Es war reiner Zufall, dass ich selbst das Bild nicht sah. Ich war nämlich im Haus, hörte aber nicht, dass man mich rief.«

KOMMENTAR

Besonders bemerkenswert an diesem Bericht ist, dass nicht weniger als sieben Personen die Erscheinung sahen und erkannten. Mrs Lett erklärte deutlich, dass sämtliche Zeugen das Bild unabhängig voneinander sahen, ohne dass die anderen, die sich bereits im Zimmer befanden, etwas dazu gesagt hätten. Die Erscheinung in Form einer Spiegelung ähnelt anderen Fällen, in denen geisterhafte Gestalten in einem echten Spiegel zu sehen waren.

Der Bericht sagt nichts darüber aus, ob Captain Towns in den letzten Tagen vor seinem Tod Schmerzen oder Ängste durchlitten hatte. Das wäre immerhin eine Erklärung für sein Auftauchen. Aber es könnte auch sein, dass sein Geist nach seinem Tod noch in der Nähe war und sich nun endgültig verabschiedete.

KAPITEL 3

SPUKHÄUSER

Wenn Häuser von Spuk heimgesucht werden, sind die Erscheinungen anders als in den bisher geschilderten Fällen. Die Geister tauchen nicht nur kurz einmal auf, sondern bleiben über einen langen Zeitraum, oft über Jahrhunderte, und sind Manifestationen von Menschen, die zur Zeit ihres Todes schreckliche Dinge durchgemacht haben.

EIN HAUS IN ATHEN

Wo: Athen

Wann: 90 n. Chr.

Bericht: Plinius der Jüngere

Eine der ältesten Geschichten über ein Spukhaus wird von dem römischen Schriftsteller Plinius dem Jüngeren in seinen Briefen erzählt. Er schreibt dort von einem »großen, geräumigen Haus« in Athen, in dem »häufig mitten in der Nacht ein Geräusch wie von rasselndem Eisen zu hören war. Wenn man genau hinhörte, klang es wie Kettengerassel. Zuerst schien es weit entfernt, aber es kam stetig näher. Dann erschien ein Geist in Gestalt eines alten Mannes, der extrem dünn und gebrechlich aussah. Er hatte einen langen Bart und schütteres Haar, und er trug Eisenfesseln um seine Fuß- und Handgelenke.«

Als die Hausbewohner irgendwann auszogen, ver-

Der Hof von Glamis Castle in Schottland, wo es angeblich einen versiegelten Raum mit einem schrecklichen Geheimnis gibt. Versuche, den Raum zu finden, sind immer wieder verboten worden, aber die Geistergeschichten lassen nicht nach.

suchte der Besitzer, einen Mieter zu finden, der nichts von dem schlechten Ruf des Hauses wusste. Ein Philosoph namens Athenodorus zog von Tarsus nach Athen. Als er von der Vorgeschichte des Hauses erfuhr, entschloss er sich, trotzdem einzuziehen.

»Als es dunkel wurde«, berichtet Plinius weiter, »bat Athenodorus, man möge ihm ein Bett im vorderen Teil des Hauses richten. Desweiteren bat er um eine Lampe, seine Schreibfeder und ein Schreibbrett. Dann schickte er alle anderen Hausbewohner schlafen. Der erste Teil der Nacht verging ohne besondere Vorkommnisse. Dann hörte man wieder die Eisenfesseln klirren. Aber Athenodorus blickte nicht auf und ließ auch die Feder nicht sinken. Er ignorierte die Störung vollkommen. Das Geräusch wurde immer lauter und kam näher, bis es vor seiner Tür zu stehen schien und dann das Zimmer betrat. Als Athenodorus sich umblickte, sah er den Geist, wie man ihn zuvor beschrieben hatte. Er stand da und winkte, als wollte er ihn zu sich rufen. Athenodorus gab ihm ein Zeichen, er solle ein wenig warten, dann beugte er sich wieder über sein Notizbrett und schrieb weiter, während das Rasseln weiterging, inzwischen über seinem Kopf. Als er wieder aufblickte, winkte der Geist ihm noch einmal, und so nahm er ohne weiteres Zögern seine Lampe und folgte ihm. Langsam ging der Geist voran, als hätte er schwer an den Ketten zu tragen. Als sie in den Hof des Hauses kamen, verschwand er plötzlich. Athenodorus markierte die Stelle, wo der Geist verschwunden war. Am nächsten Tag ging er zum Gericht und forderte, man solle an dieser Stelle graben. Tatsächlich fand sich dort ein menschliches Skelett, das mit Ketten gefesselt war. Die Knochen wurden eingesammelt und auf Kosten der Stadt bestattet. »Und nachdem der Geist ordnungsgemäß beerdigt war«, so Plinius, »hörte der Spuk auf.«

KOMMENTAR

Diese Geschichte war schon alt, als Plinius sie nacherzählte, und es ist faszinierend, darin alle Zutaten einer traditionellen Geistergeschichte zu finden: Der Philosoph, der in der Nacht beim Lampenschein arbeitet, die klirrenden Ketten, das dürre Gespenst mit dem langen Bart und dem schütteren Haar … Man fühlt sich an den Geist des Jacob Marley in Charles Dickens' Weihnachtsgeschichte erinnert.

DAS UNGEHEUER VON GLAMIS

Wo: Glamis Castle, Tayside, Schottland

Wann: Seit dem 17. Jahrhundert

Glamis Castle, wo Elizabeth Bowes-Lyon, die Mutter der heutigen Queen, aufwuchs, ist der Stammsitz der Earls of Strathmore. Das Schloss hat großen Anteil an der turbulenten Geschichte Schottlands: König Malcolm II. wurde im Jahr 1034 hier ermordet; Sir John Lyon wurde 1383 in einem Duell getötet, und

Die Stirnwand des Wohnraums in Glamis Castle. Das wichtigste Bild zeigt Patrick, den dritten Earl of Strathmore, im Brustharnisch und seine beiden Söhne, von denen einer einen verkrüppelten Arm hat.

hundertfünfzig Jahre später wurde Janet Douglas, Lady Glamis, als Hexe verbrannt. Aber die Legende weiß auch von einem Geheimnis, das so entsetzlich ist, dass es nur dem Erben der Strathmores an seinem einundzwanzigsten Geburtstag mitgeteilt wird. Keine Frau hat jemals die Einzelheiten erfahren.

Es gibt einen graubärtigen Mann und eine »Dame in Grau«, eine »weiße Frau« und außerdem ein klapperdürres Gespenst namens »Jack the Runner«.

Aber worum handelt es sich bei dem schrecklichen Geheimnis von Glamis? Geschichten über den »Fluch der Strathmores« kursierten Ende des 17. Jahrhunderts weithin. Sie konzentrierten sich auf Patrick, den dritten Earl. Es hieß, er habe spät an einem Samstagabend noch mit dem Earl of Crawford Karten gespielt. Als ein Diener hereinkam, um ihm zu sagen, dass es bald Sonntag sei, erwiderte Patrick, er würde auch am Sonntag weiterspielen und der Teufel könne gern mitspielen, wenn er Lust hätte. Um Mitternacht erschien dann unter Donnergrollen tatsächlich der Teufel und sagte den beiden Earls, sie hätten ihre Seelen verspielt und seien dazu verflucht, bis zum Jüngsten Gericht in diesem Zimmer weiterzuspielen.

Noch 1957 berichtete eine Angestellte des Schlosses namens Florence Foster einem Lokalreporter, sie hätte die Earls in der Nacht gehört, wie sie würfelten, auf den Boden stampften und fluchten. »Oft habe ich zitternd vor Angst in meinem Bett gelegen.«

Patrick soll auch der Vater eines missgebildeten Sohnes gewesen sein, der in einem geheimen Zimmer versteckt wurde, bis er in fortgeschrittenem Alter starb. Ist dies das furchtbare Geheimnis? Wenn ja, dann ist es erstaunlich, dass es so lange bewahrt wurde, dass noch der dreizehnte Earl, der 1904 im Alter von achtzig Jahren starb, zu einem Freund sagte: »Wenn du das Geheimnis kennen würdest – du würdest Gott auf Knien danken, dass es dich nicht betrifft.«

Sein Nachfolger, der vierzehnte Earl, soll dem Verwalter des Besitzes, Gavin Ralston, die Geschichte erzählt haben. Dieser sagte später einmal zu der Schwiegertochter des Earls: »Seien Sie froh, dass sie es nicht wissen und nie erfahren werden. Sie würden Ihres Lebens nicht mehr froh.«

Es gibt eine ganze Menge Gerüchte über ein geheimes Zimmer im Schloss. Ein Arbeiter soll zufällig eine verborgene Tür gefunden haben. Dahinter befand sich ein langer Flur, aus dem er nach seiner Erkundung zitternd wieder auftauchte. Wenig später tauchte er zitternd vor Schrecken wieder auf. Als der dreizehnte Earl davon erfuhr, verpflichtete er den Mann zum Schweigen und schickte ihn und seine Familie wenige Wochen später in die Kolonien.

In den Zwanzigerjahren beschloss eine Gruppe junger Leute, die auf Glamis zu Gast war, das Zimmer zu suchen, indem man in jedem Fenster ein Stück Leinen aufhängte. Dann gingen sie hinaus, um nachzusehen, und stellten fest, dass es noch mehrere Fenster gab, in denen kein Leinen hing. Wie kam man in diese Zimmer? Als der vierzehnte Earl von dieser Aktion erfuhr, wurde er schrecklich wütend. Heute verbietet man Besuchern, auch nur von diesem geheimen Zimmer zu sprechen. Das Rätsel um das »Ungeheuer von Glamis« bleibt ungelöst.

KOMMENTAR

Die Geschichte um das missgebildete Kind wird durch ein seltsames Porträt des dritten Earl gestützt, das in einem Wohnraum des Schlosses hängt. Er ist sitzend dargestellt, trägt einen Brustpanzer aus Bronze und deutet auf eine ferne Darstellung von Glamis. Neben seinem linken Knie steht ein kleines Kind in grüner Kleidung. Rechts im Bild sieht man einen jungen Mann stehen, aber die beiden Hunde, die ebenfalls abgebildet sind, starren eine Gestalt zur Linken an. Diese Gestalt trägt ebenfalls einen Brustpanzer, aber er ist seltsam deformiert. Der linke Arm scheint verkrüppelt zu sein.

Handelt es sich hier um den missgebildeten Sohn des Earls? Gibt es eine genetische Belastung, die von Generation zu Generation weitergegeben wird? Wurden vielleicht später noch schlimmer missgebildete Kinder geboren? Wurde dieses Kind in einem verborgenen Zimmer vor der Welt versteckt gehalten? Und haben die Strathmores immer mit der Angst gelebt, dieser Gendefekt würde irgendwann wieder auftauchen?

DIE GRÜNE DAME VON FYVIE

Wo: Fyvie Castle, Aberdeenshire, Schottland

Wann: Ab 1601

Fyvie Castle wird als die »Krönung der schottischen Adelsarchitektur« bezeichnet. Die Fundamente des Schlosses wurden vor tausend Jahren gelegt, und seit dem 14. Jahrhundert war es im Besitz von nur fünf Familien. Der Hauptarchitekt des Schlosses in der heutigen Form war Alexander Seton, Lord Fyvie, der erste Earl of Dunfermline. 1592 heiratete er Lady Lilias Drummond, die Tochter von Lord Patrick Drummond, und erlebte neun glückliche Jahre mit ihr. Die beiden hatten fünf Töchter.

Es gab allerdings eine Überlieferung um einen Barden mit Namen Tom der Reimer, der im 13. Jahrhundert von einem schottischen Herrenhaus zum anderen reiste und für seine schicksalsschweren Prophezeiungen bekannt war. Im Fall der Familie von Lord Fyvie wurden Toms Worte so interpretiert, dass im Schloss niemals ein männlicher Erbe geboren würde. Und das soll sich in den letzten sechshundert Jahren so bewahrheitet haben.

»Wenn mir jemand früher gesagt hätte, dass es Gespenster gibt«, schrieb ein kanadischer Offizier in Fyvie Castle, »hätte ich diesen Menschen für verrückt gehalten.« Er hat seine Meinung geändert.

DER EARL OF STRATHMORE

Ein seltsames Gemälde von Patrick, dem dritten Earl of Strathmore (1643–1695). Er soll sich beim Glücksspiel an einem Sonntag mit dem Teufel verbündet haben und dafür zusammen mit seinem Begleiter, dem Earl of Crawford, dazu verdammt worden sein, den Raum bis zum jüngsten Tag heimzusuchen.

Alexander Seton jedenfalls ließ sich auf eine Affäre mit Lady Grizel Leslie ein. Als Dame Lilias davon erfuhr, soll sie nach lokaler Überlieferung am 8. Mai 1601 im Alter von nur neunundzwanzig Jahren an gebrochenem Herzen gestorben sein.

Sechs Monate später heiratete Seton Lady Grizel. In der Nacht auf den 27. Oktober zog sich das frisch verheiratete Paar zum Schlafen in seine Räume zurück, ganz am oberen Ende einer Wendeltreppe. In der Nacht hörten beide schwere Seufzer vor ihrer Zimmertür. Seton ließ einen Diener nachschauen, aber da war niemand. Am Morgen jedoch stellten Seton und seine junge Frau zu ihrem Entsetzen fest, dass außen auf einem steinernen Fensterbrett in umgedrehten, acht Zentimeter großen Buchstaben der Name D LILIAS DRUMMOND eingeritzt war.

Die eingeritzten Buchstaben sind heute noch zu sehen. Das Fenster liegt mehr als 15 Meter über dem Grund, und selbst ein geschickter Steinmetz hätte sicher mehrere Stunden gebraucht, um die Buchstaben einzuritzen, wenn er von außen gearbeitet hätte, um Seton und seine Frau nicht zu wecken. Für die Existenz der Buchstaben gibt es bis heute keine vernünftige Erklärung.

Seit dieser Zeit gibt es auch Berichte über eine leuchtende grüne Dame, die im großen Treppenhaus des Schlosses hinauf und hinab steigt. Natürlich wurde sie mit Dame Lilias in Verbindung gebracht, obwohl ein Porträt des Geistes aus dem Jahr 1676 nur eine sehr vage Ähnlichkeit mit Setons erster Frau zeigt. Die Gestalt trägt ein schimmerndes blaugrünes Gewand und scheint leicht irisierend zu leuchten.

1733 übernahm die Familie Gordon Schloss Fyvie. Danach ließ sich das Phantom häufiger sehen, so häufig, dass es bald als Familiengeist galt. Colonel Cosmo Gordon, Laird of Fyvie in den Jahren 1847 bis 1879, erzählt von der Zofe einer Besucherin namens Thompson, die eines Morgens von einer Frau in einem langen grünen Kleid berichtete, die sie nachts im Treppenhaus gesehen habe.

»Das muss die grüne Dame gewesen sein«, sagte Colonel Gordon. »Aber sie erscheint sonst nur den Mitgliedern unserer Familie.«

»Oh«, erwiderte seine Besucherin, »ich nenne meine Zofen immer Thompson, aber ihr richtiger Name ist Gordon.«

Bald hielt man das Phantom für eine Vorbotin von Todesfällen in der Familie. Eines Nachts sah Cosmo Gordon in einem dunklen Zimmer eine schattenhafte Gestalt, die ihm winkte, und einige Tage später begegnete sein jüngerer Bruder der grünen Dame, die auf ihn zukam und vor ihm knickste. Am nächsten Morgen starb Cosmo.

Während des Ersten Weltkriegs schrieb ein kanadischer Offizier seine Erfahrungen bei einem Aufenthalt auf Fyvie nieder. »Wenn mir jemand, bevor ich hierherkam, gesagt hätte, dass es hier ein Gespenst oder sonstige übernatürliche Erscheinungen gibt«, schrieb er, »dann hätte ich ihn für verrückt gehalten.«

In der ersten Nacht seines Aufenthalts wachte er auf, weil in seinem Zimmer – so glaubte er – das Licht brannte. Er stand auf, um es auszuschalten. »Aber da stellte ich zu meiner Überraschung fest, dass ich es vielmehr eingeschaltet hatte. Also drückte ich noch einmal auf den Schalter, aber das Licht blieb. Es musste also aus einer anderen Quelle kommen. Und während ich darüber nachdachte, wurde das Licht stärker. Es war wie kleine Flammen, die um die Bilder spielten, und ich konnte die Farben der Gemälde ganz deutlich sehen.«

Mr A. J. Forbes-Leith, der 1905 Baron Leith wurde, war ab 1884 Eigentümer des Schlosses. Er beobachtete dieses Lichtphänomen mehrere Male und ließ es wissenschaftlich untersuchen, aber ohne Erfolg. Seit seinem Tod 1925 hat sich die grüne Dame nur noch selten sehen lassen. »Man sollte das Übernatürliche nie bekämpfen«, hat Lord Leith einmal zu einem Besucher gesagt. »Wenn man ihm furchtlos begegnet, belästigt es einen nicht.«

KOMMENTAR

Wie auf Glamis Castle soll es auch in Fyvie ein Geheimnis geben, ein verschlossenes Zimmer, das niemand betreten darf. Aber es handelt sich nicht um das Zimmer mit dem Namen von Dame Lilias auf dem äußeren Fensterbrett. Es muss also noch ein anderes altes Geheimnis geben. Was die grüne Dame angeht, so gibt es genügend Gründe, sie als Dame Lilias zu identifizieren. Der Schmerz, den sie wegen der Untreue ihres Mannes erlitt, der Tod an gebrochenem Herzen und die zweite Heirat des Witwers, die so schnell erfolgte – all das ist wohl Grund genug für ihr wiederholtes Auftreten über viele Jahrhunderte hinweg.

»AWD NANCE«

Wo: Burton Agnes Hall, Yorkshire, England

Wann: 17. Jahrhundert

Burton Agnes Hall wurde Ende des 16. Jahrhunderts von Henry Griffith erbaut. Nach seinem Tod erbten seine drei Töchter das Haus. Die jüngste, Anne, wurde als junge Frau von Straßenräubern überfallen und tödlich verletzt. Auf dem Sterbebett nahm sie ihren Schwestern das Versprechen ab, dass ihr Kopf nicht zusammen mit dem Körper beerdigt werden, sondern im Haus verbleiben sollte.

Verständlicherweise hielten sich die Schwestern nicht an dieses Versprechen. Aber sehr bald wurden sie ihres Lebens nicht mehr froh, weil Burton Agnes Hall von schrecklichen Geräuschen, Stöhnen, Krachen und Türenknallen widerhallte. Schließlich

Burton Agnes Hall in Yorkshire. Die jüngste Tochter des Erbauers, Anne Griffith, spukte in dem Haus, nachdem man ihren Wunsch missachtet hatte, ihr Kopf solle nicht mit ihrem Körper zusammen bestattet werden.

exhumierte man mit Zustimmung des Ortspfarrers Annes Sarg. Rumpf und Gliedmaßen waren noch nicht verwest, aber der Kopf war nur noch ein Totenschädel. Man trennte ihn vom Kopf ab und brachte ihn ins Haus. Schließlich wurde der Schädel in eine Wand des Hauses eingemauert. Seitdem hat der Spuk nachgelassen – allerdings tauchte später immer wieder einmal die Gestalt einer kleinen Frau in einem braunen Kleid auf.

KOMMENTAR

Dies ist nicht der einzige Fall, in dem eine sterbende Person darum gebeten hatte, ihr nach dem Tod den Kopf abzutrennen und im Haus aufzubewahren. Der Grund dafür ist recht archaisch, ging es doch offenbar um die alte, gar nicht so falsche Annahme, die Persönlichkeit des Menschen – die Seele – habe ihren Sitz im Kopf.

DUELL MIT DEM TOD

Wo: Longleat, Wiltshire, England

Wann: Ab 1736

Longleat, der Stammsitz des Marquess of Bath, ist heute berühmt für seinen Safaripark, aber es beherbergt auch mindestens zwei Gespenster in seinen Mauern. Da wäre zunächst die wohlwollende, nicht bedrohliche Gestalt eines Mannes im langen schwarzen Gewand, wie es von älteren Herren in elisabethanischer Zeit getragen wurde. Er spukt in der roten Bibliothek und wird mit John Thynne in Verbindung gebracht, dem Erbauer des Hauses, der im Jahr 1580 starb. Es gibt aber noch ein zweites Gespenst mit einer grausigen Geschichte. In einem Gang im oberen Teil des Hauses – man nennt ihn auch »Green Lady's Walk«, den Weg der grünen Dame – geht der Geist einer trauernden Frau um.

Selbst wenn sie nicht sichtbar ist, haben einige Besucher in dem Gang so unerträglichen Schmerz und Schrecken empfunden, dass sie dort nicht bleiben konnten.

Angeblich handelt es sich um den Geist von Lady Louisa Carteret, Tochter des Earl of Granville und Ehefrau des zweiten Viscount Weymouth, die 1736 starb und deren Porträt im Haus hängt. Lord Weymouth soll gewalttätig gewesen sein, die Ehe war

wohl auch nicht glücklich. Es heißt, Lady Louisa habe einen Geliebten gehabt. Als ihr Mann nach ein paar Tagen Abwesenheit unangekündigt nach Longleat zurückkehrte, ertappte er seine Frau mit dem jungen Mann. Es gab einen bewaffneten Kampf, und Lord Weymouth und der junge Liebhaber duellierten sich in dem Gang. Nur Lady Louisa war Zeugin. Schließlich durchbohrte Lord Weymouth seinen Rivalen und tötete ihn. Es war kaltblütiger Mord; in

aller Eile und Heimlichkeit wurde die Leiche in den Keller geschafft und dort verscharrt.

Danach entwickelte Lord Weymouth eine starke

Longleat gilt als Wohnstätte zweier Gespenster. Das eine ist ein Mann im langen Gewand, der in der roten Bibliothek erscheint. Er soll der freundliche Geist von John Thynne sein, dem Erbauer des Hauses, der im Jahr 1580 starb.

Das zweite Gespenst in Longleat ist Lady Louisa Carteret, die den Mord ihres Mannes an ihrem Liebhaber mitansehen musste. Der trauernde Geist im grünen Gewand erscheint immer wieder in einem der hohen Gänge des Hauses.

Abneigung gegen Longleat. Er zog nach Horningsham, einem nahegelegenen Dorf, und kam nur noch unregelmäßig auf seinen Besitz zurück. Als er im Jahr 1751 starb, erbte sein Sohn, später der erste Marquess of Bath, den Besitz und fand ihn in einem sehr vernachlässigten Zustand vor. Die einst berühmten Gärten waren nur noch eine Wildnis. Nicht lange danach tauchte der Geist von Lady Louisa zum ersten Mal auf.

KOMMENTAR

Es handelt sich um eine Familienlegende, die nicht besonders gut dokumentiert ist. Der Name des ermordeten Liebhabers ist unbekannt, und es scheint auch niemand vermisst worden zu sein. Im 20. Jahr-

hundert machte man allerdings auf Longleat eine grausige Entdeckung. Als im Haus eine Zentralheizung installiert wurde, mussten die Fliesen im Keller entfernt werden, und unter ihnen lagen die Knochen eines jungen Mannes in Stiefeln und Kleidung aus dem 18. Jahrhundert.

Der Spuk ist insofern ungewöhnlich als es sich nicht um den Ermordeten oder den Mörder handelt. Aber das Grauen und die Schuldgefühle, die die junge Lady Louisa empfunden haben muss und die

ihr Mann bis zu ihrem frühen Tod sicher noch nährte, reichten offenbar aus, damit ihr Geist bis heute in dem Gang umgeht, wo der Mord geschah.

Die Musik-Galerie im Herrenhaus Lewtrenchard in Devon. Margaret Gould überforderte sich mit der Restaurierung des Hauses und soll heute dort spuken.

DER GEIST DER FAMILIE BARING-GOULD

Wo: Lewtrenchard, Devon, England

Wann: Ab 1795

Bericht: Reverend Sabine Baring-Gould

Die Gegend um das Dartmoor im englischen West Country ist berüchtigt für ihre vielen Geister, aber

Reverend Sabine Baring-Gould schrieb einen Bericht über die Geistererscheinungen im Haus seiner Familie. Eine Frauenstimme soll gesagt haben: »Es ist Zeit, ihr ihre Medizin zu geben.«

nur wenige sind so gut dokumentiert wie der von Mrs Margaret Gould, einer Vorfahrin aus dem 18. Jahrhundert von Reverend Sabine Baring-Gould, dem Verfasser des Kirchenliedes »Onward Christian Soldiers«. Ihr Sohn hatte einen großen Teil des Besitzes verprasst. Als er starb, machte sich seine Mutter daran, das Familienvermögen wiederaufzubauen. Diese harte Arbeit kostete sie aber sehr viel Kraft, und obwohl sie krank wurde, wollte sie sich nicht schonen. Sie starb aufrecht sitzend in ihrem Sessel.

Seit dieser Zeit spukte sie in dem Haus. Reverend Baring-Gould hat in seinem Buch *Early Reminiscences* (1923) davon berichtet. Oft waren Schritte in der Long Gallery zu hören. Baring-Gould erzählt, dass als ein Mitglied der Familie sehr krank war, die Nachtschwester von einem lauten Klopfen an der Tür geweckt wurde. Eine Frauenstimme sagte: »Es ist Zeit, ihr die Medizin zu geben.« Als die Schwester die Tür öffnete, war niemand zu sehen, und es scheint, als hätte auch niemand im Haus diesen Satz gesagt.

Im Jahr 1918, als zwei Enkel von Baring-Gould im Haus übernachteten, bestanden die Kindermädchen darauf, wieder abzureisen, nachdem sie ein Phantom gesehen hatten, das sich über die schlafenden Kinder beugte. Bei einer anderen Gelegenheit sah ein Gast, der den Wohnraum betrat, eine alte Dame in einem Satinkleid und einen weißhaarigen Mann, die beide beieinander saßen und sich unterhielten. Man nimmt an, dass es sich um Mrs Gould und ihren Freund, den alten Pastor Elford handelte. Die beiden haben oft zusammen in diesem Zimmer gesessen.

KOMMENTAR

Mrs Gould liebte ihr Haus und widmete ihr ganzes Leben seinem Erhalt. Was wäre wohl natürlicher, als dass ihr Geist bis heute dort umgeht, über das Haus wacht und dafür sorgt, dass ihre Nachkommen sich so darum kümmern, wie sie es getan hat?

DER SCHRECKEN VOM BERKELEY SQUARE

Wo: Berkeley Square Nr. 50, London

Wann: 19. Jahrhundert

Das Haus Nr. 50 am Berkeley Square liegt in einer der attraktivsten Gegenden Londons. Seltsamerweise war es über lange Strecken des 19. Jahrhunderts unbewohnt. Im November 1872 schrieb jemand an die Zeitschrift *Notes & Queries* eine Anfrage, ob es dort spukte. Die Anfrage führte zu einer Reihe von

Briefen und im August 1879 zu einer Antwort von W. E. Howlett, der sich auf einen Artikel in der Zeitschrift *Mayfair* aus dem Mai des vorhergehenden Jahres bezog.

»Das Geheimnis vom Berkeley Square ist nach wie vor rätselhaft … Das Haus enthält mindestens ein Zimmer mit einer Atmosphäre, die auf übernatürliche Weise schädlich für Leib und Seele ist. Ein Mädchen sah, hörte oder spürte einen solchen Schrecken dort, dass es verrückt wurde und seine geistige Gesundheit nie wiedererlangte. Ein Herr, der nicht an Geister glaubte, wagte dort zu schlafen und wurde am nächsten Tag tot aufgefunden, nachdem er offenbar vergeblich um Hilfe geläutet hatte. Es gibt Gerüchte über weitere Fälle dieser Art, die allesamt in Tod, Wahnsinn oder beidem endeten, nachdem man versucht hatte, in diesem Zimmer zu schlafen. Die Mauern des Hauses scheinen elektrisch geladen zu sein. Es ist unbewohnt bis auf ein älteres Hausmeisterehepaar, aber auch die beiden betreten das Zimmer nicht. Es ist verschlossen, und der Schlüssel befindet sich im Besitz einer geheimnisvollen Person, deren Name unbekannt ist. Dieser Mann kommt alle halbe Jahre ins Haus, schließt das Hausmeisterpaar

WARDLEY HALL

Wardley Hall in Manchester. Der Legende nach soll der Kopf von Roger Downes in sein Haus geschickt worden sein, nachdem er bei einer Schlägerei unter Betrunkenen enthauptet worden war. Als man versuchte, ihn zu beerdigen, wurde das Haus von heftigen Stürmen heimgesucht. Im Jahr 1779 jedoch wurde der Sarg wieder geöffnet. Man fand den Kopf unversehrt auf dem Körper.

im Keller ein, öffnet das Zimmer und bleibt einige Stunden dort.«

Bald wurden mehr Einzelheiten bekannt. J. F. Meehan veröffentlichte den Inhalt eines Briefs an Bischof Thirlwall aus dem Januar 1871. Darin heißt es, eine Familie habe das Haus für die Stadtsaison gemietet, da die beiden Töchter, von denen eine bereits verlobt war, ihr Debüt hatten. Auch der Verlobte der jungen Dame war eingeladen, und das Hausmädchen bereitete eines der unbenutzten Zimmer für ihn vor. Das Mädchen war gegen Mitternacht noch damit beschäftigt, als gellende Schreie den gesamten Haushalt weckten. Als man hinaufeilte und die Tür des Zimmers aufriss, lag die unglückliche junge Frau in wilden Zuckungen am Fußende des Bettes, den entsetzten Blick in eine Ecke gerichtet. Sie wurde ins St George's Hospital gebracht, wo sie am nächsten Morgen starb. Sie hatte sich geweigert, über das zu sprechen, was sie gesehen hatte – es sei zu schrecklich, um es jemandem zu erzählen.

Am nächsten Tag reiste der Verlobte an. Man berichtete ihm, was geschehen war, und die Familie fand, er sollte nicht in dem Zimmer schlafen. Aber er tat das alles als Unsinn ab und bestand darauf, erklärte sich aber bereit, bis Mitternacht wach zu bleiben und zu läuten, wenn etwas Ungewöhnliches passierte. Um Mitternacht läutete die Glocke sehr schwach. Nachdem die Familie einige Minuten voller Angst gewartet hatte, war »ein ungeheurer Lärm im ganzen Haus zu hören«. Als man in das Zimmer eilte, fand man den Gast auf dem Bett, genau wie das Hausmädchen. Auch er wand sich in Zuckungen, den entsetzten Blick in dieselbe Ecke gerichtet. Glücklicherweise überlebte der junge Mann das

Berkeley Square Nummer 50 in London (Mitte). Bis vor Kurzem war in dem Haus ein Buchantiquariat untergebracht, aber im 19. Jahrhundert gab es viele Berichte über ein »schleimiges Etwas«, das die Treppen hinauf und hinunter glitt.

Erlebnis, aber er weigerte sich ebenso wie das Hausmädchen, es zu beschreiben. Auch er sagte, es sei einfach zu schrecklich. Die Familie verließ das Haus sofort.

Was die elektrische Ladung der Innenwände anging, so erschien in der Zeitschrift *Notes & Queries* im Jahr 1881 ein Leserbrief. Darin wurde berichtet, dass im Nachbarhaus Nr. 49 im Frühsommer 1880 ein Ball gegeben wurde. Eine Dame und ihr Tanzpartner saßen an der Wand, aber plötzlich rückte sie ein Stück zur Seite und sah sich um. Ihr Partner

LITTLEDEAN HALL

Littledean Hall am Rand des Forest of Dean in Gloucestershire gilt als eines der ältesten bis heute bewohnten Häuser in Großbritannien. In den Kellern fand man angelsächsische und keltische Überreste. Der Legende nach sind viele Menschen in diesem Haus gestorben, manche durch fremde Hand. Heute heißt es, hier gäbe es mehrere Geister, genau gesagt elf, darunter ein Junge, eine Dame im gelben Kleid, ein weiß gekleideter Mönch und eine Geisterkutsche.

wollte gerade fragen, warum, als er selbst die gleiche Empfindung hatte: Ihm wurde plötzlich sehr kalt, und es fühlte sich an, als würde ihnen aus der Wand in ihrem Rücken jemand über die Schulter schauen.

Es gibt noch einige weitere Geschichten. Eine junge Frau namens Adeline oder Adela soll aus einem Fenster gesprungen sein, um den Annäherungsversuchen ihres Onkels und Vormunds zu entgehen. Angeblich sieht man den Geist des armen Mädchens manchmal am äußeren Fensterbrett hängen. Zwei Seeleute sollen in das leere Haus eingebrochen sein, um Obdach für die Nacht zu finden; am nächsten Morgen fand man einen der beiden tot auf dem Zaun zur Straße hin. Er war vor Angst aus einem Fenster gesprungen. Sein Gefährte befand sich noch im Haus. Er war über Nacht ergraut und verrückt geworden. Außerdem heißt es, ein »namenloses schleimiges Ding, zu schrecklich, um es zu beschreiben« sei die Treppen hinauf und hinunter geglitten und habe dabei eine übelriechende Schleimspur hinterlassen.

In einer anderen Geschichte heißt es, ein Mann sei in einem der oberen Zimmer verrückt geworden. Er wartete auf eine Botschaft, aber es erschienen nur alle möglichen Sätze an den Wänden, geschrieben von einer unsichtbaren Hand. Die richtige Botschaft war nie dabei.

In ihrem Buch *The Grey Ghost Book* (1912) schreibt Jessie Adelaide Middletone: »Ich erinnere mich, vor Jahren eine unheimliche Geschichte über das Haus gehört zu haben, in der der Geist eines Kindes im Schottenrock die Hauptrolle spielte. Das arme Kind soll entweder zu Tode gequält oder geängstigt worden sein, und zwar im Kinderzimmer des Hauses. Das mitleiderregende kleine Gespenst erschien den Bewohnern händeringend und schluchzend immer wieder, sodass irgendwann niemand mehr dort zu wohnen wagte.«

Nach der Jahrhundertwende hörte man nichts mehr vom Spuk im Haus Nr. 50. Aber im Jahr 1969 berichtete Mrs Mary Balfour, eine angesehene Dame der Gesellschaft, einem Reporter von dem einzigen Geist, den sie je gesehen hatte. Anfang 1937 war sie mit ihrer Zofe in eine Wohnung in der Charles Street gezogen, die an den Berkeley Square angrenzt. »Es war um Neujahr herum, ich kam spät abends nach Hause, und meine Zofe bat mich in die Küche im hinteren Teil der Wohnung. Von dort aus konnten wir in die hinteren Fenster eines gegenüberliegenden Hauses blicken. In einem dieser Fenster stand ein Mann mit Hosen im Schnitt des achtzehnten Jahrhunderts. Er trug eine Perücke, und sein Gesicht war ganz blass und verzerrt. Reglos stand er da und schaute hinaus. Ich dachte, er wäre vielleicht auf einem Kostümball gewesen und hätte einen Kater oder persönliche Probleme, deshalb tadelte ich meine Zofe und sagte ihr, sie solle ihn nicht so anstarren. Erst später fand ich heraus, dass es sich um das Haus Nr. fünfzig handelte.«

Im Jahr 1907 schreibt Charles G. Harper in seinem Buch Haunted Houses: »Das berühmte Spukhaus am Berkeley Square gehörte lange zu den Dingen, die kein Besucher vom Land in London verpassen durfte.« Heute befindet sich ein Buchantiquariat dort, und immer noch kommen Touristen herein, um sich nach dem Geist zu erkundigen. »Leider können wir gar nichts dazu sagen«, erklärt ein Sprecher des Antiquariats. »Das sogenannte Spukzimmer befindet sich gleich neben unserer Buchhaltung, aber keiner von uns hat je etwas Ungewöhnliches gesehen, gehört oder gespürt.«

KOMMENTAR

Das Interesse an dem Spuk am Berkeley Square führte zu einer Untersuchung durch Reverend C. F. S. Warren. In der Zeitschrift Notes & Queries vom 19. Februar 1881 erklärt er, er könne keinen der Berichte bestätigen, obwohl mehrere Anfragen unbeantwortet geblieben seien. Er schließt mit den Worten: »Es gibt

nur die allgemeine unbestätigte Annahme, das Haus werde von Geistern heimgesucht. Damit erklärt sich auch der vernachlässigte Zustand, in dem es sich befindet, seit es leer steht, und die melancholische, eigenbrötlerische Art des letzten Bewohners.«

Dieser war ein gewisser Mr Myers, der das Haus im Jahr 1859 gemietet hatte. Zu dieser Zeit war er ein wohlhabender, verlobter Mann. Die nächsten Monate verbrachte er damit, das Haus zu renovieren. Unglücklicherweise verließ die Braut ihn am Vorabend der Hochzeit, und so führte er von da an das Leben eines Einsiedlers. »Nachts«, schrieb einer der Korrespondenten von Notes & Queries, »gab es sich seinem Kummer hin und streifte rastlos durch das Haus«.

Im Jahr 1873 wurde Myers vom Westminster Council wegen unbezahlter Steuern angeklagt. Der Steuereintreiber sagte aus, das Haus sei »bekannt für seine Geistererscheinungen und in der ganzen Nachbarschaft berüchtigt«. Myers starb wohl im Jahr 1878. In einem Artikel der Pall Mall hieß es über seine letzten Lebensjahre: »Die Enttäuschung soll ihm das Herz gebrochen haben. Nie mehr ließ er eine Frau in seine Nähe. Der arme Mann schloss sich in dem berüchtigten Zimmer ganz oben im Haus ein und öffnete die Zimmertür nur noch, wenn man ihm Essen brachte, was ein Diener übernahm. Ansonsten schlief er tagsüber und tauchte nur nachts aus seinem selbst gewählten Exil auf, um mit einer Kerze in der Hand durchs Haus zu streifen, das einmal der Ort seines Eheglücks hatte werden sollen.«

Vielleicht haben diese Umstände die Geschichten ins Leben gerufen, die in den 1870er-Jahren kursierten. Aber gab es wirklich ein Gespenst im Haus? Ein Neffe von Mr Myers vermutete, das Gespenst gehe schon seit der Errichtung des Hauses um, das eigentlich wunderschön ist und herrliche Adam-Kamine besitzt. Die Angaben des Neffen passen ganz gut zu dem Bericht von Mrs Balfour und würden auch erklären, warum das Haus eigentlich von Anfang an einen schlechten Ruf hatte.

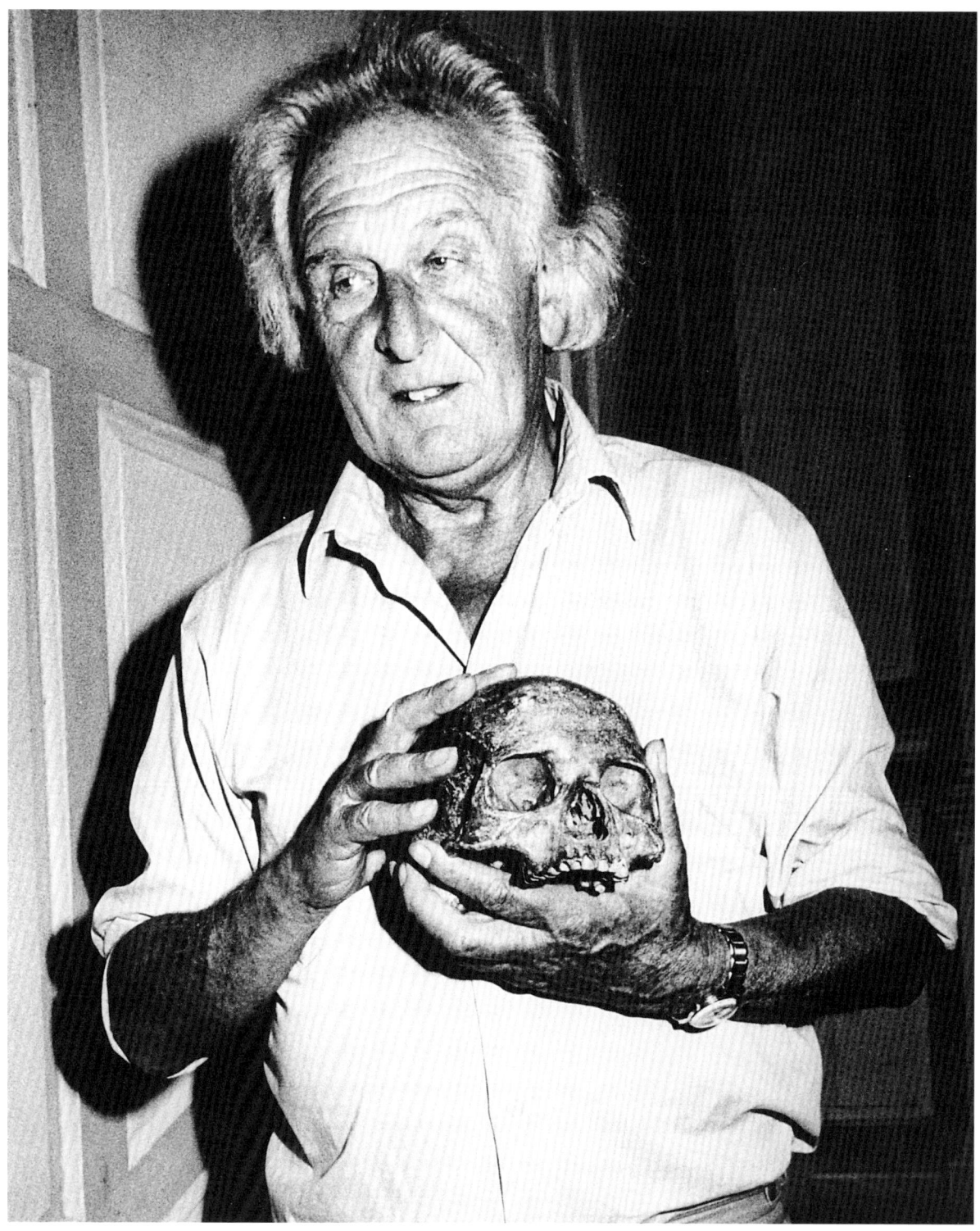

DER SCHREIENDE SCHÄDEL

Wo: Bettiscombe Manor, Dorset, England

Wann: Seit Mitte des 18. Jahrhunderts

Im Jahr 1685 nahm der Besitzer von Bettiscombe Manor, Azariah Pinney, an dem Monmouth-Aufstand gegen König James II. teil. Zur Strafe wurde er auf die Westindischen Inseln verbannt. Sein Enkel John Frederick kehrte Anfang des 18. Jahrhunderts in das Herrenhaus zurück. Er brachte einen schwarzen Sklaven als Leibdiener mit. Als der Mann darum bat, seine sterblichen Überreste nach seinem Tod in Afrika zu beerdigen, stimmte Pinney zu. Aber dieses Versprechen konnte er unmöglich halten, und als der Diener starb, wurde er auf dem nahegelegenen Fried-

Oben: Bettiscombe Manor in Dorset. Es heißt, wer den Schädel aus dem Haus entfernt, wird innerhalb eines Jahres sterben.

Links: Michael Pinney +, Bewohner von Bettiscombe Manor, mit dem Schädel, der vermutlich von einem prähistorischen Begräbnisplatz stammte.

hof bestattet. Wochen danach konnten Pinney und die anderen Bewohner des Hauses kaum schlafen, weil in den Nächten grausiges Stöhnen und Schreien zu hören war. In seiner Verzweiflung ließ Pinney den Leichnam exhumieren und zog auf den Dachboden des Herrenhauses. Dort konnte man sich einigermaßen einrichten, und der Lärm ließ dann auch nach.

Drei Jahrhunderte lang wurde die Geschichte so

überliefert. Noch im Jahr 1847 zeigte man Besuchern einen Schädel und sagte dazu: »Solange dieser Schädel im Haus aufbewahrt wird, betritt kein Geist mehr das Gebäude.« Aber die Ortsüberlieferung blühte. Es hieß, man habe mehrfach versucht, den Schädel aus dem Haus zu bringen, aber jedes Mal seien schreckliche Dinge passiert.

Anfang des 20. Jahrhunderts wurde das Herrenhaus vermietet. Der Mieter wanderte später nach Australien aus und feierte vor seiner Abreise noch eine wilde Party. Während dieser Party nahm er den Schädel, der inzwischen in einem mit Samt ausgeschlagenen Kasten aufbewahrt wurde, zur Hand und warf ihn in einen Teich neben dem Haus. Am Morgen wurde der Schädel jedoch auf den Stufen vor der Haustür gefunden. Etwa dreißig Jahre später bekam der damalige Besitzer des Hauses, Michael Pinney, der letzte Nachkomme von Azariah Pinney, Besuch von drei jungen Australiern. Einer von ihnen war der Sohn des früheren Mieters. Er berichtete, sein Vater sei kaum ein Jahr nach seiner Auswanderung nach Australien ganz plötzlich gestorben.

1939 fragte ein Besucher Michael Pinney zu dessen Bestürzung, ob der Schädel bei Beginn des Krieges genauso Blut geschwitzt hätte wie 1914. Heute würde niemand auf die Idee kommen, den schreienden Schädel aus dem Haus zu schaffen.

KOMMENTAR

In den Fünfzigerjahren wurde der Schädel auf Wunsch von Michael Pinney durch Professor Gilbert Causey vom Royal College of Surgeons untersucht. Der Professor erklärte, es handele sich um den Schädel einer jungen Frau die vor drei- bis viertausend Jahren gestorben sei. Auf einem Hügel in der Nähe von Bettiscombe Manor gibt es prähistorische Überreste. Pinney vermutete daraufhin, der Schädel habe sich dort aus der Erde gelöst und sei von einem Bach, der durch eine Grube in den Außengebäuden

floss, nach Bettiscombe Manor gespült worden. »Vielleicht hat der Finder versucht, ihn loszuwerden«, sagte Pinney. »Und vielleicht war ihm die Sache unheimlich. Nachdem dann einige seltsame Ereignisse eintraten, war man wohl der Meinung, der Schädel wolle im Haus bleiben. Und dann fingen die Geschichten an zu sprießen.«

DAS SCHLIMMSTE SPUKHAUS IN ENGLAND?

Wo: Borley Rectory, Essex, England

Wann: Seit 1836

Bericht: Harry Price

Das Pfarrhaus von Borley steht gegenüber der Dorfkirche aus dem 12. Jahrhundert. Es wurde 1863 von Reverend Henry D. E. Bull erbaut, der darin mit seiner Frau und seinen vierzehn Kindern lebte. Es war ein düsteres Ziegelgebäude mit dreiundzwanzig Zimmern, angeblich auf dem Grund eines Klosters aus dem 13. Jahrhundert erbaut – diese Behauptung wurde jedoch 1938 von der Essex Archaeological Society widerlegt. Die Ortsüberlieferung besagt, ein Mönch aus dem Kloster sei mit einer Nonne aus einem Konvent im dreizehn Kilometer entfernten Bures weggelaufen. Sie wurden aber aufgegriffen, der Mönch wurde enthauptet und die Nonne im Konvent eingemauert. Ihre Geister würden immer noch in der Gegend umgehen.

Reverend Henry und sein Sohn Harry, der nach dem Tod des Vaters sein Nachfolger im Pfarramt wurde, erzählten diese Geschichte gern. Gut mög-

Einige der Kritzeleien an den Wänden des Pfarrhauses von Borley und Marianne Foysters Versuche, mit dem Geist zu kommunizieren. Kommentatoren haben vermutet, dass Mrs Foyster und ihre Tochter die Kritzeleien selbst geschrieben hatten.

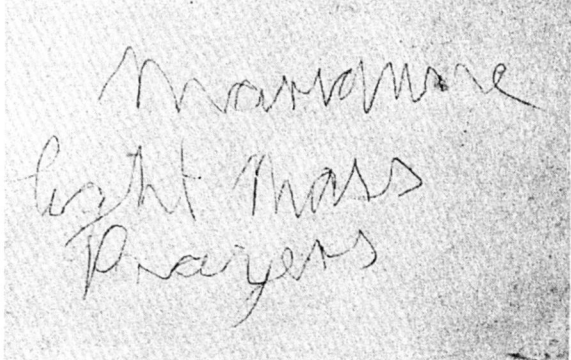

Marianne
light Mass
Prayers

Marianne
Please help
get

Marianne

~~get help~~
~~help me~~

I CANNOT UNDERSTAND
TELL ME MORE

Marianne,

~~light prayers~~

I STILL CANNOT UNDERSTAND
PLEASE TELL ME MORE,

lich, dass sie auch noch etwas ausschmückten. Jedenfalls wuchsen die Kinder des Dorfes mit dieser Geschichte auf. Zwei Schwestern von Harry berichteten, sie hätten eine Schattengestalt im Garten des Pfarrhauses gesehen, die den später so genannten »Nonnenweg« entlangging. In seinen späteren Lebensjahren gab auch Harry an, die Nonne gesehen zu haben, zusammen mit der Kutsche, in der sie angeblich geflohen war. Außerdem berichtete er, er habe mit dem Geist eines verstorbenen Dienstboten der Familie gesprochen, der Amos hieß.

Viele Jahre später berichteten frühere Dienstboten und einige Kinder der Familie von mehreren Vorkommnissen: seltsame Schritte in der Nacht, Klopfen an Türen, Ohrfeigen im Schlaf. Ein College-Freund von Harry Bull war in den Jahren 1885 und 1886 im Pfarrhaus zu Gast und berichtete noch fast sechzig Jahre später von fallenden Mauersteinen, Stiefeln, die sich auf dem Schrank wiederfanden, und so weiter. »Ich sah die Nonne mehrere Male und hörte auch oft die Kutsche vorbeifahren.«

Am 2. Oktober 1928, ein Jahr nach dem Tod von Reverend Harry, zog sein Nachfolger, Reverend G. Eric Smith, mit seiner Frau nach Borley. In einem Brief an die Church Times schrieb Mrs Smith 1945, sie hätten beide nicht an Spuk geglaubt, sondern eher an eine Mischung aus »Ratten und Aberglauben«. Aber Reverend Smith war so besorgt über das Zögern seiner Pfarrkinder, ihn aufzusuchen, dass er an den Herausgeber des *Daily Mirror* schrieb und um die Adresse eines Experten für übersinnliche Phänomene bat.

So kam der Experte Harry Price ins Spiel. Der Daily Mirror schickte aber auch einen Reporter, V. C. Wall. Am 10. Juni 1929 veröffentlichte Wall die erste

Das Pfarrhaus von Borley in Essex, bevor es bis auf die Grundmauern abbrannte. Bis heute kommen Geisterjäger hierher, und viele von ihnen sind überzeugt, dass die Erscheinungen echt sind.

Die Forscher Harry Price und Molly Goldney mit Reverend Lionel A. Foyster, seiner Frau Marianne und den Kindern in Borley im Jahr 1931.

Sensationsgeschichte über das Pfarrhaus. Er schrieb von der »geisterhaften Gestalt eines Kutschers ohne Kopf und einer Nonne in einer altmodischen Kutsche, die von zwei Kaltblütern gezogen wurde. Die Kutsche erscheint und verschwindet auf rätselhafte Weise.«

Als Price in Borley ankam, purzelten Steine, Münzen, ein gläserner Kerzenständer und andere Dinge die Treppe hinunter, alle Glocken für die Dienstboten läuteten in der Küche, Schlüssel flogen aus den Schlössern und es wurde heftig an einen Spiegel geklopft. Price kam in den nächsten Wochen noch ein paar Mal ins Haus, und jedes Mal gab es ähnliche Phänomene.

Schon wenige Tage nach dem ersten Bericht in der Zeitung wurden die Smiths und das Pfarrhaus von Schaulustigen aus London belagert. Nachdem sie die Invasion fünf Wochen lang ertragen hatten, zogen sie aus. Im folgenden Jahr verließ Reverend Smith die Gemeinde und zog nach Norfolk. Der neue Pfarrer von Borley war Harry Bulls Cousin Lionel A. Foyster. Er brachte seine einunddreißigjährige Frau Marianne und die adoptierte Tochter Adelaide mit, die damals zweieinhalb Jahre alt war. Das Pfarrhaus war in einem schlechten Zustand, und Mrs Foyster konnte es vom ersten Augenblick an nicht leiden. Bald nach ihrer Ankunft setzten die Erscheinungen wieder ein, diesmal mit geschriebenen Botschaften an den Wänden, die wie Kindergekritzel aussahen. Einige waren lesbar wie zum Beispiel »Marianne light mass prayers« (Marianne, Licht, Messe, Gebete), andere konnte man nicht entziffern. Fotos zeigen, dass Mrs Foyster »I cannot understand, tell me more« (Ich verstehe dich nicht, sag mir mehr) unter eine Stelle schrieb, wo das Wort »help« (Hilfe) aufgetaucht war. Aber zur Antwort bekam sie nur weiteres sinnloses Gekritzel. Sie schrieb noch einmal darunter, man möge ihr mehr sagen, sie könne es nicht verstehen. Aber vergeblich.

Reverend Foyster führte Tagebuch über die Ereignisse im Haus. Er listete verschwundenes Geschirr auf, das irgendwann wieder auftauchte, verstellte

Bücher, Bilder, die von den Wänden genommen und auf den Boden gelegt wurden, Steine und Ziegel und andere Objekte, die plötzlich auftauchten und ihn oder seine Frau trafen, und Türen, die auf rätselhafte Weise verschlossen waren.

Während der ersten fünf Jahre in Borley zeichnete Reverend Foyster etwa zweitausend solche Vorkommnisse auf. Harry Price besuchte das Pfarrhaus in dieser Zeit nur einmal, nämlich am 15. Oktober 1931. Danach schrieb er an einen Kollegen, der Fall sei zwar psychologisch von großem Wert, gäbe aber mit Blick auf übernatürliche Phänomene nichts her.

Trotzdem mietete er das Haus 1937, nachdem die Foysters es verlassen hatten, und bildete ein Team von Beobachtern. In seinem Buch *Poltergeist over England* schrieb Price später: »Ich könnte viele Seiten mit Berichten über Geräusche von Krachen, Knallen und Zerren, über seltsame Gerüche, Lichter und vor allem über die Wandkritzeleien füllen, von denen meine Beobachter berichteten.«

Die Vorkommnisse wurden sorgfältig in seinem Buch *The Most Haunted House in England* (1940) aufgeführt. Nachdem Price' Mietvertrag auslief, kaufte ein gewisser Captain William Hart Gregson das Haus. Er wollte eine Touristenattraktion daraus machen und jede Woche einen Bus von London hierher fahren lassen, aber am 27. Februar 1939 wurde das Haus durch ein Feuer zerstört.

KOMMENTAR

Nach seinem Tod 1951 erlebte die Reputation von Harry Price einen Niedergang. Der Vorstand der Society for Psychological Research bat drei seiner Mitglieder, alle Beweisstücke in Bezug auf das Pfarrhaus in Borley zu prüfen. In dem Buch *The Haunting of Borley Rectory* (1956) hieß es dann, es handele sich bei Price' Ermittlungen um ein brüchiges Kartenhaus und letztlich um nicht viel mehr als ein Haufen Lügen.«

Eine große Rolle spielte die Tatsache, dass die Foysters zuvor in Amherst, Nova Scotia gelebt hatten, wo es im Jahr 1878 eine berühmte Poltergeist-Erscheinung gegeben hatte. Reverend Foyster benutzte das Pseudonym »Teed«, den Namen des Hausbesitzers in Amherst, wenn er über die Ereignisse in Borley schrieb. War Mrs Foyster, die das Haus nicht mochte und außerdem ihrem Mann untreu gewesen sein soll, selbst verantwortlich für die Polstergeist-ähnlichen Vorkommnisse in Borley? Es wurde sogar vermutet, dass die dreijährige Adelaide die Wände bekritzelt haben sollte.

Die Freude des Reverend Harry Bull an Geistergeschichten und die späteren Sensationsberichte des *Daily Mirror* nährten die Gerüchte, dass es in Borley spukte. Aber das war noch nicht das Ende der Geschichte. In den Sechzigerjahren interessierte sich ein lokaler Experte für übersinnliche Phänomene, Geoffrey Croom-Hollingsworth, für das Haus. Er und sein Assistent Roy Potter verbrachten über mehrere Jahre hinweg viele Stunden dort und hörten immer wieder seltsame Geräusche. Und dann sah Croom-Hollingsworth auch etwas:

»Sie trug einen grauen Habit und einen Schal, und sie bewegte sich durch den Garten und durch eine Hecke. Ich dachte, will mich da jemand an der Nase herumführen? Roy war draußen auf der Straße. Ich rief nach ihm, aber die Gestalt war in die Garage gegangen. Ich dachte, das war's, aber als Roy zu mir kam, sahen wir sie auf der anderen Seite wieder heraustreten. Sie war etwa dreieinhalb Meter von uns entfernt, und wir sahen beide ihr Gesicht: das Gesicht einer älteren Frau um die Sechzig. Wir folgten ihr, als sie über einen ausgetrockneten Straßengraben glitt, als wäre er gar nicht da. Dann verschwand sie in einem Haufen Ziegelsteine ... Roy und ich sahen die Nonne etwa zwölf Minuten lang ganz deutlich vor uns.«

Im Jahr 1974 bekam Croom-Hollingsworth die Erlaubnis, des Nachts Tonbandgeräte in der Kirche

von Borley aufzustellen. Zweifellos sind auf den Bändern jede Menge seltsame Geräusche zu hören, aber wir haben nur wenige Aussagen von Beobachtern, die auf übernatürliche Ursachen hindeuten. Andere Beobachter haben von ähnlichen Geräuschen berichtet, und es gibt auch seltsame, unerklärliche Erscheinungen auf Fotos.

Croom-Hollingsworth sagte dazu: »Es ist mir ganz egal, ob Price die Vorkommisse erfunden hat oder nicht. Die Grundfrage lautet doch: Spukt es in diesem Haus? Und Sie können davon ausgehen, dass ich nichts erfunden habe.«

DER VERLORENE ROSENBAUM

Wo: Ardachie Lodge, Fort Augustus, Schottland

Wann: 1953

Bericht: Peter McEwan, Colin Godman

Im Dezember 1952 übernahmen der Psychologe Dr. Peter McEwan und seine Frau Dorothy eine alte Jagdhütte bei Fort Augustus in der Nähe des Loch Ness in Schottland. Sie wollten dort eine besondere Schweinerasse züchten. Sie stellten ein Kindermädchen und einen Gärtner aus dem Ort ein, und im Sommer 1953 waren sie so weit, dass sie in einer Stellenanzeige ein Ehepaar suchten. Die Frau sollte als Haushälterin fungieren, der Mann sollte bei den Tieren helfen. Eingestellt wurden schließlich Mr und Mrs McDonald. Er war Postbote in London gewesen, hatte aber seine Arbeit dort und die damit verbundene Pensionsberechtigung aufgegeben, um endlich

»Man sagte uns, dass es dort spukte, aber wir gaben nicht viel auf die Geschichte«, sagte Peter McEwan, Besitzer der Ardachie Lodge am Ufer von Loch Ness. Ein Jahr nach seinem Einzug bat er die Society of Psychical Research um Hilfe.

Die Ereignisse auf Ardachie Lodge weckten die Phantasie der Öffentlichkeit so sehr, dass sie 1977 sogar in der Fernsehserie *Leap in the Dark* mit David Buch verfilmt wurden.

wieder in seiner Heimat Schottland zu leben. Die McDonalds' kamen am Abend des 17. August in Ardachie Lodge an, und nachdem man die künftigen Aufgaben besprochen hatte, gingen die Neuankömmlinge früh zu Bett. Bald darauf hörte Mrs McDonald Schritte im Flur vor ihrem Zimmer. Als die Schritte zurückkamen, schaute sie zur Tür hinaus, sah aber nichts. Sie weckte ihren Mann, der die Schritte ebenfalls hörte, aber den Eindruck hatte, sie kämen aus der Wand. Das Paar unterbrach die McEwans bei einem späten Abendessen und fragte, ob mit dem Zimmer etwas »nicht stimmte«. Obwohl sie alle natürlichen Ursachen für die Geräusche ausschließen konnten, überredete man sie, sich wieder zu Bett zu begeben.

Eine Stunde später weckten die McDonalds' das Haus. Sie schienen beide sehr verängstigt und sagten, etwas Übernatürliches sei passiert. Nachdem sie wieder zu Bett gegangen waren, hatten sie lautes Klopfen an der Wand gehört, drei oder vier Schläge. Als sie das Licht einschalteten, ließ das Klopfen nach.

Die McEwans beschlossen, die beiden in einem anderen Zimmer auf der anderen Seite des Hauses unterzubringen, aber sobald sie das neue Zimmer betrat, ging Mrs McDonalds zum Kamin und legte das Ohr an die Wand. »Sie ist da drin«, sagte sie. »In dem Zimmer da befindet sich eine Frau.« Sie drehte sich von der Wand weg, erstarrte und schaute in eine Ecke, wobei sie jemandem zuwinkte. Dann entspannte sie sich, sah sich verwirrt um und fragte die anderen, ob sie etwas gesehen hätten. Sie gab an, eine alte Frau gesehen zu haben, »mit struppigen grauen Haaren, einer Mütze auf dem Kopf und einem Tuch um die Schultern. Sie hat mir gewinkt, ich solle ihr folgen.«

Wieder schlugen die McEwans vor, das Zimmer zu wechseln, aber als sie sich oben im Treppenhaus versammelten, erstarrte Mrs McDonalds wieder und schien sehr verängstigt. »Da ist sie wieder. Können Sie sie denn nicht sehen? Jetzt kriecht sie auf Hände und Knien und hat einen Kerzenhalter in der Hand.« Sie war so verstört, dass die anderen sie zwingen mussten, in die Küche zu gehen. Dort wurde beschlossen, dass man die Nacht gemeinsam im Cottage von Peter McEwans Vater verbringen würde.

Während der folgenden zwei Nächte gaben beide McDonalds' an, dass sie das Klopfen wieder gehört hätten. Dr. McEwan war Mitglied der Society for Psychological Research (SPR). Am Abend des 21. August schlossen sich dem Haushalt ein gewisser Mr Ross und ein Mr Mathesen, beide von der SPR, an. Beide kamen von der SPR.

Bald darauf hörten alle das Klopfen an der Wand. Mrs McDonalds wurde ganz starr. Ross berichtet in der Dezembernummer des *Journal of the SPR* von 1955: »Die brennende Zigarette fiel ihr aus der rechten Hand auf den Teppich. Ihre Arme hingen starr an beiden Seiten, ihr Blick war glasig. Sie starrte auf die offene Tür.« Plötzlich schrie sie auf und schreckte zurück. Sie sagte, sie habe ganz deutlich die Gestalt der alten Frau gesehen, die das Zimmer betrat.

Wenig später ging Mrs McDonald zu Bett. Sobald das Licht ausgeschaltet war und nur noch das Glühen des Herdfeuers zu sehen war, begann sie schwer zu atmen, und das Klopfen war wieder zu hören. Nach einer Weile setzte sie sich im Bett auf und fragte ihren Mann, ob sie geträumt habe. Sie murmelte etwas von einem Rosenbaum und Vernachlässigung, dann sagte sie: »Jetzt verstehe ich – jemand hat einen Rosenbaum versetzt.«

Die McDonalds erklärten später, die Klopfgeräusche hätten sich bis mindestens fünf Uhr morgens fortgesetzt. Die Forscher waren inzwischen ins Bett gegangen. Sie blieben im Gästezimmer, wo der Geist sich zuerst gezeigt hatte, berichteten aber, sie hätten sehr tief geschlafen. In der folgenden Nacht blieben die McEwans wieder mit den McDonalds auf. Man konnte Klopfgeräusche hören, aber ihre Quelle unmöglich ergründen. Wenige Tage später wurden die Mc-Donalds entlassen und nach London zurückgeschickt. Die McEwans verkauften das Haus. Es wurde von einem Tierarzt erworben, der die Landwirtschaft erfolgreich weiterbetrieb.

KOMMENTAR

Dr. McEwan ließ seine Nachbarn befragen und erfuhr, dass die frühere Besitzerin von Ardachie Lodge, Mrs Bruen, oft ein Umschlagtuch und einen kleinen Hut getragen hatte. Auch ihr Haar glich der Beschreibung von Mrs McDonalds. Mrs Bruen hatte unter einer Arthritis gelitten, die sie allmählich verkrüppeln ließ. Während ihrer letzten Wochen in dem Haus hatte sie die Wahnvorstellung gehabt, ihre Dienstboten würden sie ausrauben, und war unter Schmerzen auf Händen und Knien über den Flur gekrochen, um unter Bodendielen nach angeblich fehlenden Wertsachen zu suchen. Allerdings war sie nicht in Ardachie gestorben, sondern in ein Pflegeheim in Inverness gebracht worden.

Eine Nachbarin berichtete auch, Mrs Bruen hätte ihre Rosen sehr geliebt, vor allem einen früh blühenden Rosenstock in Form eines Bäumchens, der im Gewächshaus gehalten wurde. Dr. McEwan stellte fest, dass bei seiner Ankunft im Haus tatsächlich ein alter Rosenbaum im Gewächshaus gestanden hatte. Er hatte den Gärtner angewiesen, den Baum nach draußen zu pflanzen, aber das war dem Gewächs offenbar nicht bekommen.

Mrs McDonald leugnete, früher schon einmal übersinnliche Wahrnehmungen gehabt zu haben. Wie hätte sie von dem Rosenbaum und vom Aussehen der Mrs Bruen wissen sollen? Die einzigen Leute, die ihr darüber in den ersten paar Stunden in

Ardachie etwas hätten erzählen können, waren das Kindermädchen Jenny Maclean und der Gärtner Davy Coutts. In den Siebzigerjahren untersuchte Colin Godman den Spuk und interviewte die beiden.

Jenny Maclean, so zeigte sich, war bei der Ankunft der McDonalds in Inverness und kam erst nach ihrer Abreise zurück. Und Davy Coutts war zu Hause im nahe gelegenen Fort Augustus, solange die McDonalds im Haus waren.

Es scheint sich hier also um einen echten Fall zu handeln. Ungewöhnlich ist, dass Mrs Bruens Geist nur Mrs McDonald erschien, die keinerlei Verbindung zur Ardachie Lodge besaß und vorher auch noch nie übernatürliche Wahrnehmungen erlebt hatte.

SCHREIE IM HERRENHAUS

Wo: Clifton Hall

Wann: 2008

Ort: Nottingham, England

»Die Geister wollten uns nicht dort haben, und wir konnten nichts gegen sie unternehmen, weil wir sie nicht sahen«, sagte Anwar Rashid über die Ereignisse in Clifton Hall. Er hatte mit seiner Familie acht Monate lang in dem Herrenhaus in Nottinghamshire gewohnt, bevor er es fluchtartig verließ.

Mr Rashid, seine Frau Nabila, ihre drei kleinen Töchter und der neugeborene Sohn sowie Mr Rashids Eltern und sein Bruder waren im Jahr 2007 in das georgianische Haus mit den siebzehn Schlafzimmern gezogen, das 3,5 Millionen Pfund gekostet hatte. Wenig später hörten sie die ersten Schreie.

»Schon am Tag unseres Einzugs ging es los«, berichtete Mr Rashid. »Wir setzten uns abends hin, um uns zu entspannen, und da klopfte es an der Wand. Und jemand rief: »Hallo, ist da jemand?« Zu Anfang ignorierten wir es, aber dann kam die Männerstimme wieder. Ich stand auf, um nachzusehen, aber die Türen waren abgeschlossen und die Fenster geschlossen.«

Bei einer anderen Gelegenheit ging Nabila Rashid in der Nacht nach unten, um Milch für das Baby warm zu machen, und dachte, ihre älteste Tochter säße vor dem Fernseher. Sie rief das Mädchen, aber es reagierte nicht. Nabila ging wieder nach oben und stellte fest, dass ihre Tochter fest schlafend im Bett lag. Gelegentlich sahen Mr Rashid und seine Frau auch geisterhafte Gestalten auf den Fluren, die aussahen wie ihre Kinder. Der Tropfen, der das Fass zum Überlaufen brachte, fiel aber, als Mr Rashid und seine Frau Blutflecken auf der Bettdecke des Babys fanden. »Wir reisten noch in derselben Nacht ab«, sagte Mr Rashid.

Mr Rashid rief das Ashfield Paranormal Investigation Network an. Lee Roberts, der zugleich Teamleiter des Networks und Polizist vor Ort war, sagte später: »Clifton Hall ist der einzige Ort, an dem ich jemals richtig Angst hatte. Es ist einfach unheimlich dort.« Er sagte, zwei Mitglieder seines Teams seien ohnmächtig geworden, nachdem sie unabhängig voneinander den Geist eines Jungen gesehen hätten. Auch Darren Brookes von der Sicherheitsfirma Sovereign Security UK sagte, seine Leute hätten Erscheinungen gesehen, darunter einen Mönch, der über das Gelände ging, eine Frau, die auf dem Friedhof stürzte, und Stühle, die sich in einem der Zimmer bewegten. »Ich habe oft Leute eingesetzt, die absolut nichts über das Haus wussten«, sagte Brookes. »Sie haben alle nach einer Nacht den Dienst quittiert.«

Sechs Monate nach seinem Auszug war es Mr Rashid, der über ein Vermögen von 25 Millionen Pfund verfügte immer noch nicht gelungen, das Haus zu verkaufen. Er stoppte daraufhin die Hypothekenzahlungen an die Yorkshire Bank, die das Haus dann zurückforderte.

»Wenn mir jemand etwas von Geistern erzählt hätte – ich hätte ihm nie geglaubt und es immer abgetan«, sagte Mr Rashid. »Aber ich hätte jedem neuen Besitzer mitgeteilt, dass es in diesem Haus spukt, weil ich es selbst erlebt habe. Ich könnte nicht ruhig schlafen, wenn ich jemandem etwas so Ernsthaftes verschwiegen hätte.«

KOMMENTAR

Klopfen an der Wand, ferne Schreie in einem alten Haus, gespenstische Gestalten – all das klingt sehr nach klassischem Material von Geistererscheinungen. Vielleicht ein bisschen zu klassisch. Das Ashfield Paranormal Investigation Network hat keinen so starken Ruf wie die Society of Psychichal Research, und Lee Roberts' Glaubwürdigkeit wurde 2010 erschüttert, als er eine zwölfmonatige Haftstrafe wegen Unterschriftenfälschung im Dienst erhielt. Er hat den Polizeidienst inzwischen verlassen.

»Ich habe oft Offiziere hierher abkommandiert, die absolut nichts über das Haus wussten«, sagte Darren Brookes vom Sovereign Security über Clifton Hall. »Nach einer Nacht dort haben die meisten den Dienst quittiert.«

Nicole Kidman in dem Film *The Others* (2001).
Anwar Rashid schrieb in seinem Bericht über den
Spuk in Clifton Hall: »Die Geister wollten nicht, dass
wir uns dort aufhielten. Sie waren wie die Familie
in *The Others*.«

Es gab zwar schon früher unbestimmte Legenden
über das Haus, aber dabei handelte es sich eher um
kindliche Gruselgeschichten aus der Zeit in den Siebzigerjahren, als das Haus als Mädcheninternat diente.
Nichts an diesen Berichten ähnelte denen der Familie Rashid. Mr Rashids Firmenkonsortium existiert
nicht mehr. Man vermutet, dass er das Haus verließ,
als die Geschäfte schlechter gingen, und die Geistergeschichte erfand, um sein Gesicht zu wahren. Heute
lebt er in mehr als bescheidenen Verhältnissen in der
Umgebung von Nottingham. Er streitet derartige
Behauptungen natürlich ab. Und wenn man Darren
Brookes Leuten von der Sovereign Security glauben
darf, dann hat es in Clifton Hall wirklich gespukt.

EIN UNHEIMLICHES ZIMMER

Wo: On the Park 123, New York City

Wann: 2014

**Beobachter: Robert Samuel, früherer Portier,
und andere Angestellte und Bewohner**

»Das ist ein schrecklicher Arbeitsplatz, weil es dort
spukt«, sagte einer der Portiers aus dem Haus On the
Park 123, einem Apartmenthaus, das früher Brook-
lyns Caledonian Hospital beherbergte. Das Apartmenthaus wurde im Sommer 2014 eröffnet und galt
als einzigartig luxuriöse Adresse. Aber bald änderte
sich sein Ruf. Ein Portier sah eines Nachts, während
er die Monitore der Sicherheitskameras überwachte,
dass die Bewegungssensoren in einem Treppenhaus
einer nach dem anderen angingen, und zwar vom
siebten Stock bis hinunter ins Erdgeschoss, als würde
jemand die Treppen hinuntergehen. Aber auf den
Monitoren war niemand zu sehen, auch kein Haus-

tier. Eine Tierärztin, die in dem Haus wohnte, stellte fest, dass ihr Fernseher an und aus ging, ohne dass sie die Fernbedienung berührte, und dass Gegenstände aus den Regalen fielen. Eine der ersten Bewohnerinnen des Gebäudes, die nur unter dem Pseudonym Janine Melnitz bekannt ist, berichtete der Zeitschrift *The New Yorker,* ihre Schlafzimmertür habe sich willkürlich geöffnet und geschlossen und sie sei manchmal von Geräuschen in der Küche geweckt worden. »Schon der Weg hinunter in den Spindraum für die Angestellten war unheimlich«, sagte Robert Samuel, ein ehemaliger Portier. Andere Angestellte und Bewohner berichteten, in bestimmten Räumen habe eine unheimliche Stimmung geherrscht, sie hätten Schritte gehört und eine unerklärliche Präsenz gespürt. Als sich die Gerüchte weiter verbreiteten, sagte einmal ein New Yorker Taxifahrer zu einem Fahrgast, den er vor dem Haus absetzte: »Seien Sie vorsichtig, da drin wimmelt es von Skeletten.«

KOMMENTAR

Das Gebäude ist nie auf paranormale Erscheinungen hin untersucht worden. Es ist also unklar, ob die Ereignisse mit technischen Defekten erklärt werden können. Aber angesichts all der Toten und all des Leids in einem Krankenhaus ist es durchaus denkbar, dass ein solches Haus von Geistern heimgesucht wird. Es gibt jedoch auch noch ein konkreteres, wenn auch nicht ganz ernsthaftes Motiv für die Erscheinungen. Vielleicht handelte es sich um »Anti-Gentrification-Geister«, heraufbeschworen von Nachbarn, die sich nicht damit abfinden wollten, dass das 2003 geschlossene Krankenhaus in ein Luxus-Apartmenthaus umgewandelt wurde.

On the Park Nummer 123 liegt am südlichen Rand des Prospect Park in Brooklyn. Bevor das Haus zu einem Apartmenthaus umgebaut wurde, diente es hundert Jahre lang als Krankenhaus.

KAPITEL 4

FREUNDLICHE GEISTER

Manchmal sind Geister so harmlos, dass die Menschen, denen sie begegnen, sie kaum als übernatürliche Wesen identifizieren. Sie werden fast so etwas wie Familienmitglieder.

ER LAS DIE BOSTON POST

Wo: Boston, Massachusetts, USA

Wann: 1830er-Jahre

Zeuge: Nathaniel Hawthorne

Nathaniel Hawthorne wurde im Jahr 1850, im Alter von sechsundvierzig Jahren, durch seinen Roman *Der scharlachrote Buchstabe* bekannt. Während der 1830er-Jahre arbeitete er beim Zoll in Boston, hatte aber lange schon auf eine Karriere als Schriftsteller gehofft. Jeden Tag nach der Arbeit besuchte er die Atheneum Library, eine ruhige, clubartige Einrichtung, wo er ein oder zwei Stunden lang lesen und schreiben konnte.

Ein weiterer Stammgast dort war Reverend Dr. Harris, ein pensionierter Geistlicher um die Achtzig, der jeden Tag auf demselben Platz beim Kamin saß und die *Boston Post* las. Obwohl Hawthorne nie mit

Das Foto zeigt die Dame in Braun von Rayham Hall im englischen Norfolk. Man nimmt an, dass es sich bei dem Geist um Dorothy Walpole handelt, die Schwester des ersten britischen Premierministers Horace Walpole. Sie hat in der Nähe gelebt.

ihm geredet hatte – im Lesesaal war das Sprechen verboten – betrachtete er Dr. Harris fast als einen Bekannten und freute sich immer darauf, den alten Herrn ruhig auf seinem Platz sitzen zu sehen, wenn er die Bibliothek betrat.

So überraschte es ihn nicht wenig, als er eines Abends nach Verlassen der Bibliothek von einem Freund erfuhr, dass Dr. Harris vor einigen Wochen verstorben war. Und die Überraschung war noch größer, als er den Geistlichen am nächsten Abend so fest und lebendig wie immer auf seinem Platz sitzen und die *Post* lesen sah.

So ging es noch einige Wochen lang weiter. Aber eins irritierte Hawthorne doch: Viele andere Stammgäste der Bibliothek waren bekannt oder sogar befreundet mit Dr. Harris gewesen. Und sie schienen seinen Geist nicht zu sehen. Warum war das bei ihm anders, obwohl er doch nur ein flüchtiger Bekannter gewesen war? Oder sahen die anderen die Erscheinung auch, gaben es aber ebenso ungern zu wie er?

Als er später über diese Ereignisse schrieb und sein eigenes Verhalten zu dieser Zeit bedachte, erkannte Hawthorne, dass er nicht gewagt hatte, sich der Gestalt zu nähern und sie womöglich zu berühren oder ihr gar die Zeitung aus der Hand zu neh-

men. Er schrieb: »Vielleicht wollte ich die Illusion nicht zerstören und mich dieser guten Geistergeschichte nicht berauben, die man womöglich auf ganz einfache Weise hätte erklären können.«

Nach ein paar Wochen spürte Hawthorne, dass der Geist ihn ansah, als erwartete er, dass er in irgendeiner Weise Kontakt mit ihm aufnahm. »Aber wenn es so war, dann hatte der Geist einen schlechten Ort und nicht den richtigen Empfänger gewählt. Im Lesesaal der Atheneum-Bibliothek ist das Sprechen streng verboten, ich hätte ihn also nicht ansprechen können, ohne sofort die Aufmerksamkeit und indignierte Blicke von den halb schlafenden alten Herren um mich herum zu wecken. Und außerdem – ich hätte mich ja lächerlich gemacht, wenn ich feierlich etwas angesprochen hätte, was allen anderen wie ein leerer Stuhl vorkommen musste. Außerdem«, schließt Hawthorne, indem er sich leichthin mit gesellschaftlichen Konventionen entschuldigt, »war ich Dr. Harris ja nie vorgestellt worden.«

Hawthorne sah die Erscheinungen noch eine ganze Weile und litt frustriert unter seinem Dilemma, bis er eines Tages beim Betreten der Bibliothek den Stuhl leer vorfand. Danach sah er den Geist von Dr. Harris nie wieder.

KOMMENTAR

Diese Geschichte beruht auf dem Zeugnis eines einzigen Beobachters, noch dazu eines Beobachters, der als Schriftsteller viele Kurzgeschichten mit übernatürlichen Stoffen verfasste. So stellt sich die Frage: Ist sie wahr oder Fiktion? Es fällt zunächst einmal auf, dass diese Geschichte für die Verhältnisse Hawthor-

Der Schriftsteller Nathaniel Hawthorne hatte sich an den Anblick von Dr. Harris gewöhnt, der am Kamin in der Atheneum Library die *Boston Post* las. Umso erstaunter war er, als er erfuhr, dass der Geistliche einige Wochen zuvor verstorben war.

DIE WEINENDE WITWE

Künstlerische Darstellung der weinenden Witwe aus *The Cheltenham Ghost* von B. Abdy Collins. Sie wurde innerhalb von fünf Jahren von mindestens zwanzig Personen gesehen. Immer wieder wurde vergeblich versucht, die Erscheinung zu fotografieren.

nes mit seinem Hand zu dramatischen Schlüssen sehr bodenständig erzählt ist und eigentlich gar keinen richtigen Schluss hat. Wenn es sich um Fiktion handelte, hätte Hawthorne sie doch sicher »dichterischer« ausgeschmückt.

So bleibt die Frage: Sah Hawthorne wirklich die Gestalt von Dr. Harris auf seinem üblichen Platz? Einige würden von einer Halluzination sprechen. Nachdem er es gewöhnt war, den alten Herrn jeden Tag die Zeitung lesen zu sehen, bildete er sich auch weiterhin ein, ihn zu sehen, bis lange nach seinem

Tod. Aber das erklärt nicht, warum er ihn auch noch sah, nachdem er von seinem Tod erfahren hatte.

Eine einfache Erklärung wäre, dass der Geist von Dr. Harris irgendwie an dem Ort gefangen war, an dem er so viele zufriedene Stunden verbracht hatte. Und so kehrte er immer wieder in seinen Sessel am Kamin zurück. Eine andere Theorie, basierend auf der modernen Psychologie, nimmt an, dass die Erscheinung eine Art »geistiger Abdruck« des Toten war, auf den sich Hawthorne einstimmen konnte. Das würde auch erklären, warum die Erscheinung irgendwann verschwand: Die Energie des Abdrucks ließ nach.

DER GEISTERTANZ

Wo: Nevada und später Great Plains, USA

Wann: 1870–1890 und einige Jahre danach

Ein neuer Glaube entwickelte sich im Jahr 1870 bei den Paiute Indianern im westlichen Nevada. Er ging von einem Träumer namens Ta'vibo aus und verbreitete sich langsam, während die Indianer die Überzeugung annahmen, dass das Vordringen der Weißen ihre ursprüngliche Kultur bedrohte. Mit der Zeit konzentrierte er sich auf Ta'vibos Sohn Wovoka, den die Weißen unter dem Namen Jack Wilson kannten. Er wurde als Messias angesehen.

Ende 1888 wurde Wovoka sehr krank. Nach einer Sonnenfinsternis am 1. Januar 1889 berichtete er: »Als die Sonne starb, stieg ich in den Himmel auf und sah Gott und alle Menschen, die vor langer Zeit gestorben waren. Gott befahl mir, wieder auf die Erde zurückzukehren und meinem Volk zu sagen, dass sie gute Menschen sein und einander lieben sollten. Sie sollten nicht streiten, stehlen oder lügen. Und er gab mir diesen Tanz für mein Volk mit.«

Wovoka sagte, das Land der Ahnen würde den Indianern zurückgegeben und es würde eine große Wiedervereinigung aller lebenden und toten Verwandten und Freunde stattfinden. Damit es dazu käme, müssten die Indianer nach den Anweisungen Wovokas leben: kein Alkohol, keine Landwirtschaft und eine Rückkehr zu den alten Begräbnisriten. Und sie sollten den Geistertanz tanzen.

Im Gegensatz zu den anderen indianischen Tänzen handelte es sich um ein langsames Gehen, bei dem Männer und Frauen ihre Finger verschränkten und konzentrische Kreise bildeten, die den Lauf der Sonne nachbildeten. Dieser Tanz sollte vier oder fünf Tage in Folge durchgeführt werden, begleitet von Gesängen, aber ohne Instrumente. Der erste Geistertanz fand Ende Januar 1889 statt.

Die Nachricht von Wovokas Botschaft verbreitete sich bald zu vielen anderen Stämmen, bis hin zu den Sioux der Great Plains. Dee Brown schreibt in seiner Geschichte der amerikanischen Ureinwohner, *Bury My Heart at Wounded Knee* (1971, dt. Begrabt mein Herz an der Biegung des Flusses), zur Zeit des Mondes des trocknenden Grases (am 9. Oktober 1890) habe ein Minneconjou vom Cheyenne River den Häuptling Sitting Bull besucht. Sein Name war Kicking Bear, und er brachte Nachricht vom Messias der Paiute, Wovoka. Kicking Bear und sein Schwager Short Bull waren von einer langen Reise zurückgekehrt, auf der sie den Messias gesucht hatten.

Wovoka sagte ihnen, im folgenden Frühling würde die Erde von neuer Erde bedeckt, die alle Weißen begraben sollte. Die Indianer, die den Geistertanz tanzten, würden in die Luft aufsteigen und dort bleiben, während die Welle aus neuer Erde sich ergoss, und dann würden sie zwischen den Geistern ihrer Vorfahren wieder auf der Erde landen.

Kicking Bear führte das »Geisterhemd« ein, das aus Ziegenhaut gemacht und mit magischen Symbolen bemalt, die den Träger gegen Gewehrkugeln schützen sollten. Außerdem versetzten sich die Sioux immer wieder in hypnotische Trance, um direkt mit den Geistern ihrer Verstorbenen zu kommunizieren. Ende 1890 wurde der Geistertanz im gesamten amerikanischen Westen praktiziert.

Der Geistertanz der Indianer in den Great Plains (1893). Es handelte sich um einen friedlichen Ritus, um die Rückkehr der Ahnengeister zu sichern. Trotzdem rief es bei den weißen Siedlern Ängste hervor.

KOMMENTAR

Wovokas Botschaft war ganz und gar friedlich, aber ihre starke Verbreitung unter den Indianern, verbunden mit dem Versprechen, die Weißen würden verschwinden, alarmierte die Verwaltungen der zahlreichen Reservate. In Standing Rock ordnete der örtliche Vertreter James McLaughling die Verhaftung

von Sitting Bull an. In einem Kampf am frühen Morgen des 15. Dezember 1890 wurden der alte Häuptling und dreizehn seiner Gefolgsleute getötet. Die übrigen Sioux flohen in die Bad Lands und schlossen sich Kicking Bear an. Nachdem man sie bis an den Fluss Wounded Knee Creek getrieben hatte, entschlossen sie sich zum Kampf. Sie waren zuversichtlich, dass ihre Geisterhemden sie schützen würden, aber gegen die Geschosse aus vier Hotchkiss Guns waren sie machtlos. Dreihundert Männer, Frauen und Kinder wurden förmlich abgeschlachtet.

Der Geistertanz hielt sich noch eine Weile unter den Stämmen im Süden, vor allem bei den Kiowa, aber das Massaker am Wounded Knee hatte eine verheerende Wirkung auch auf die Überlebenden und nahm den Indianern die letzte Hoffnung.

EIN GELEHRTER GEIST

Wo: Mannington Hall, Norfolk, England

Wann: 10. Oktober 1879

Beobachter: Dr. Augustus Jessop

Am 10. Oktober 1879 bekam der Antiquar Dr. Augustus Jessop eine Einladung nach Mannington Hall, ein altes Herrenhaus, das von einem Wassergraben umgeben ist, Stammsitz der Earls of Orford. Der zweite Lord Orford, Robert Walpole, hatte Mitte des 18. Jahrhunderts die Gräber der früheren Besitzer zerstört, der Familie Scalmers nämlich. Seitdem hieß es, eine Dame aus dieser Familie würde auf dem Friedhof des Hauses spuken und nach ihrem Grab suchen. Bis zum Ende des 19. Jahrhunderts wurde, um sie zu besänftigen, der Wagen mit dem Sarg jedes

Ein Geisterhemd des Arapaho-Volkes. Es ist mit Sternen, Vögeln und einer Schildkröte bemalt und sollte den Träger gegen Gewehrkugeln schützen. Gegen die Hotchkiss-Gewehre war es allerdings machtlos.

nachfolgenden Earls drei Mal um die Kirche gefahren, bevor man ihn bestattete. In einem Artikel in der Zeitschrift *Atheneum* vom Januar 1880 beschrieb Dr. Jessop jedoch eine ganz andere Geistererscheinung.

Anlass für seinen Besuch war die Inspektion einiger sehr seltener Bücher in der Bibliothek des Hauses. Am späten Abend ließ man ihn auf seine Bitte hin in einem Nebenzimmer allein, damit er arbeiten konnte. Der restliche Haushalt legte sich zur Ruhe. Während er dort saß und sich Notizen machte, gegen ein Uhr in der Nacht, bemerkte er eine Hand, die sich gleich neben seinem Ellbogen auf den Tisch stützte.

Als er den Kopf drehte, sah Dr. Jessop »einen ziemlich großen Mann, der mit dem Rücken zum Feuer stand, sich leicht über den Tisch beugte und offenbar die Bücher betrachtete, an denen ich arbeitete.« Die Gestalt setzte sich neben ihn, doch er konnte ihr Gesicht nur zur Hälfte sehen. Sie hatte kurz geschnittenes rotbraunes Haar und trug eine Art Kutte aus dicker Seide mit einem eng sitzenden Geistlichenkragen.

Dr. Jessop schrieb, er habe sofort erkannt, dass die Gestalt »nicht von dieser Welt« sein konnte. Aber er habe keine Angst gehabt, sondern nur Neugier und Interesse empfunden. »Da saß er, und ich war fasziniert. Angst hatte ich nur, dass er allzu bald wieder gehen würde.« Aber als der Antiquar eine Hand ausstreckte, um eines der Bücher zu nehmen, verschwand die Erscheinung zu seiner großen Enttäuschung.

Fünf Minuten lang setzte Dr. Jessop seine Arbeit fort, dann erschien die Gestalt wieder. So saßen geisterhafter und lebender Gelehrter beieinander, der eine voll stillem Interesse an den Büchern, der andere mit Schreiben beschäftigt, gleichzeitig aber mit der Frage im Kopf, wie er seinen Besucher ansprechen könnte, und doch befangen. Schließlich beendete der Antiquar seine Notizen und ließ das

Buch auf den Tisch fallen, an dem gearbeitet hatte. Bei diesem Geräusch verschwand die Gestalt wieder. Und so lange Dr. Jessop auch wartete und hoffte, kam sie nicht wieder. Nachdem Dr. Jessop mit seinen Studien fertig war, brachte er den Bücherstapel in die Bibliothek zurück. Dann nahm er jedoch eins der Bücher wieder mit zurück und legte es auf den Tisch, wo er gesessen hatte, als das Gespenst erschienen war. Anschließend ging er zu Bett und schlief tief und fest. Ob der Geist noch einmal zurückkehrte, um in dem zurückgelassenen Buch zu lesen, ist nicht bekannt.

KOMMENTAR

Diese Geschichte enthält alle guten Elemente einer Geistergeschichte. Es gibt keine allzu auffälligen Phänomene wie Heulen oder Kettenrasseln, die so oft bei Spukgeschichten aus alten Häusern erwähnt werden. Das Phantom scheint Dr. Jessops Gegenwart fast nicht wahrzunehmen, erschrickt über seine Bewegungen und Geräusch, kehrt aber zurück, offenbar angezogen von den alten Büchern. Lord Orford hatte aufgrund seiner Familiengeschichte kein Interesse an Spukgeschichten über Mannington Hall und bot auch keine Erklärung für die Herkunft des Geistes an. Tatsächlich erklärte er später, es habe sich um einen Diener namens Carlo gehandelt, der nach einem Schlaftrunk suchte.

Diese Erklärung hält mit Sicherheit nicht stand, wenn man bedenkt, wie still die Erscheinung war, dass sie am Tisch saß und zwei Mal zurückkehrte.

Mitte des 18. Jahrhunderts wurden bei Bauarbeiten am Herrenhaus Mannigton Hall in Norfolk die Gräber der früheren Bewohner zerstört. Seitdem soll eine Frau auf der Suche nach ihrer Ruhestätte den Friedhof heimsuchen.

KAPITEL 4

GEISTER IN EINER GEISTERSTADT

Wo: Silver Cliff, Colorado, USA

Wann: 1880 bis heute

Forscher: Edward J. Linehan

Im Jahr 1880 wurde im Gebiet Wet Mountain Valley in Colorado eine Silberader entdeckt. Monate später war an dieser Stelle eine brodelnde Stadt mit mehr als fünftausend Einwohnern entstanden. Das Silbervorkommen war allerdings bald erschöpft, und die Männer zogen weiter. Innerhalb einer Generation sank die Bevölkerungszahl von Silver Cliff auf etwa hundert. Es gab weniger lebende Bewohner als Tote auf dem Friedhof auf einem Hügel oberhalb der Stadt.

Berichte von seltsamen Erscheinungen auf diesem Friedhof jedoch gab es von Anfang an. Im Gründungsjahr der Stadt berichtete eine Gruppe von Schürfern, sie hätten schwache blaue Lichter über den Gräbern gesehen. Ihre Erzählungen wurden aber damit abgetan, dass die Männer auf dem Heimweg aus einem der zahlreichen Saloons gewesen waren.

Bald jedoch berichteten auch andere, nüchterne Bürger, sie hätten das unheimliche Leuchten über den Gräbern gesehen. Viele Jahre lang war die Geschichte nicht viel mehr als eine Ortslegende, bis im Jahr 1956 in der Zeitung *Wet Mountain Tribune* ein Artikel darüber erschien. Die Geschichte verbreitete sich und tauchte 1967 sogar in der *New York Times* auf. Daraufhin kamen viele Touristen in die Gegend, und einige von ihnen behaupten ebenfalls, die Geisterlichter gesehen zu haben. So wendete sich das Schicksal der verfallenen kleinen Stadt. Zwei

Sind die schwachen blauen Lichter über den Gräbern von Silver Cliff, Colorado, Erscheinungen der Grubenlampen längst verstorbener Bergarbeiter? Oder handelt es sich nur um Irrlichter, die von spontanen Methangasentladungen hervorgerufen werden?

Jahre später schrieb auch Edward J. Linehan, stellvertretender Herausgeber der Zeitschrift *National Geographic,* einen Artikel über seine Erlebnisse.

Am Abend seiner Ankunft fuhr der Einheimische Bill Kleine mit Linehan hinaus zum Friedhof. Sobald die Scheinwerfer des Wagens ausgeschaltet waren und die beiden Männer ausgestiegen waren, rief Kleine: »Da! Sehen Sie? Und da drüben!«

Linehan sah »schwache runde Flecken von blauweißem Licht«. Als er ein paar Schritte nach vorn tat, verschwanden die Lichter, wurden dann aber langsam wieder stärker. Er leuchtete mit seiner Taschenlampe dorthin, aber der Lichtstrahl zeigte nur einen alten Grabstein. Die nächste Viertelstunde verfolgten die beiden Männer das Leuchten über den ganzen Friedhof, konnten aber keine Erklärung finden.

Kleine sagte Linehan, viele Leute würden die Erscheinung als Spiegelung der Lichter von Silver Cliff und vom nahe gelegenen Westcliff abtun, aber Linehan berichtete, die beiden Kleinstädte seien viel zu weit entfernt für einen solchen Effekt. Außerdem bestand Kleine darauf, dass er und seine Frau das Leuchten auch schon gesehen hatten, wenn der Nebel so dicht war, dass man die Städte überhaupt nicht sah.

KOMMENTAR

Eine ganze Reihe von Theorien sind ins Feld geführt worden, um die Geisterlichter von Silver Cliff zu erklären. Als Westcliff später mit Quecksilberdampflampen ausgestattet wurde, hieß es, dieses Licht würde auf dem Friedhof gespiegelt. Aber zur Zeit des Besuchs von Linehan waren diese Lampen noch nicht installiert, und einmal, als ein Stromausfall in der Stadt sämtliche Lichter ausgehen ließ, war das Leuchten auf dem Friedhof trotzdem zu sehen.

Eine weitere Theorie besagte, die Lichter würden durch Radioaktivität verursacht. Untersuchungen mit einem Geigerzähler ergaben allerdings nichts.

Einige Leute meinten, die Lichter würden durch Leuchtfarbe hervorgerufen, die von lokalen Scherzbolden auf die Grabsteine gestrichen würde, aber auch dafür ließ sich nie ein Beweis finden.

Möglicherweise handelt es sich um so etwas wie Irrlichter im Moor, die durch spontane Entzündung von Methangas aus verrottendem Material entstehen. Aber die Lichter erscheinen nicht nur über frischen Gräbern, und die Toten auf diesem Friedhof sind längst verwest und nur noch Skelette.

Eine ganz andere Erklärung wurde von dem Anthropologen und Volkskundler Dale Ferguson entwickelt. Er meinte, die Cheyenne und andere amerikanische Ureinwohner hätten ihre Toten auf Hügeln bestattet, die den Geistern heilig waren. Manchmal, wenn ein Schamane gewusst hätte, dass sein Tod nahte, habe er sich zum Totenhügel begeben und dort hingelegt, bis seine Seele fortging. Und einige indianische Sagen, so Ferguson, erzählen in diesem Zusammenhang von blauen Geisterlichtern.

Die alten Bewohner von Silver Cliff jedoch haben eine andere Erklärung. Sie sagen, die blauen Lichter seien die Grubenlampen längst verstorbener Schürfer, die immer noch verzweifelt nach Silber suchen.

DAS ABENTEUER VON VERSAILLES

Wo: Versailles, Frankreich

Wann: 10. August 1901

Bericht: Charlotte Anne Moberly und Eleanor Jourdain

Marie-Antoinette, Ehefrau des französischen Königs Ludwig XVI., wurde im Jahr 1793 enthauptet. Eleanor Jourdain und Charlotte Anne Moberly waren überzeugt, sie hätten im Jahr 1901 ihre Gestalt in Versailles beim Malen beobachtet.

Im August 1901 verbrachten Charlotte Anne
Moberly und Eleanor Jourdain ihre Ferien zusammen in Paris. Eines schönen Abends besuchten sie
das Schloss Versailles vor den Toren der Stadt, das
sie beide noch nicht gesehen hatten. Nach einer
geführten Tour durch das Schloss machten sie noch
einen Spaziergang durch die Gärten zum Petit Trianon, einem Haus, das von König Ludwig XV. erbaut
wurde und von Ludwig XVI. im Jahr 1774 seiner
Frau Marie-Antoinette geschenkt wurde.

Ins Gespräch versunken, gingen die beiden
Frauen einen Weg entlang, der sie ungefähr in die
richtige Richtung führte. Zwei Männer mit einer
Schubkarre und einem Spaten sagten ihnen, sie
müssten geradeaus weitergehen. Allerdings wunderten sich die beiden Damen über die Kleidung der
Männer: lange graugrüne Mäntel und kleine dreispit-
zige Hüte.

Später, während sie über ihr Erlebnis diskutierten,
fiel den beiden Frauen auf, dass sie zu dieser Zeit
eine bedrückende Stimmung gespürt und den Eindruck gehabt hatten, als würde ihre Umgebung ganz
flach. Diese Gefühle verstärkten sich noch, als sie zu
einem Gartenkiosk kamen, bei dem ein Mann saß.
Der Mann war ihnen beiden sehr unheimlich. Er
trug einen Umhang und einen breitkrempigen Hut.
Sie bogen bei seinem Anblick auf einen anderen Weg
ab.

Dann hörten Miss Moberly und Miss Jourdain
rennende Schritte hinter sich. Als sie sich umdrehten, war der Weg leer, aber jemand stand in ihrer
Nähe: »Ein Herr, groß gewachsen, mit großen dunklen Augen und schwarzen Locken.« Auch er trug
einen Umhang und einen breitkrempigen Hut und
lächelte aufgeregt, als er ihnen den Weg zum Petit
Trianon zeigte. Als die Damen sich umdrehten, um

**Der See auf dem Gelände von Versailles, düster wie
an dem Tag, als Charlotte Anne Moberly und Eleanor
Jourdain dort ihr seltsames Erlebnis hatten.**

Aufgrund des bedrückenden Gefühls, dass sie in Versailles gehabt hatte, fragte sich Charlotte Anne Moberly später, ob es in den Gärten spukte.

Als Eleanor Jourdain Versailles wieder besuchte, stellte sie zu ihrer Überraschung fest, dass sich die Gebäude und die Landschaft stark verändert hatten.

ihm zu danken, hörten sie wieder die laufenden Schritte. Sie überquerten auf einer Brücke eine kleine Schlucht und bemerkten den Wasserfall dort. Dann erreichten sie ihr Ziel.

Auf der Terrasse sah Miss Moberly eine Frau, die zu zeichnen schien. Sie sah die Damen an, als sie vorübergingen. Miss Moberly bemerkte, dass die Frau ein jugendliches Kleid aus leichtem Material und mit tiefem Ausschnitt trug und dass sie üppiges Haar hatte, das mit einem weißen Sonnenhut bedeckt war. Sie war zwar hübsch, aber doch schon etwas älter. Dann erschien ein junger Mann, der sie zum Eingang führte. Die Führung verbrachten sie im Kreis einer lebhaften Hochzeitsgesellschaft.

Erst ein paar Tage später, als sich Miss Moberly daran machte, ihre Erlebnisse im Tagebuch aufzu-

schreiben, erinnerte sie sich an das bedrückte Gefühl und fragte Miss Jourdain: »Glaubst du, dass es im Petit Trianon spukt?« Daraufhin stellten die beiden fest, dass sich ihre Erinnerungen an den 10. August in einigen Details widersprachen. Vor allem hatte Miss Jourdain die Dame auf der Terrasse nicht gesehen. Einige Monate später, als sie noch einmal darüber sprachen, beschlossen sie, ihre Berichte unabhängig voneinander aufzuschreiben und dann zu vergleichen.

Miss Jourdain hatte sich inzwischen in Paris erkundigt und von einem Freund erfahren, dass schon öfter von einer Erscheinung der Marie-Antoinette berichtet worden war. Sie trug ein rosafarbenes Kleid und einen großen Sonnenhut, und sie saß an Augusttagen vor dem Petit Trianon. Am 2. Januar

1902 beschloss Miss Jourdain, den Ort noch einmal zu besuchen. Wo sie und Miss Moberly den Gartenkiosk gesehen hatten, stand der Temple d'Amour, der vollkommen anders aussah. Die Schlucht, die Brücke und der Wasserfall waren nicht mehr zu finden. Miss Jourdain wandte sich vom Petit Trianon ab und ging an einem See entlang, bis sie zu einer Brücke kam, die zum sogenannten Hameau führte, einem Miniaturdorf, in dem Marie-Antoinette und ihre Freundinnen »Schäferfeste« gefeiert hatten.

Als sie über die Brücke kam, überfiel sie wieder die bedrückte Stimmung. Sie beobachtete zwei Gartenarbeiter in Tunika und Kapuzencapes, die Stöcke auf einen Karren luden, und als sie sich kurz noch

Ein anderer Teil der Gärten von Versailles. Die Umbaupläne wurden 1774 vom Obergärtner entwickelt und ähneln sehr stark der Szenerie, die die beiden Frauen sahen.

einmal nach dem Hameau umsah, waren die Männer verschwunden. Außerdem vermeinte sie, einen Mann in einem Umhang zwischen den Bäumen zu sehen und das Rascheln von Seidenkleidern und eine ferne Musikkapelle zu hören. Als sie später nachfragte, wusste niemand von irgendwelcher Musik.

Miss Jourdain kehrte 1904 noch einmal gemeinsam mit Miss Moberly nach Versailles zurück. Sie fanden keine Spur mehr von den Dingen, die sie 1901 gesehen hatten. Selbst der Petit Trianon sah anders aus. Die beiden Frauen waren überzeugt, dass sie ein übernatürliches Erlebnis gehabt hatten.

KOMMENTAR

Es handelt sich bei den Beobachterinnen um zwei gebildete Frauen. Eleanor Jourdain hatte in Oxford Geschichte studiert und leitete eine Privatschule für Mädchen in Watford. Charlotte Anne Moberly leitete

St Hugh's Hall (später St Hugh's College) in Oxford. Sie veröffentlichten ihre unabhängigen Berichte unter dem Titel *An Adventure;* das Buch wurde mehrmals nachgedruckt.

Jede Auflage ist kommentiert und kritisiert worden. Es hieß, die beiden Damen hätten ihrer Umgebung nicht die nötige Aufmerksamkeit gewidmet, weil sie so sehr ins Gespräch vertieft waren. Ein Kri-

GREG SHELDON MAXWELL

Im Jahr 1992 rief der damals zweijährige Greg Sheldon Maxwell laut: »Uroma ist da!«, und zeigte in die Luft vor sich. Auf diesem Foto soll der Geist seiner Urgroßmutter tatsächlich zu sehen sein.

tiker behauptete, es habe sich bei den Männern, die sie sahen, um Robert de Montesquiou und seine Gefährten gehandelt, die auf dem Gelände eine Kostümparty feierten, ähnlich wie die Schäferfeste der Marie-Antoinette. Aber das erklärt wohl kaum das Auftauchen der seltsam gekleideten Gärtner.

Auch das Datum ist wichtig. Miss Jourdain und Miss Moberly besuchten Versailles am 10. August 1901. Am 10. August 1792 plünderte der Mob die königlichen Wohnräume in den Tuilerien und verhaftete die königliche Familie.

Man kann sich kaum vorstellen, dass Miss Jourdain, die Geschichte studiert hatte, dieses wichtige Datum nicht kannte. Vielleicht hat sie sogar Miss Moberly gegenüber eine entsprechende Bemerkung gemacht. Wenn man dann noch bedenkt, dass die beiden Damen sich nicht ganz einig über das Gesehene waren, ist es sicher möglich, dass sie ihre eigenen Phantasien auf die Szenerie übertrugen.

Andererseits entspricht ihre Beschreibung weitgehend den Umbauplänen aus dem Jahr 1774, die der Obergärtner Antoine Richard vorlegte, von denen aber nicht klar ist, ob sie je umgesetzt wurden. Man muss die Möglichkeit bedenken, dass die beiden Damen während ihres Paris-Aufenthalts einen Druck dieser Pläne gesehen haben könnten und sich unbewusst daran erinnerten.

Leider gibt es keinen Bericht über das Wetter in Versailles am 10. August 1901. Beide Damen sprechen von einer bedrückenden Atmosphäre und davon, dass ihnen ihre Umgebung »flach« vorgekommen sei. Solche Erscheinungen kennt man vor Gewittern. Bei solchen feuchtwarmen Wetterlagen, so der Parapsychologe T. C. Lethbridge und andere, sind paranormale Erlebnisse besonders häufig. Wenn man also ausschließt, dass das »Abenteuer« pure Einbildung war, bleiben zwei Fragen: Handelte es sich bei den Erscheinungen um die Geister von Marie-Antoinette und Höflingen von Ludwig XVI. oder haben die beiden Damen eine Art »Zeitreise«

gemacht und ein echtes Ereignis beobachtet, das hundertzehn Jahre zuvor stattfand?

EIN HILFSBEREITER GEIST

Wo: Nogales, Arizona, USA

Wann: 1942

Bericht: Gordon St Thomas

Gordon St Thomas, Beamter beim Einwanderungsbüro der USA, wurde 1942 nach Nogales versetzt, das an der Grenze zu Mexiko liegt. Er mietete ein früheres Offiziershaus, ein langgestrecktes einstöckiges Gebäude aus dem 19. Jahrhundert, und zog mit seiner Frau Sarah und zwei kleinen Kindern dort ein.

Von Anfang an hatten sie das Gefühl, wenn sie ein Zimmer betraten, dass gerade jemand hinausgegangen war. Dann bemerkte St Thomas, dass in dem Haus ein Wesen zu leben schien, das geradezu besessen von Ordnung war. Wenn er vom Dienst kam und seine Mütze auf einen Stuhl warf, hing sie zwei Minuten später an einem Haken. Wenn er ein Buch aufgeschlagen auf dem Tisch liegen ließ, fand er es wenig später im Regal wieder. Zigarettenpäckchen landeten im Papierkorb. Eines Morgens ließ er den Kaffeeperkolator auf dem brennenden Gasherd stehen, und als er ein paar Minuten später in die Küche geeilt kam, war das Gas heruntergedreht.

Am bemerkenswertesten jedoch war ein Erlebnis eines Abends, als St Thomas spät vom Dienst kam. Er beschloss, im Gästezimmer zu schlafen, um seine Frau nicht zu wecken. Als er gerade einschlief, rüttelte jemand heftig an seinem Fuß, aber als er sich aufsetzte und das Licht einschaltete, war niemand da. Gerade wollte er das Licht wieder ausschalten, als er direkt über dem Bett einen Skorpion an der Decke sah. Wenn es nachts kühler wird, spüren Skorpione die aufsteigende Körperwärme und lassen sich fallen.

St Thomas war überzeugt, dass der »Geist« ihm durch seine Warnung das Leben gerettet hatte.

KOMMENTAR

Die Tatsache, dass in dem Haus früher Soldaten gelebt hatten (während der Grenzkriege mit Mexiko und der Verfolgung des Apachenhäuptlings Geronimo) lässt darauf schließen, dass es sich bei dem Geist um einen toten Soldaten handelte, der auf Ordnung bestand. St Thomas selbst ist mehr als siebzig Jahre nach seinem Erlebnis verstorben. Der genaue Standort des Hauses ist heute nicht mehr festzustellen, und man weiß auch nichts über seine Vorgeschichte.

EIN GEIST IN GREENWICH VILLAGE

Wo: 11 Bank Street, New York City

Wann: 1957

Bericht: Meyer Berger

In der *New York Times* vom 26. Juni 1957 findet sich ein Bericht in Meyer Bergers Kolumne »About New York«, in dem es um einen recht freundlichen Geist geht, der das Haus des Ingenieurs Dr. Harvey Slatin und seiner Frau Yeffe Kimball heimsuchte. Die Adresse war 11 Bank Street in Greenwich Village. Die Slatins hatten das Haus einer gewissen Mrs Maccario abgekauft, die darin früher eine Pension betrieben hatte, aber auf Nachfragen keine Einzelheiten über frühere Bewohner nennen konnte.

Immer wieder hatten die Slatins den Eindruck, die Schritte einer Frau im oberen Stockwerk zu hören. Manchmal war auch ein leises Hämmern zu vernehmen. Die Geräusche störten sie nicht weiter, obwohl sie immer wieder nachschauten, was sich wohl dahinter verbergen mochte. Die Geräusche waren eher tagsüber als nachts zu hören, und selbst das Dienstmädchen gewöhnte sich bald daran.

Ein Zimmermann, ein Engländer namens Arthur Brodie, der in dem 125 Jahre alten Haus einige Umbauten vornahm, behauptete steif und fest, man höre alle möglichen Geräusche in alten Häusern. Eines Morgens jedoch erschien er an der Schlafzimmertür von Mrs Slatin und rief: »Ich bin's, Madam. Ich gehe. Ich habe die Leiche gefunden.« Das war aber nur ein Witz. Er hatte in einem der oberen Zimmer gearbeitet und eine Ladung Putz losgeschlagen, die zusammen mit einem Metallbehälter zu Boden gefallen war. Der Behälter trug ein Etikett des Krematoriums im New Yorker Stadtteil Queens und die Inschrift: Sterbliche Überreste von Elizabeth Bullock, eingeäschert am 21. Januar 1931. Seltsamerweise stammte die Decke selbst mindestens aus dem Jahr 1880.

Nachforschungen zeigten dass Elizabeth Bullock im Januar 1931 die nahe gelegene Hudson Street überquert hatte und von einem schnell fahrenden Auto überfahren worden war. Passanten hatten sie zu einem Drugstore getragen, wo sie starb, bevor der Krankenwagen kam. Aber sie hatte nicht in der Bank Street 11 gelebt, sondern in der Perry Street 113.

Mrs Slatin erinnerte sich sofort, dass ein paar Wochen zuvor ein gut gekleideter junger Mann an der Tür gefragt hatte, ob sie Zimmer zu vermieten hätten. Er hatte eine Visitenkarte mit dem Namen E. C. Bullock hinterlassen.

KOMMENTAR

Der selbst ernannte Geisterjäger Hans Holzer las die Geschichte in der Zeitung und veranstaltete am 17. Juli eine Seance im Haus der Slatins. Seine Freundin, das Medium Ethel Meyers, war dabei anwesend. Als Mrs Meyers in Trance fiel, beschrieb sie eine Frau namens Betty, die langsam und einseitig gelähmt durchs Haus ging. Sie hatte auch ein Herzproblem.

In dem starken irischen Akzent von »Betty« berichtete Mrs Meyers, sie und ihr Bruder Eddie, der jetzt in Kalifornien lebte, seien aus Pleasantville gekommen und der Mädchenname ihrer Mutter habe Elizabeth McCuller gelautet. »Er wollte mich nicht im Familiengrab haben … mein Bruder. In ihren Augen war ich ja nicht richtig verheiratet. Aber vor Gott war ich verheiratet. Mein Mann ging mit Eddie und stahl die Asche. Wir konnten doch die Beerdigung nicht bezahlen. Er kam zurück und nahm sie Eddie weg … versteckte die Asche … Charles wusste es … baute das Dach … die Asche durch das Dach … Eddie findet sie nicht mehr. Hier bei euch ist es schön.« Sie nickte Mrs Slatin zu.

Wer hatte die Feuerbestattung organisiert, lautete die nächste Frage. »Das war Charles, nicht Eddie, sie haben deshalb gestritten. Charlie war Presbyterianer … er wollte mich in seiner Kirche bestatten, aber ich konnte sie doch nicht alle beleidigen. Sie haben die Asche unters Dach getan, als sie noch heiß war. Sie haben sie aus dem Krematorium gestohlen.« Dann entspannte sich Mrs Meyers und tauchte aus ihrer Trance wieder auf. Holzer schlug Mrs Slater vor, die Urne im Garten hinter dem Haus zu bestatten, aber sie ließ sie auf den Flügel im Wohnzimmer stellen. Und dabei blieb es.

EINE MESSE FÜR DIE STERBENDEN

Wo: Beaulieu Abbey, Hampshire, England

Wann: 1959

Bericht: Michael Sedgwick und Hon. Elizabeth Varley

Beaulieu, der Familiensitz der Montagus, an dem sich auch ein Motormuseum befindet, war ursprünglich eine Abtei, die aber im 16. Jahrhundert unter Heinrich VIII. geschlossen wurde. Kurz vor Weihnachten 1959 arbeitete Michael Sedgwick, der Kurator des Museums, noch spät in seinem Cottage in der Nähe der Kirchenruine. Er hatte eine Zigarette geraucht, und als er das Fenster öffnete um zu lüften, hörte er etwas sehr Ungewöhnliches: »Es waren gregorianische Gesänge, sehr schön. Der Gesang kam in Wellen wie aus einem kaputten Radio, manchmal

Die Ruine des Kreuzgangs der Abteil Beaulieu. Mehrere Personen hörten hier die gregorianischen Gesänge der Mönche, und zwar bei mindestens zwei Gelegenheiten, als jemand im nahe gelegenen Dorf starb.

recht laut, dann wieder fast unhörbar. Es war, als würde in einer Nachbarwohnung eine katholische Messe im Radio gehört, aber mir kam es komisch vor, dass zu dieser nachtschlafenden Zeit jemand Radio hören sollte. Andererseits klang es so schön, dass ich versuchte, die Sendung bei mir im Radio zu finden. Aber das gelang mir nicht. Später sagte mir jemand, es handele sich um ein ganz gewöhnliches übernatürliches Phänomen.«

Sedgwick hörte den nächtlichen Gesang später noch einmal, als er ungewöhnlich spät arbeitete. Renee Bartlett, die Frau des Filmregisseurs Fred Zinnemann, berichtete auch davon, als ein paar Szenen für Zinnemanns Film *Ein Mann zu jeder Jahreszeit* (1966) in der Abtei gedreht wurden. Ein Mitglied der Familie Montagu, Hon. Elizabeth Susan Varley, bestätigte, auch sie habe das Singen mehrfach gehört, zum ersten Mal mit achtzehn Jahren, als sie in einem anderen Haus auf dem Gelände der Abtei wohnte.

»Es war in einer heißen Sommernacht und sehr spät«, sagte sie. »Ich saß am Fenster und schaute hinaus … Ich war so in Gedanken versunken, dass es wohl schon eine Weile ging, als ich es bemerkte. Zuerst spürte ich, wie es mir kalt über den Rücken lief. Eine Vielzahl von Stimmen mit Wechselgesängen, die kamen und gingen wie die Klänge eines sehr einfachen Radios. Erst dachte ich, einer der Dienstboten würde Radio hören. Aber der Klang kam nicht aus dem Dienstbotenquartier. Am nächsten Morgen bat mich ein Freund, der Archäologe war, ihm die Melodie vorzusingen. Sie war mir so gut im Gedächtnis, dass es mir keine Mühe bereitete, das zu tun. Er sagte mir, es handele sich um einen bekannten gregorianischen Choral.«

KOMMENTAR

Michael Sedgwick berichtete später, er hätte festgestellt, dass bei zwei Gelegenheiten, als er den Gesang hörte, im Dorf jemand gestorben sei. Das wurde auch von einer ehemaligen Haushälterin in Beaulieu bestätigt, Mrs Bertha Day, die das Singen ebenfalls gehört hatte. Andere, darunter auch Lord Montagu selbst, hatten gelegentlich starken Weihrauchgeruch wahrgenommen.

Viele alte Häuser wie Beaulieu Abbey kennen solche Geschichten von Geistermönchen, aber nur wenige Erscheinungen sind so gut dokumentiert und von objektiven Beobachtern bestätigt.

DIE GESPENSTER DES FLUGS 401

Wo: Flugzeuge der Eastern Airlines, USA

Wann: Seit 1972

Anfang Dezember 1972 berichtete eine Stewardess der Eastern Airlines ihren Kollegen von einer Vorahnung. Sie hatte eine Lockheed TriStar im Anflug auf den Flughafen von Miami gesehen. Dann war die linke Tragfläche abgebrochen und das Flugzeug war abgestürzt. Sie hatte auch die verzweifelten Schreie der Verletzten gehört. Das Unglück würde während der Feiertage geschehen, sagte sie, eher auf Neujahr zu. Und als man sie fragte, ob sie oder ihre unmittelbaren Kollegen an Bord sein würden, antwortete sie: »Nein, aber es ist nahe daran.«

Am 29. Dezember gab es eine kurzfristige Änderung der Dienstpläne. Die betreffende Stewardess und ihre Kollegen wurden nicht auf Flug 401 von New York nach Miami eingesetzt. Spät am Abend stürzte das Flugzeug in den Everglades ab. Mehrere Mitglieder der Crew und viele Passagiere kamen dabei ums Leben. Unter den Todesopfern waren auch Flugkapitän Bob Loft und der Zweite Offizier Don Repo.

Der Absturz war durch ein paar kleinere Konstruktionsfehler verursacht worden, die Lockheed schnell beheben konnte. Aber einige unbeschädigte Teile der Absturzmaschine wurden offenbar später in

Flugkapitän Robert Loft vom Eastern-Airlines-Flug 401. Am 29. Dezember 1972 stürzte die Maschine auf dem Flug von New York nach Miami in den Everglades ab. Es gab zahlreiche Todesopfer.

Der zweite Offizier Don Repo. Besatzungsmitglieder der Eastern Airlines gaben an, Loft und Repo auf anderen Flügen gesehen zu haben. Die Toten sollen Warnungen ausgesprochen haben, die sich bewahrheiteten.

anderen Flugzeugen wiederverwendet. Danach berichteten verschiedene Personen von mysteriösen Erlebnissen.

Einer der Vizepräsidenten der Eastern Airlines flog eines Tages in einer TriStar von New York nach Miami und unterhielt sich dabei in der Ersten Klasse mit einem uniformierten Flugkapitän. Plötzlich erkannte er Bob Loft – und in diesem Moment verschwand der Mann. Bei einer anderen Gelegenheit wurde Loft am Flughafen in New York gesehen, und

der Kapitän der betreffenden Maschine sowie zwei Flugbegleiter sprachen auch mit ihm. Der Flugkapitän war daraufhin so beunruhigt, dass er die Maschine nicht starten ließ.

Ein Flugzeug mit der Nummer 318 war besonders stark betroffen. Eine Frau saß einmal neben einem Offizier, der krank und blass aussah, aber nicht sprechen wollte. Sie rief die Stewardess, und in diesem Moment verschwand der Mann vor den Augen mehrerer Passagiere. Die Frau bekam später Fotos von

Ingenieuren der Eastern Airlines gezeigt und identifizierte den verstorbenen Don Repo. Bei einem anderen Flug von New York nach Mexico City tauchte Repos Gesicht im Sichtfenster des Backofens auf, und zwei Stewardessen sowie ein Flugingenieur hörten ihn sagen: »Passt auf, es könnte brennen.« Beim Start in Mexico City gab es dann tatsächlich Probleme mit einem Triebwerk; die Maschine musste wieder landen.

Es gab noch weitere Zwischenfälle. Eine Männerstimme kündigte über die Lautsprecheranlage an, man solle sich anschnallen und das Rauchen einstellen, obwohl die Anlage abgeschaltet war und kein Besatzungsmitglied das Mikrofon bediente. Ein Flugingenieur fand beim Check vor einem Start einen Mann in der Uniform eines Zweiten Offiziers, offenbar Repo, der an der Schalttafel saß und sagte: »Machen Sie sich keine Sorgen, ich habe schon alles überprüft.« Dann verschwand der Mann. Ein Kapitän auf einer TriStar berichtete, auch er habe mit Repo gesprochen, der zu ihm gesagt habe: »Es wird keinen weiteren Absturz [einer TriStar] geben. Das lassen wir nicht zu.«

KOMMENTAR

Diese und viele andere Zwischenfälle wurden von John G. Fuller in seinem Buch *The Ghost of Flight 401* untersucht. Es handelt sich um einen ungewöhnlich detailliert dokumentierten Fall von Schutzgeistern. Man könnte meinen, dass das Trauma des Absturzes, der zum Teil dadurch verursacht wurde, dass die Crewmitglieder nichts von den Konstruktionsmängeln wussten und einige automatische Kontrollfunktionen übergingen, die Geister der toten Offiziere schwer belastete. So fühlten sie sich ver-

Ein aufgeblasenes Rettungsfloß liegt vor den verstreuten Trümmern der Lockheed TriStar des Flugs 401 in den Everglades.

pflichtet, über das Schicksal derjenigen Flugzeuge zu wachen, in denen Teile ihrer Maschine eingebaut worden waren. Fuller behauptet auch, er habe über eine Alphabettafel mit Repo Kontakt aufgenommen.

AUF HEILIGEM BODEN

Wo: Thorpe Park, Surrey, England

Wann: 2011

Man sollte annehmen, dass es keinen Spuk im Zusammenhang mit geschäftlichen Aktivitäten gibt, aber so einfach ist es nicht. 2011 wurden in dem Themenpark Thorpe Park im englischen Surrey Baupläne geändert, um die Toten zufrieden zu stellen.

Man hatte mit den Bauarbeiten zu einer neuen Wasserbahn namens Storm Surge begonnen. Diese sollte den sogenannten Monk's Walk kreuzen, einen alten Fußweg, der von den Ruinen der nahe gelegenen Chertsey Abbey zur Gemeindekirche von Thorpe führte und bereits seit dem Jahr 666 existierte. Bald nach Beginn der Arbeiten berichteten Angestellte von paranormalen Erlebnissen, darunter die Sichtung eines Mönchs ohne Kopf, das Gefühl, beobachtet zu werden, verlegte Gegenstände und plötzliche Kälteempfindungen.

Um die neue Bahn bauen zu können, mussten die Fundamente 15 Meter tief in die Erde gesenkt werden. Diese Arbeiten sollten nun genau an einer Stelle vorgenommen werden, wo man vor einiger Zeit Steinsärge ausgegraben hatte.

Die Angestellten waren so beunruhigt von den paranormalen Erscheinungen, dass das Management Jim Arnold von der South West London Paranormal hinzuzog. »Die Ergebnisse wurden sofort sichtbar«, berichtet Arnold. Es gab Lichterscheinungen, Geistergestalten auf Fotos und Reaktionen auf der Alphabettafel. Am stärksten waren diese Erscheinungen am Bauplatz der neuen Bahn. »Die Ergebnisse waren so überzeugend, dass wir annahmen, ein alter Begräbnisplatz oder Wohnplatz würde gestört.«

Der forensische Geophysiker Peter Masters von der Cranfield University in Bedfordshire untersuchte den Bauplatz mit Radar und stellte Merkmale fest, die auf einen Begräbnisplatz schließen ließen. Da man die Geister nicht weiter stören wollte und nachdem die Angestellten so beunruhigt waren, ließ das Management die Bahn an einer anderen Stelle bauen.

KOMMENTAR

Bauarbeiten auf alten Begräbnisplätzen, die die Toten stören und daraufhin Spuk auslösen, sind ein beliebtes Motiv in Gruselgeschichten und –filmen, beispielsweise *Poltergeist* (1982). Kein Wunder, dass die Planer in Thorpe Park beunruhigt waren. Die Störungen waren relativ mild, aber das Management nahm sie ernst genug, um die Bahn an einer anderen Stelle zu bauen. Seit der Eröffnung der Bahn im Jahr 2011 hat es keine weiteren Berichte von Geistererscheinungen gegeben.

Als die Fundamente für ein neues Fahrgeschäft im Thorpe Park gelegt wurden, berichteten mehrere Arbeiter von paranormalen Erscheinungen. Auch ein Mönch ohne Kopf soll gesehen worden sein.

DAS BÖSE LAUERT

In der Regel verhalten sich Geister so, als würden sie die Menschen gar nicht wahrnehmen. Einige Spukerscheinungen scheinen aber von einer bösartigen Intelligenz angetrieben. Darunter sind häufig Poltergeister. Einige bedrohen sogar das Leben der Menschen, die sie sehen.

HEXEREI IN SALEM

Wo: Salem (heute Danvers), Massachusetts, USA

Wann: 1692

Die Ereignisse in Salem gehören zu den bekanntesten Vorfällen in der frühen Geschichte der USA, weil sie zu Anklagen wegen Hexerei und einem berüchtigten Prozess führten. Die ersten Erscheinungen zeigten viele typische Merkmale, die in späteren Jahrhunderten mit Poltergeist-Angriffen in Verbindung gebracht wurden.

Es begann Ende Dezember 1691, als sieben Mädchen in Salem sich die Zeit mit einer Art Orakel vertrieben, bei dem ein Ei in ein Weinglas geschlagen wurde. Sie wollten herausfinden, wen sie heiraten würden. Das Orakel hatten sie von Tituba gelernt,

Château Champtocé in der französischen Region Anjou war der Geburtsort von Gilles de Rais. Er soll zwischen hundertvierzig und zweihundert Kinder ermordet haben. Sein Geist liegt immer noch drohend über Champtocé.

einer Sklavin aus Barbados, die bei dem Pfarrer Samuel Parris diente. Das Ergebnis war jedoch ganz anders als erwartet. Die neunjährige Tochter des Pfarrers, Elizabeth, und ihre elfjährige Cousine Abigail Williams bekamen hysterische Anfälle, und wenig später griffen diese Anfälle auch auf die anderen Mädchen über: die zwölfjährige Ann Putnam und vier weitere: Elizabeth Hubbard, Mary Walcott, Mary Warren und Mercy Lewis im Alter von sechzehn bis zwanzig Jahren.

Reverend Deodat Lawson berichtete von unnatürlichen Bewegungen während der Anfälle, »so seltsam verdreht, dass man es sich gar nicht vorstellen kann.« Und die Mädchen wurden gewalttätig und entwickelten unnatürliche Kräfte.

Der vernünftige Reverend Parris ließ seine Tochter und seine Nichte zunächst in das Haus einer Freundin ein paar Meilen entfernt bringen. Die anderen Mädchen blieben in Salem. Bald darauf sahen sie »Spektralfiguren«, von denen sie behaupteten, sie würden sie schlagen und kratzen, sodass sie oft Verletzungen davontrugen. Der Arzt William Griggs erklärte: »Sie sind in der Hand des Bösen.« Im Februar 1692 nannten die Mädchen die Namen

ihrer Peiniger: die Sklavin Tituba und zwei ältere, recht unbeliebte Bewohnerinnen des Orts, Sarah Good und Sarah Osburne. Im Laufe der Zeit beschuldigten sie immer mehr Leute, darunter auch die Frau des Gouverneurs Phips von Massachusetts und den Präsidenten der Universität Harvard.

Wir können hier nicht die Panik der Bewohner beschreiben ebenso wenig wie die Hexenprozesse, die den Tod von zwanzig Menschen und die Verhaftung von zweihundert weiteren herbeiführten. Phips, der im Sommer 1692 nicht in der Kolonie anwesend war, kam im Oktober zurück und stellte die Ordnung allmählich wieder her. Die Richter von Salem gestanden öffentlich ihren Irrtum. Aber das machte die Toten nicht wieder lebendig und änderte auch nichts an den Leiden vieler Unschuldiger.

KOMMENTAR

Die gewalttätige Reaktion auf die angebliche Besessenheit der Mädchen war eine Folge der großen Hexenverfolgungen in Europa zu Beginn des 17. Jahrhunderts. Die Bewohner der Kolonie, darunter viele Einwanderer der ersten Generation, fühlten sich in ihrer neuen Heimat noch unsicher und von allen Seiten bedroht, nicht zuletzt durch die Ureinwohner. Die religiösen Praktiken ihrer Sklavinnen und Sklaven waren ihnen fremd. Fromme Puritaner, die sie waren, fürchteten sie den Teufel außerordentlich.

In einem solchen emotionalen Klima genügten die unerklärlichen Anfälle der Mädchen, um geradezu eine Hexenhysterie auszulösen. Heute kennen wir die Merkmale von Poltergeist-Erscheinungen und wissen, dass sie vor allem Mädchen im Kindes-

Das Gasthaus Ingersoll Tavern in Salem, Schauplatz einiger Hexenprozesse. Nachdem einige Mädchen zwischen neun und zwanzig Jahren »Spektralfiguren« gesehen hatten, kam es zu den Anklagen wegen Hexerei.

und Jugendalter treffen. Die Kommentatoren sind sich nicht einig, ob die Mädchen wirklich hysterische Anfälle hatten oder sich absichtlich so verhielten. Wie auch immer: Die Ereignisse von Salem werfen einiges Licht auf spätere Fälle.

DIE BELL-HEXE

Wo: Robertson County, Tennessee, USA

Wann: 1817–1820

Opfer: John Bell, seine Frau Luce und ihre Kinder

Die Heimsuchungen begannen mit Klopfen und Kratzen an der Außenwand des Hauses, in dem die Familie Bell wohnte: der Bauer John Bell, seine Frau Luce und ihre neun Kinder, darunter John jr., Joel, Drewry, die zwölfjährige Betsy und der sechsjährige Richard. Später drangen die Geräusche ins Haus ein und wurden lauter: ein Nagen an den Bettpfosten, Flattern an der Decke, umfallende Stühle, schwere Ketten, die über den Boden gezogen wurden. Eines Nachts wurden Richard und Betsy in getrennten Zimmern davon geweckt, dass sie jemand an den Haaren zog. Betsy wurde auch ins Gesicht geschlagen, sodass leuchtend rote Male zurückblieben.

Die Kinder wurden auf dem Schulweg mit Stöcken und Steinen beworfen, und es gab Faustschläge ins Gesicht. Dann fingen bei Betsy die Ohnmachtsanfälle an. Und danach war immer eine Stimme zu hören, erst ganz leise und unartikuliert, dann als leises, aber durchaus wahrnehmbares Flüstern. Die Stimme nannte sich »die Hexe«. Wort für Wort wiederholte sie die Sonntagspredigten der beiden Pfarrer am Ort und imitierte sogar ihre Stimmen. Bald kamen auch Obszönitäten dazu, die Stimme sprach von ihrem Hass gegen »den alten Jack Bell« und erklärte, sie würde ihn den Rest seines Lebens quälen.

Einige Nachbarn vermuteten, Betsy selbst würde die Stimme der Hexe hervorbringen, aber der Arzt am Ort überzeugte sich, dass sie mit den Geräuschen nichts zu tun hatte.

John Bell klagte wenig später über Schläge gegen sein Kinn. Seine Zunge war danach so geschwollen, dass er weder sprechen noch essen konnte. Er entwickelte einen nervösen Tic und musste im Bett liegen, wo er aber ständig von Zuckungen geplagt wurde. Gleichzeitig wurde Luce mit Geschenken überschüttet, die aus dem Nichts auftauchten. Auch Joel, Drewry und Richard wurden häufig geschlagen.

Nach drei Jahren verlobte sie die inzwischen fünfzehnjährige Betsy mit dem Nachbarn Joshua Gardner, aber die Hexe flüsterte ihr immer wieder ins Ohr: »Bitte, Betsy Bell, heirate ihn nicht. Nicht Joshua Gardner, bitte, Betsy Bell, nicht diesen Mann.« Daraufhin wurde die Verlobung gelöst.

Im Herbst versuchte John Bell, sich wieder um seinen Hof zu kümmern, aber Richard berichtete, dass sein Vater einen schweren Schlag auf den Kopf bekam und am Straßenrand zusammenbrach, während »furchtbare dämonische Schreie und Gesänge« um ihn und seinen Sohn gellten.

Wieder wurde John Bell bettlägerig, und am Morgen des 19. Dezember 1820 fand man ihn in einer tiefen Bewusslosigkeit, aus der man ihn nicht wecken konnte. Der Arzt wurde gerufen, aber man hörte die Hexe schreien: »Es nützt nichts, ihr könnt old Jack nicht wecken. Jetzt habe ich ihn. Er wird nie wieder aufstehen.« Am nächsten Morgen starb er. Bei der Beerdigung hörte man die Stimme der Hexe ein vulgäres Sauflied singen.

Danach tauchte sie kaum noch auf. Eines Nachts hörte man ihre Stimme sagen, sie würde jetzt gehen, aber nach sieben Jahren zurückkehren. Das tat sie auch, als nur noch Luce, Joel und Richard in dem Haus lebten. Aber man hörte nur noch Schlurfen und spürte gelegentlich, dass am Bettzeug gezogen wurde.

KOMMENTAR

Der Psychologe Nandor Fodor untersuchte den Fall im Jahr 1951, teils aufgrund des Berichts von Richard Bell, die unter dem Titel *Our Family Trouble* veröffentlicht wurden. Er wies darauf hin, dass Betsys Ohnmachtsanfälle der Trance eines Mediums ähnelten. Außerdem war das Mädchen im typischen Alter für Poltergeistaktivitäten.

John Bell allerdings, schrieb Fodor, zeigte alle Symptome eines schweren Schuldkomplexes. Da der Beginn der Pubertät in der Umgebung, in der Betsy aufwuchs, durchaus traumatisch erlebt werden konnte, spekulierte Fodor, diese Erfahrung habe unterdrückte Erinnerungen wachgerufen. Möglicherweise, so Fodor, war Betsy als Kind von ihrem Vater missbraucht worden. Er schloss, dass Betsy unter einer Persönlichkeitsspaltung litt und dass ein Teil ihres Unterbewusstseins sich verselbstständigt hatte. Dieser Teil trieb dann ihren Vater in den Tod.

EIN RUMÄNISCHER TEUFEL

Wo: Buhai, Rumänien

Wann: 1915–1927

Opfer: Eleonora Zugun

Einer der am besten untersuchten Fälle von »Besessenheit« durch übernatürliche Kräfte ist der von Eleonora Zugun. Sie war ein Bauernmädchen, das am 24. Mai 1913 in dem nordrumänischen Dorf Talpa geboren wurde. Im Alter von zwölf Jahren kam sie zu ihren Großeltern in Buhai. Eines Tages fand sie

Foto aus dem Film von Harry Price über das rumänische Mädchen Eleonora Zugun. Die Male auf ihrer Wange sehen aus wie Schwellungen nach heftigen Kratzern. Sie erschienen spontan während der Filmarbeiten.

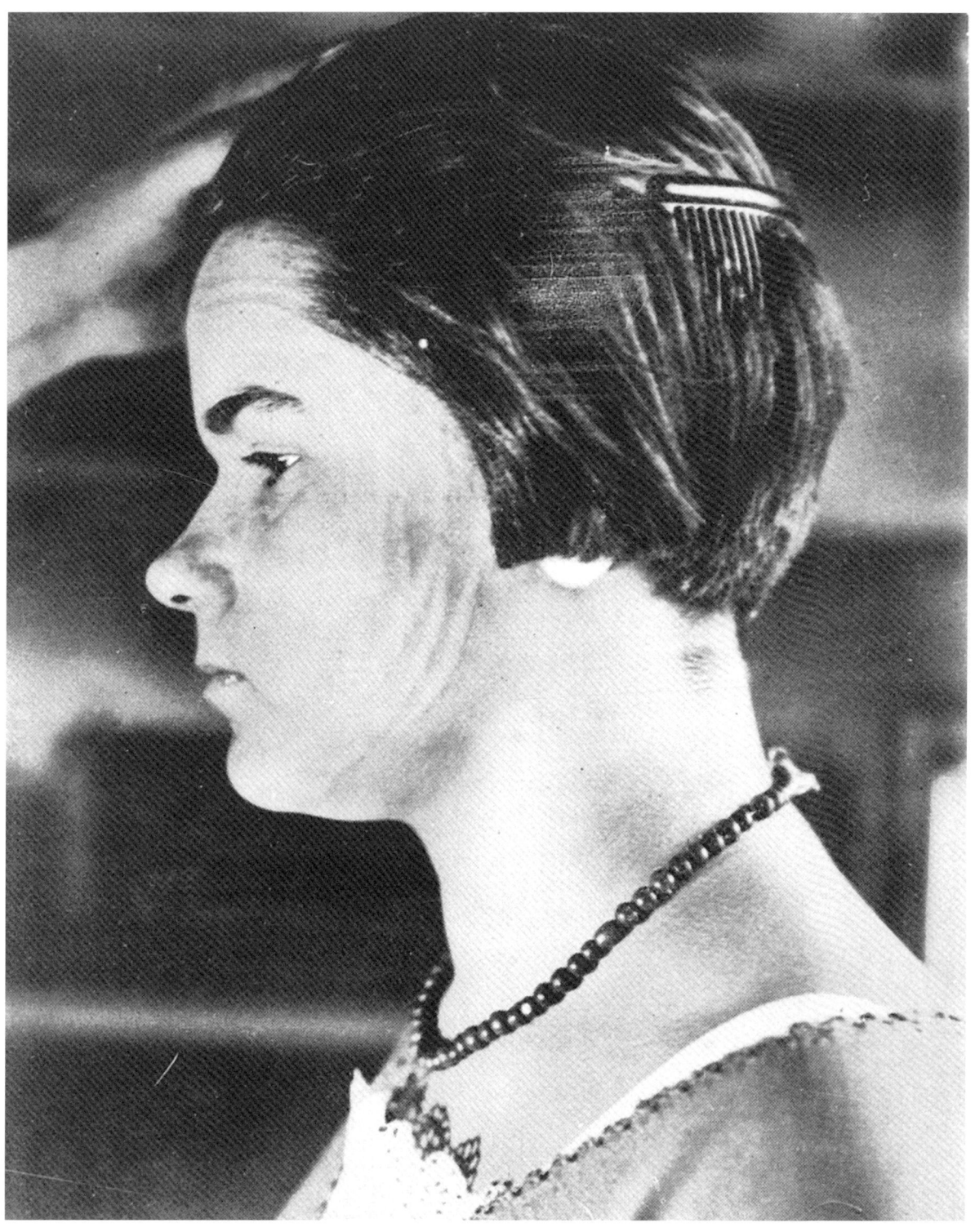

angeblich Geld auf der Straße und kaufte sich dafür ein paar Süßigkeiten. Als sic ihrer Großmutter jedoch davon erzählte, wurde die alte Dame sehr wütend und erklärte ihr, das Geld sei von bösen Geistern dort ausgelegt worden.

Am nächsten Tag traf ein Steinhagel das Haus der Familie und zerschlug mehrere Fenster. Dann flogen Porzellangegenstände und ein Ziegelstein. Im Haus selbst fielen ein Eisenring vom Herd und ein Krug von der Anrichte. Überzeugt davon, dass das Mädchen durch den Verzehr der »bösen« Süßigkeiten einen Teufel (»dracu«) in sich aufgenommen hatte, schickten die Großeltern Eleonora zurück nach Talpa.

Aber damit hörten die Erscheinungen nicht auf. Als die Familie beim Essen am Küchentisch saß, wurde ein Stein durchs Fenster geworfen. Er war nass und schien aus dem Fluss Seret zu kommen, der ein paar Meter vom Haus entfernt floss. Man schickte nach dem Dorfpriester, der den Stein mit einem Kreuz markierte und zurück in den Fluss warf. Ein paar Minuten später kam derselbe Stein wieder ins Haus geflogen.

Nach einigen weiteren, ähnlichen Ereignissen beschloss Eleonoras Vater, seine Tochter zu einem alten Mann namens Macarescu zu bringen, dem Priester des nahe gelegenen Ortes Zamoesta. Sobald Eleonora das Zimmer des Priesters betrat, zerbrachen ein Eisentopf und danach auch noch ein Topf aus Steingut. Der Lehrer des Ortes beobachtete staunend, wie eine Wasserkanne, die auf einer Bank stand, fast einen halben Meter in die Luft gehoben wurde, dann umgedreht und am anderen Ende der Bank wieder abgesetzt wurde, ohne dass ein Tropfen

Harry Price hat viele übersinnliche Erscheinungen erforscht. Seine Methoden wurden gelegentlich in Zweifel gezogen, aber seine Fotos und der Film über Eleonora Zugun trotzen bis heute jeder »normalen« Erklärung.

verloren ging. Als jemand eine Pilgerfahrt zum Schrein des hl. Johannes von Suczava vorschlug, flog ein Stein gegen ein Bild des Heiligen, das an der Wand hing, und zerstörte es.

Eleonoras verzweifelte Eltern schickten die Tochter ins Kloster von Gorovei. Dort wurden Messen für sie gelesen, und an ihr wurde ein Exorzismus vorgenommen. Experten von der Universität Tschernowitz in der Ukraine wurden ebenfalls hinzugezogen, aber alles war vergeblich. Das Mädchen wurde für verrückt erklärt und in ein Irrenhaus gesperrt.

Natürlich berichteten die Zeitungen über den Fall, und so wurde der Berliner Forscher Fritz Grünewald darauf aufmerksam. Er überredete Eleonoras Vater, das Mädchen aus dem Irrenhaus zu holen und ins Kloster zurückzubringen, wo sie einige Wochen von ihm beobachtet wurde. Dabei sah er verschiedene unerklärliche Phänomene. Grünewald sorgte dafür, dass Eleonora in ein privates Heim in der Nähe von Berlin gebracht wurde, wo er seine Untersuchungen fortsetzen konnte. Aber bevor er das tatsächlich tun konnte, starb er an einem Herzinfarkt.

Glücklicherweise interessierte sich die rumänische Gräfin Zo Wassilko-Serecki für übersinnliche Erfahrungen und rettete Eleonora. Sie nahm sie mit nach Wien, wo der englische Forscher Harry Price das Mädchen im Mai 1926 zum ersten Mal sah. Er schreibt: »Eleonora war nach meinem Eindruck ein intelligentes, gut entwickeltes Mädchen mit sonnigem Gemüt. Sie war körperlich kräftig und gesund, aber noch sehr kindlich, sodass sie eher wie eine Achtjährige wirkte. Sie war schüchtern, liebte einfache Spielsachen und benahm sich insgesamt sehr kindlich. Aber sie konnte gut lesen und schreiben und war sogar künstlerisch begabt … Die Gräfin und ich setzten uns auf eine Couch und beobachteten Eleonora beim Spielen mit einem Spielzeug, das sie faszinierte … Das Mädchen kam zu der Gräfin gelaufen und bat sie, das Spielzeug zu reparieren. Während ich meine Gastgeberin dabei beobachtete,

flog eine Stahlklinge mit Griff, wie man sie als Brieföffner benutzt, hinter mir durchs Zimmer und traf die geschlossene Tür. Ich drehte mich sofort um und untersuchte den Vorfall, aber es kam nichts dabei heraus. Niemand hätte die Klinge werfen können, die normalerweise auf dem Schreibtisch hinter uns lag.«

Während seines Aufenthalts in Wien beobachtete Price viele ähnliche Phänomene. Er stellte auch fest, dass Eleonora anfing, Stigmata zu zeigen: Kratzer und Schwellungen. Einmal waren es fünfundzwanzig derartige Verletzungen in ihrem Gesicht, am Hals und an den Armen. Sie führte die Verletzungen auf Angriffe des »dracu« zurück. Die Gräfin schrieb in ihrem Tagebuch, sie hätte beobachtet, dass sie auftauchten, »als wäre das Kind von jemandem gebissen worden«, während sie dem Mädchen die Hand hielt. Price lud die Gräfin und Eleonora in sein Labor an der Universität London ein.

Mehr als drei Wochen lang im Jahr 1926 beobachteten Price und andere Forscher Eleonora dort. Die Erscheinungen waren nicht sehr zahlreich, blieben aber unerklärlich. Münzen fielen von einem hohen Bord, ein Buchstabe L für eine Magnettafel, der in einer geschlossenen Schachtel in einem Schrank der Bibliothek aufbewahrt wurde, fiel dem Mädchen aus dem Nichts auf den Kopf, und ein Buchstabe C wurde von Dr. R. J. Tillyard, einem Naturwissenschaftler aus der Forschungsstation Rothamsted, gefunden, nachdem er sich um den Verschluss eines kleinen Kästchens gelegt hatte. In diesem Kästchen befand sich Tillyards Taschenmesser.

Während des Besuchs in London zeigte Eleonora regelmäßig die Stigmata. Sie wurden genau beobachtet, und Price konnte Fotos davon machen. Er filmte sogar, wie sie auftauchten. Die Gräfin und das Mädchen kehrten am 24. Oktober nach Wien zurück, und er sah sie nicht wieder. Ein paar Monate später erfuhr er, dass Eleonora ihre Menstruation bekommen hatte. Danach verschwanden die Erscheinungen praktisch über Nacht.

KOMMENTAR

Price' detaillierte Aufzeichnungen, seine Fotos und vor allem sein Film machen dies zu einem besonders gut dokumentierten Fall. Er hatte das Glück, führende Psychologen und erfahrene Forscher der Society for Psychical Research hinzuziehen zu können. Auch die britische Presse wurde auf Eleonora aufmerksam.

Dies ist im Grunde ein typischer Poltergeist-Fall. Die Phänomene verschwanden als das Mädchen in die Pubertät kam. Wie in fast allen derartigen Fällen wurde der Verdacht geäußert, dass Betrug vorläge und dass das Mädchen absichtlich die Erscheinungen hervorrief. Price jedoch war sicher, dass er die Rahmenbedingungen gut kontrolliert hatte und dass kein Betrug vorliegen könne.

Eleonora führte die Erscheinungen, vor allem die Stigmata, auf die Aktivitäten ihres »dracu« zurück. Die Angst, die auf dieser Vorstellung beruhte, erhöhte sicher noch die emotionale Anspannung der frühen Jugendjahre. Spontane Stigmata dieser Art werden oft im Zustand der Ekstase festgestellt.

DER GEIST UND DIE WÜNSCHELRUTE

Wo: Branscombe, Devon, England

Wann: 1959–1962

Bericht: T. C. Lethbridge

Im Herbst 1957 zogen T. C. Lethbridge, ein kürzlich pensionierter Archäologe, und seine Frau Mina in ein Haus aus dem 14. Jahrhundert: Hole House in Branscombe an der Südküste von Devon. Ihre dortigen Erlebnisse waren von besonderem Interesse mit Blick auf die Theorie, die Lethbridge daraus entwickelte.

Eine seiner engeren Nachbarinnen in Hole Mill war eine exzentrische, aber freundliche alte Dame, die im Ort als Hexe galt. Am 22. Februar 1959 saß Lethbridge an einem Hang oberhalb ihres Hauses und sah sie mit einer anderen Frau, die einen dunklen Rock und einen breitkrempigen Hut trug. Die Kleidung erinnerte ihn an die seiner Tanten in der Zeit vor dem Ersten Weltkrieg. Wenige Minuten später spazierten er und Mina am Gartentor ihrer Nachbarin vorbei und fragten nach der Besucherin. »Ach«, sagte die alte Dame. »Sehen Sie meine Geister jetzt auch?«

Zu dieser Zeit plante Lethbridge bereits sein Buch *Ghosts and Ghouls*, das 1961 erschien, und beschloss, darauf zu achten, ob der Geist im folgenden Jahr zur selben Zeit wieder erscheinen würde. Er und Mina warteten, sahen aber nichts. Sie spürten nur ein »elektrisches Vibrieren in der Luft«.

Zwei Jahre vergingen. Dann fuhren die Lethbridge' im Januar 1962 an den Strand, um Tang zum Düngen ihres Gartens zu sammeln. »Als ich den Strand betrat«, schrieb Lethbridge später, »gelangte ich in eine Art Nebeldecke, eine depressive, ja angstvolle Stimmung.« Minuten später kam Mina vom Strand zurückgeeilt. »Ich halte es hier nicht länger aus«, sagte sie. »Da kommt etwas Schreckliches auf uns zu.«

Ein paar Tage darauf kehrten sie an den Strand zurück. »Dieselbe bedrückende Nebeldecke nahm mich in Empfang wie beim ersten Mal«, schrieb Lethbridge. Sie schien sich an einer Stelle zu konzentrieren, wo ein kleiner Bach ins Meer mündete. Dort, wo Mina in der Woche zuvor so verstört zurückgegangen war, wurde es besonders schlimm. »Die Empfindung war so stark, dass mir fast schwindelig wurde. Ich kann es nur so beschreiben, dass es sich anfühlte wie im Fieber oder unter Drogen. Und die Luft vibrierte dabei.« Das Paar kehrte zum Steilufer zurück, und dort hatte Mina das Gefühl, als würde jemand sie drängen, hinunterzuspringen.

DAS BÖSE LAUERT

KOMMENTAR

Die alte Nachbarin war im Jahr zuvor gestorben, nachdem sie gedroht hatte, einen Bauern am Ort zu verwünschen. Lethbridge bemerkte, dass auch ihr Haus von einer unbehaglichen Stimmung umgeben zu sein schien. Er betrachtete die verschiedenen Erfahrungen zusammen: das feuchtwarme Wetter, das bei allen Gelegenheiten geherrscht hatte, das Gefühl der Bedrückung und Schwäche an bestimmten Stellen, das Vibrieren in der Luft.

Schon seit Jahren suchte Lethbridge mit der Wünschelrute nach Wasseradern. Seine Gespräche mit der alten Dame hatten sein Interesse neu belebt. An der Stelle auf dem Hang, wo er das dunkel gekleidete Gespenst gesehen hatte, verschwand ein Bach im Boden. Mit seiner Wünschelrute konnte Lethbridge den Verlauf weiter verfolgen. Er beschrieb eine Kurve und floss dann unter der Stelle hindurch, wo die Gestalt gestanden hatte.

In seinem Buch *Ghost and Divining Rod* von 1963 stellte Lethbridge die Theorie auf, das fließende Wasser würde ein Kraftfeld erzeugen, ähnlich wie ein elektrisches Kabel, das ja oft ein Vibrieren erzeugt, wenn man in seine Nähe kommt. Dieses Kraftfeld, so vermutete er, konnte auf irgendeine Weise Eindrücke transportieren, die auf emotionale Ereignisse hindeuteten. Zumindest erklärte sich so, wie Wünschelruten funktionieren.

Lethbridge untersuchte die Kraftfelder anderer Materialien auch mit einem Pendel und kam zu einer auf den ersten Blick recht phantasievollen Erklärung. Unsere Vorfahren, sagte er, hätten Landschaftsgeister gekannt: Naiaden im fließenden Wasser, Dryaden im

Branscombe in East Devon, wo T. C. Lethbridge eine ungewöhnlich deprimierende Stimmung erlebte. Er entwickelte eine Theorie, nach der fließendes Wasser, beispielsweise in Form unterirdischer Flüsse, emotionale Eindrücke transportieren kann.

Wald, Oreaden zwischen Felsblöcken. Könnten diese Geister nicht Personifizierungen der Kraftfelder sein, die dann übernatürlichen Erscheinungen zugeordnet würden?

Lethbridge jedenfalls widmete einen großen Teil seiner verbleibenden Jahre der Erforschung dieser Phänomene. Dabei stützte eine Information seinen Glauben an die Kraftfelder: Die Steilküste, wo Mina die Versuchung gespürt hatte, zu springen, verlief genau über der Mündung des Baches ins Meer. Und an dieser Stelle hatte einige Jahre zuvor ein Mann Selbstmord begangen.

WAS GESCHAH IN AMITYVILLE?

Wo: Amityville, Long Island, USA

Wann: 1975–1976

Bericht: George und Kathy Lutz, Jay Anson

Ein großes Haus im niederländischen Kolonialstil, erbaut im Jahr 1928, steht an der Ocean Avenue auf Long Island. Am Morgen des 13. November 1974 kam einer der Söhne der Eigentümerfamilie, Ronald DeFeo, in eine nahe gelegene Bar gerannt und schrie, jemand sei ins Haus eingedrungen und habe seine Eltern, zwei Brüder und zwei Schwestern ermordet. Die Behörden hatten wenig Zweifel, dass Ronald selbst alle sechs erschossen hatte, offenbar mit Blick auf eine Lebensversicherung im Wert von 200.000 Dollar. Er wurde zu sechs Mal Lebenslänglich verurteilt.

Das Haus stand danach mehr als ein Jahr lang leer. Dann kauften es George und Kathy Lutz und zogen am 18. Dezember 1975 mit ihren drei Kindern dort ein. Nach einem Monat zogen sie wieder aus und kamen nie wieder. George Lutz berichtete zum ersten Mal in einem Artikel für die *Long Island Press* vom 17. Januar 1976 über ihre Erfahrungen. Auch in der Aprilausgabe 1977 von *Good Housekeeping* erschien ein Artikel von ihm, und schließlich gab es auch einen Bericht in Jay Ansons Buch *The Amityville Horror* (1978). Die Geschichte wurde zwei Mal verfilmt, 1979 und dann noch einmal 2005. Außerdem gab es jede Menge Folge- und Vorläufergeschichten.

Anson gründete seine Erzählung auf zahlreiche Interviews, die er mit der Familie Lutz geführt hatte. Ihrem Bericht zufolge fing es mit üblen Gerüchen an, die das ganze Haus erfüllten, dann tauchte schwarzer Schleim im Badezimmer auf und Hunderte von Fliegen überfielen ein Schlafzimmer. Die schwere Haustür wurde aufgebrochen und nur noch von einer Angel gehalten. Im Schnee waren die Abdrücke gespaltener Hufe zu sehen, und die Garagentür wurde »mit übermenschlicher Kraft« fast abgerissen.

Kathy Lutz berichtete von unsichtbaren Armen, die sie umklammerten, sodass sie sich nicht befreien konnte, und von roten Schwellungen am ganzen Körper. George Lutz erzählte von einer unsichtbaren Band, die laut durchs Haus marschierte und Blasmusik machte. Später sprach er auch davon, dass Kathy mehrere Male über dem Bett geschwebt hätte und dass unheimliche Gestalten, einmal ein weiß verhüllter Riese und einmal ein gehörnter Dämon mit halbem Gesicht, vorbeigeschossen seien. Als eines Abends ihre kleinen Töchter aufs Fenster zeigten, sahen George und Kathy »zwei feuerrote Augen. Kein Gesicht, nur diese fiesen kleinen Schweinsäuglein«. Kathy habe geschrien: »Es ist die ganze Zeit schon hier. Ich will es umbringen.«

Das Haus von Amityville, wie es im Film *The Amityville Horror* von 1979 dargestellt wurde. Das echte Haus war Schauplatz einer Familientragödie und stand mehr als ein Jahr leer, bis die Familie Lutz einzog.

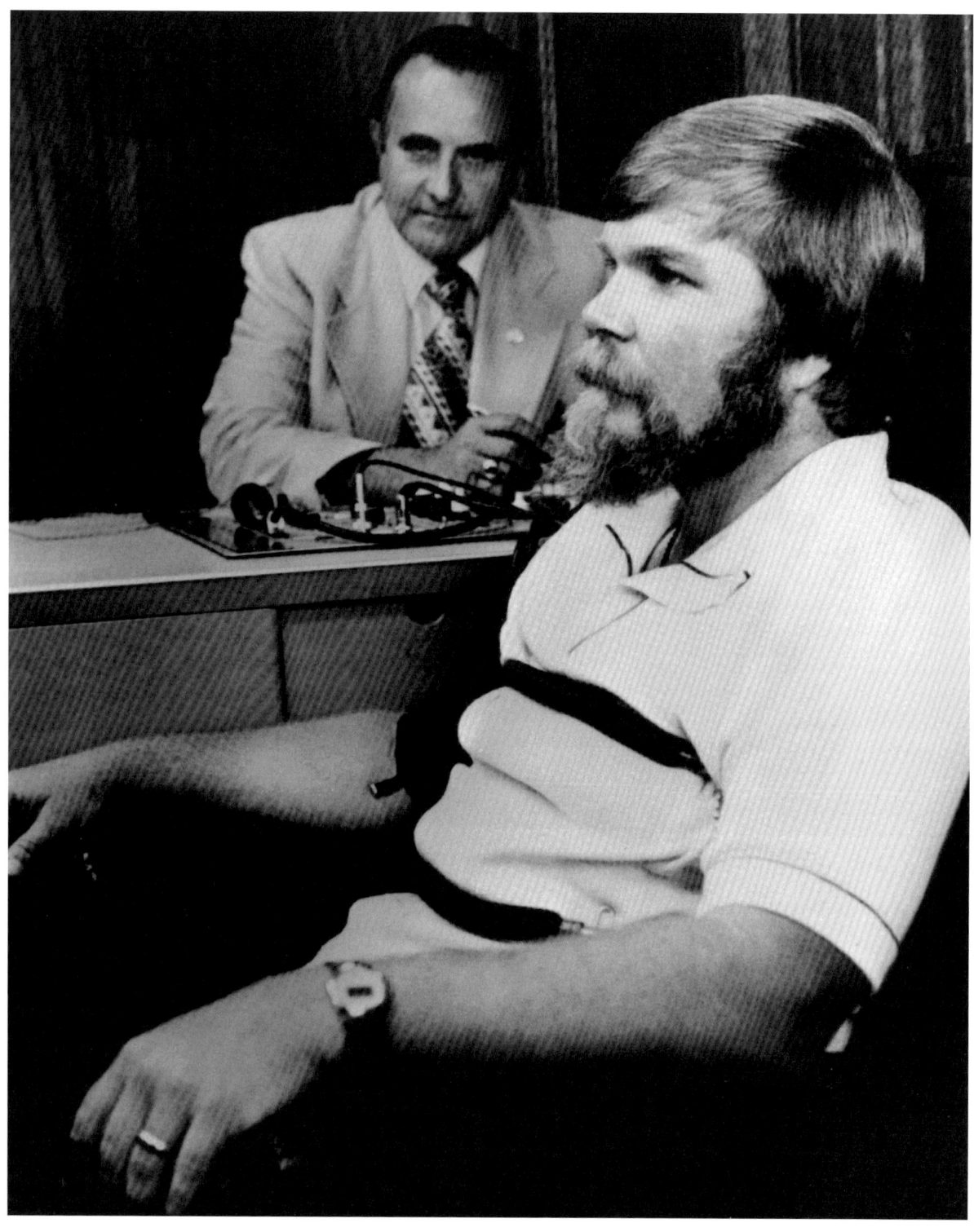

KOMMENTAR

Von Anfang an herrschtc in der Öffentlichkeit die Meinung vor, die Familie Lutz habe ihre Erlebnisse grotesk übertrieben. Angeblich wurde nie die Polizei gerufen, und lokale Handwerker gaben an, nichts von irgendwelchen Schäden am Gebäude zu wissen. Nach monatelangen Untersuchungen erklärte Dr. Stephen Kaplan, zu dieser Zeit Leiter des Parapsychology Institute of America: »Wir haben keinerlei Hinweise auf ein Spukhaus gefunden. Was wir aber fanden, war ein Paar, das sich mit dem Hauskauf finanziell übernommen hatte. Nach unserer professionellen Meinung ist der angebliche Spuk weitgehend erfunden.«

Diese Ansicht wird durch die vorliegenden Informationen über die Situation von George Lutz gestützt. Er war zum zweiten Mal verheiratet und hatte schon vor dem Umzug nach Amityville größere Schwierigkeiten. Kathys Söhne hatten gedroht, davonzulaufen, sein Baugeschäft lief schlecht, und er hatte erhebliche Steuerschulden. Anson schreibt in seinem Buch: »Nachts lag er wach und machte sich Sorgen: eine zweite Ehe mit drei Kindern, ein neues Haus mit einer riesigen Hypothek. Die Steuern in Amityville waren drei Mal so hoch wie in Deer Park. Und brauchte er wirklich dieses Speedboot? Wie sollte er das alles bezahlen?«

Zwischen den einzelnen Veröffentlichungen machte die Geschichte erhebliche Wandlungen durch. Es heißt, George Lutz habe sich eingebildet, er sei ein körperlicher und geistiger Doppelgänger von Ronald DeFeo. Er sei immer mehr von morbiden Phantasien besessen gewesen und habe die Geschichte bei jedem Erzählen mehr ausgeschmückt.

Nach Ansicht des amerikanischen Parapsychology Institute hat George Lutz, dessen Familie in das Haus einzog, die immer wilderen Berichte über Spukerscheinungen erfunden.

Außerdem hatte er wohl Kontakt zu DeFeos Anwalt William Weber, der auf eine Wiederaufnahme des Verfahrens hoffte, wenn er behauptete, in dem Haus würde es spuken. Sein Mandant hatte von einer Stimme gesprochen, die ihn drängte, seine Familie zu ermorden. In einer Pressemitteilung vom 27. Juli 1979 erklärte Weber: »Wir haben die ganze Gruselgeschichte bei ein paar Flaschen Wein erfunden, die im Wesentlichen George austrank. Es war alles ein Spiel.«

FEUER IN BEVERLY HILLS

Wo: Beverly Hills, Kalifornien, USA

Wann: 1964–1967

Bericht: Joe Hyams

Anfang 1964 zogen der Journalist Joe Hyams und seine Frau, die damals aufsteigende junge Filmschauspielerin Elke Sommer, in ein hübsches niedriges Haus in Beverly Hills. Einige Zeit später, am 6. Juli, hatte Elke Besuch von der Journalistin Edith Dahlfeld, die sie fragte, ob sie sie »dem Mann« vorstellen wolle. Elke dachte, sie meinte Joe, und ging ihn suchen, konnte ihn aber nicht finden.

Die Journalistin beschrieb ihr den Mann, den sie meinte: einen kräftig gebauten Mann mit großer »Kartoffelnase«, schwarzen Hosen und weißem Hemd mit schwarzer Krawatte. Das klang nun gar nicht nach Joe Hyams. Als das Paar später am Tag darüber sprach, taten sie die Sache ab, »wie man eben so manches einfach zu den Akten legt und vergisst«.

Zwei Wochen später kam Elke Sommers Mutter zu Besuch. In der Nacht wurde sie wach und sah einen Mann am Fußende ihres Bettes stehen und auf sie herunterstarren. Bevor sie auch nur schreien konnte, verschwand er schon, und am Morgen überzeugte Joe sie, dass es ein Spanner gewesen war, der nachts durch fremde Fenster schaute. Aber vor ihrem Fenster gab es trotz der vom Regen aufgeweichten Erde keine Fußabdrücke.

Dann hörten Joe und Elke fast jede Nacht seltsame Geräusche im Haus, als würden im Esszimmer die Stühle herumgeschoben. Später, als seine Frau zu Dreharbeiten im Ausland war, hörte Hyam die Geräusche ebenfalls. Außerdem öffneten sich Fenster, die er am Abend fest verschlossen hatte. Da der der Sache auf den Grund gehen wollte, kaufte er drei kleine Sender und verband sie mit Tonbandgeräten. Einen versteckte er an der Einfahrt, einen an der Haustür und den dritten im Esszimmer.

Als er in der nächsten Nacht oben im Bett lag, hörte er das Stühlerücken wieder. Er nahm seinen Revolver und schlich hinunter bis zur Esszimmertür, die er absichtlich offen gelassen hatte. Mit der Waffe in der Hand schaltete er das Licht ein. Aber in dem Zimmer war niemand, und die Stühle standen genau da, wo er ihre Position mit Kreisen markiert hatte.

Am Morgen spulte er die Tonbänder zurück. In der Einfahrt gab es keine ungewöhnlichen Geräusche, ebenso wenig an der Haustür. Nur im Esszimmer hatte das Mikrofon getreulich das Stühlerücken aufgezeichnet, sodann das Klicken des Lichtschalters, sein zögerndes Husten und schließlich noch einmal Stühlerücken, sobald er wieder ins Bett gegangen war.

Mehr als ein Jahr lang berichteten Gäste im Haus, sie hätten den kräftig gebauten Mann mit dem weißen Hemd und der schwarzen Krawatte gesehen. Das Haus wurde von oben bis unten durchsucht, um ein mögliches Versteck oder einen geheimen Eingang zu finden. Aber da gab es nichts, und Geologen versicherten Hyams, es gäbe auch keine Bodenbewegungen, die die Geräusche verursachen könnten. Ein Detektiv, den das Paar während seiner Abwesenheit beauftragte, berichtete von verschlossenen Türen und Fenstern, die sich auf rätselhafte Weise öffneten,

und dass das Licht ein- und ausgeschaltet wurde. Dann fingen die Hunde an, sich seltsam zu benehmen. Sie starrten in das leere Esszimmer und bellten. Hyams nahm die Hilfe der American Society for Psychical Research (ASPR) mit ihrer Niederlassung in Los Angeles in Anspruch. Auch einige Naturwissenschaftler von der Universität in Los Angeles interessierten sich für den Fall.

Die ASPR schickte mehrere, wie Hyams schrieb, »ernsthafte und mit einigen wenigen Ausnahmen ehrliche Medien, die nichts über das Haus und die verstörenden Erlebnisse seiner Bewohner wussten«. Eines dieser Medien berichtete von einem kräftig gebauten Mann Ende fünfzig, der an einer Herzkrankheit gestorben war. Ein anderes erklärte, der Mann sei gestorben, bevor er eine Angelegenheit mit einem Hausbewohner habe regeln können. Ein paar Jahre später erinnerte sich Hyams, dass er mit einem Arzt in diesem Alter an einem Buch gearbeitet hatte, der dann vor Fertigstellung des Buches an einem Herzinfarkt gestorben war. Ein weiteres Medium beschrieb ein hasserfülltes, betrunkenes Ungeheuer.

Hyams fand heraus, dass bereits zwei Hausbewohner innerhalb weniger Monate wieder ausgezogen waren. Er bat dann die ASPR, mit einem der Medien, Mrs Lotte von Strahl, zu verabreden, dass sie den Geist zur Ruhe bringen solle. Mrs von Strahl saß am Kopf des Esstischs und erklärte, das »schreckliche, brutale Ungeheuer« befinde sich direkt neben ihr. Dann bat sie Elke Sommer, mit ihr zusammen ein kurzes Gebet zu sprechen, und erklärte danach triumphierend: »Er geht.« In dieser Nacht verschlossen Joe und Elke alle Türen und Fenster und gingen zu

Die Schauspielerin Elke Sommer zog 1964 in ein Haus in Beverly Hills, in dem sie, ihr Mann und verschiedene Gäste während der nächsten drei Jahre paranormale Aktivitäten feststellten. Schattenfiguren wurden gesehen, man hörte seltsame Geräusche und fand zuvor verschlossene Fenster offen vor.

WHITBY ABBEY

Die düstere Ruine von Whitby Abbey in Nord-Yorks-hire steht an dem Strand, an dem in Bram Stokers Roman *Dracula* der Vampir an Land geht. Das Gespenst von Lady Hilda, die die Abtei einst grün-dete, taucht in ein Leichentuch gehüllt immer wieder hinter einem der hohen Fenster auf.

Bett. Doch auch in dieser Nacht hörten sie das Stühlerücken im Esszimmer.

Hyams schrieb einen Bericht über seine paranormalen Erlebnisse für die *Saturday Evening Post,* in dem er erklärte: »Selbst ich bin nach einigen Zögern davon überzeugt, dass wir einen Geist im Haus haben. Aber wir haben nicht die Absicht, auszuziehen … Ich würde es nicht zulassen, dass ein Lebender mich aus meinem Haus vertreibt, und schon gar kein Toter.«

Acht Monate später entschied er sich anders. Am Morgen des 13. März 1967 wurden er und seine Frau von einem lauten Klopfen an der Schlafzimmertür geweckt. Als Joe die Tür öffnete, quoll dicker Rauch herein. Das Paar flüchtete durch das Schlafzimmerfenster. Im Esszimmer brannte es lichterloh.

Die Brandermittler berichteten, dass das Feuer aus »rätselhaften Gründen« ausgebrochen war. Da gab Joe Hyams endlich nach und verkaufte das Haus.

KOMMENTAR

Hyams war überzeugt, dass das Feuer von dem Gespenst gelegt wurde. Elke Sommer war der Ansicht, es handele sich bei der Erscheinung um ihren verstorbenen Vater. Dann könnte das Klopfen an der Schlafzimmertür eine Warnung gewesen sein, um ihnen die Möglichkeit zu geben, vor dem Feuer zu fliehen.

JAPANISCHE GEISTER

Auf den Britischen Inseln gibt es mehr Gespenstergeschichten als anderswo, aber die Japaner sind den Briten dicht auf den Fersen.

Die alte japanische Shinto-Religion kann auf mancherlei Weise mit anderen großen Religionen verglichen werden. In ihr gibt es die Vorstellung, dass die Geister der Toten ewig leben und dass es eine Region

der Reinigung gibt, eine Halbwelt, aus der unglückliche Gespenster zur Erde zurückkehren können. Sie suchen die Lebenden heim und nehmen Rache an denen, die ihnen Schaden zugefügt haben. Der Shintoismus kennt deshalb eine ganze Reihe von Ritualen, die die Geister der Toten besänftigen und verhindern sollen, dass sie wieder auftauchen.

Der Shintoismus ist eine alte animistische Religion, die Tieren, Pflanzen und unbelebten Objekten eine geistige Essenz zuspricht. Die Folklore verdankt dieser Religion zahlreiche Geschichten, und ein wichtiges Merkmal dieser Geschichten ist die Bösartigkeit, mit der diese Gespenster ihre Opfer angreifen. Als der Buddhismus nach Japan kam und die ursprünglichen Glaubensvorstellungen sich veränderten, wurde die Bösartigkeit der Geister damit erklärt, dass sie nicht aus dem »Fegefeuer« kamen, sondern direkt aus der Hölle.

Eine angeblich wahre Geschichte erzählt von dem bösen Herrn Hotta Kozuke, der seine Untertanen mit ungerechten Steuern unterdrückte. Die Bauern beschlossen, den Shogun zur Hilfe zu rufen, und ein tapferer Dorfältester namens Sakura Sogoro erklärte sich bereit, ihre Petition vorzubringen. Aber der Shogun tat nichts anderes, als Kozuke davon zu berichten. Daraufhin zwang der Tyrann Sogoro und seine Frau, dabei zuzusehen, wie ihre drei Söhne enthauptet wurden. Dann ließ er die Eltern kreuzigen. Im Sterben schwor Sogoro, er würde zurückkehren und Kozuke bis zu seinem Ende verfolgen.

Eine der beliebtesten japanischen Geistergeschichten, die in verschiedenen traditionellen Kabuki-Stücken verewigt ist, erzählt von einem Samurai aus dem 18. Jahrhundert namens Aoyama Tessan, der sich in eine Dienerin verliebte, die schöne Okiku. Als sie seine Annäherungsversuche zurück wies, beschloss er, es mit einem Trick zu versuchen.

Tessan besaß zehn wertvolle Teller, für die Okiku die Verantwortung trug. Er versteckte einen dieser Teller und forderte Okiku auf, ihm alle zehn zu zei-

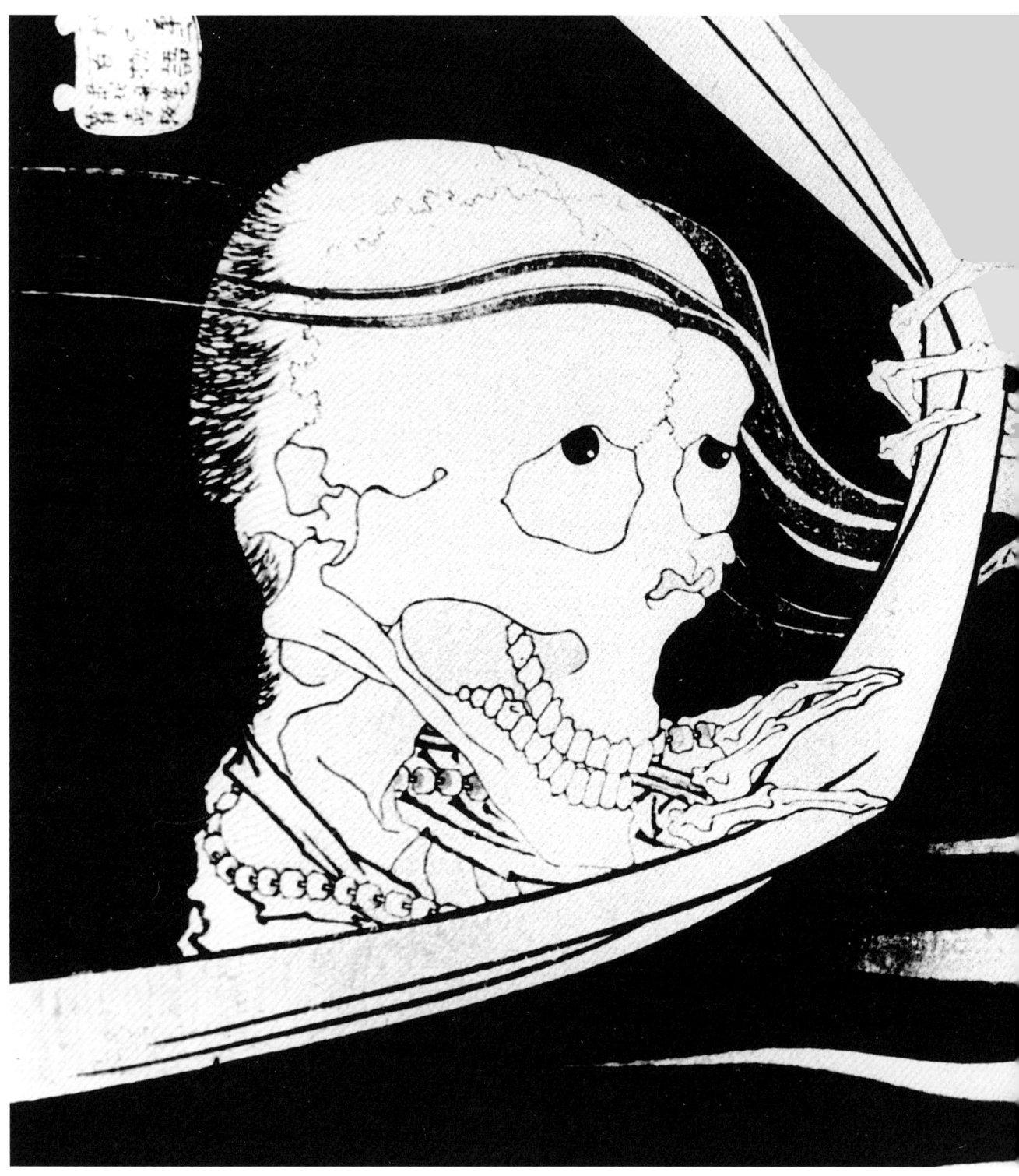

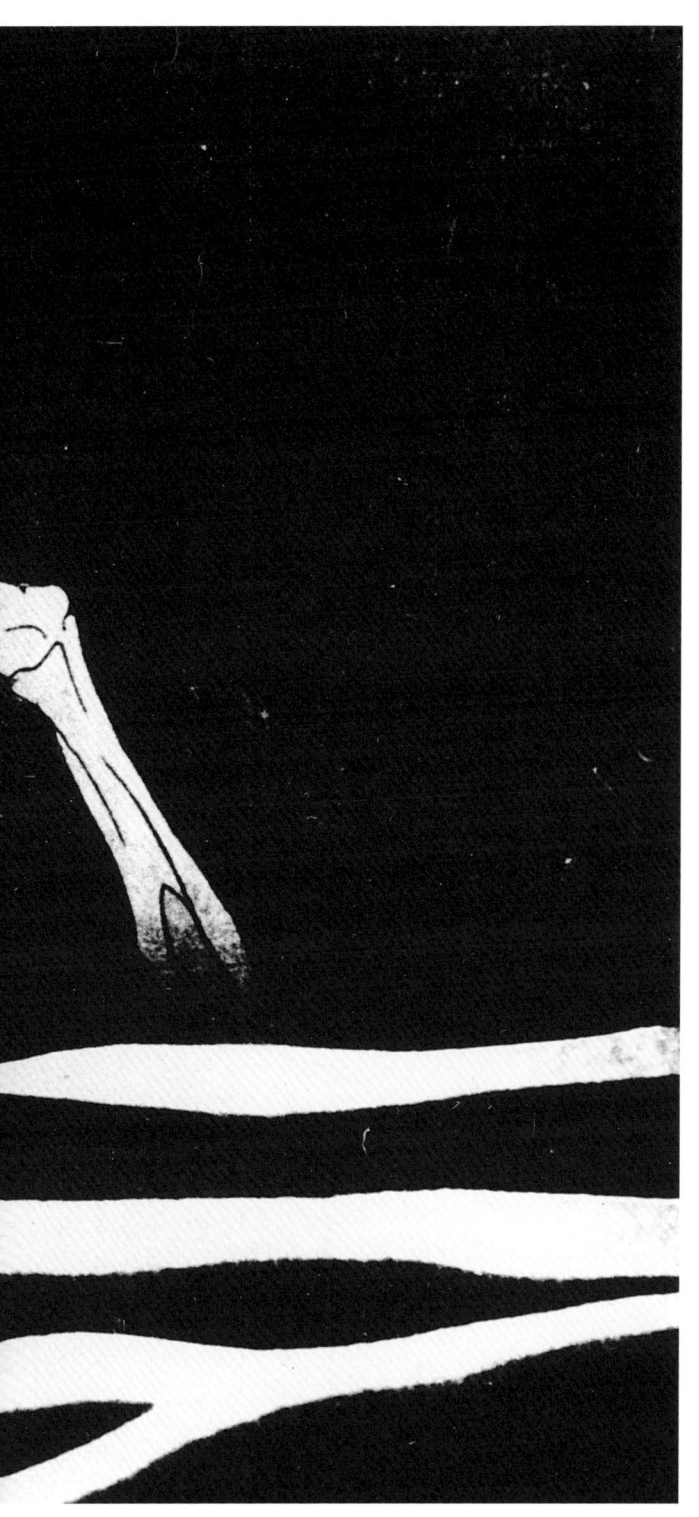

gen. Sie konnte ihm natürlich nur neun Teller zeigen. Tessan versprach ihr, sie nicht zu bestrafen und alles zu vergessen, wenn sie endlich seine Geliebte würde. Aber Okiku wies ihn immer noch zurück. Da brachte sie der wütende Tessan um und warf ihre Leiche in einen Brunnen.

Seitdem tauchte Okikus Geist jede Nacht aus dem Brunnen auf, zählte laut bis neun und verschwand wieder. Tessan, dem sein Gewissen zu schaffen machte, bat einen Nachbarn um Rat, der sich in der folgenden Nacht in der Nähe des Brunnens versteckte. Okikus Geist erschien und zählte wieder bis neun. Als sie bei »neun« angekommen war, rief der Nachbar schnell »Zehn!«, und der Geist verschwand auf Nimmerwiedersehen.

Im Jahr 1803 veröffentlichte Santo Kyoden *Eine unheimliche Rachegeschichte aus dem Sumpf von Asaka*. Sie weckte das Interesse mehrerer Kabuki-Autoren und erzählt von einem Mann namens Kohada Koheiji, der eine treulose Frau hatte. Ihr Liebhaber ermordete Koheiji und heiratete die Witwe, aber seitdem wurde das Paar ständig von dem rachsüchtigen Geist des Ehemannes verfolgt.

Ein weiterer beliebter Kabuki-Stoff erzählt von der Prinzessin Takiyasha. Sie war die Tochter eines Adeligen, der im Jahr 940 getötet wurde, nachdem er sich gegen seinen Herrn erhoben hatte. Die Tochter beschloss später gemeinsam mit ihrem Stiefbruder, mit Hilfe von Hexerei einen neuen Aufstand anzuzetteln. Sie schlossen sich im Palast ihres Vaters ein und riefen fürchterliche Geister zur Hilfe.

Einer der Krieger des Herrn jedoch, Mitsukui, hörte von dem Plan, überrannte den Palast und tötete nicht nur Takiyasha und ihren Stiefbruder, sondern auch die ganze übernatürliche Armee.

Darstellung eines Geistes von Kohada Koheiji auf einem Holzschnitt nach einer Zeichnung des Künstlers Hokusai. Japanische Geister greifen ihre Opfer auf bösartige Weise an.

ERSCHEINUNGEN UND GESPENSTER

Geistererscheinungen können mit schweren Krisen im Leben der Betroffenen zusammenfallen, aber sie häufen sich angeblich auch in den zwölf Stunden nach dem Tod des jeweiligen Menschen.

DIE FRAU DES JOHN DONNE

Wo: Paris

Wann: Frühes 17. Jahrhundert

Bericht: Isaak Walton

Um das Jahr 1605 musste der englische Dichter John Donne seinen Dienstherrn Sir Robert Dudley auf einer diplomatischen Reise nach Paris begleiten. Donnes junge Frau Anne beklagte sich darüber, weil sie ein Kind erwartete und ihren Mann in dieser kritischen Zeit nicht so lange entbehren wollte. Tatsächlich sagte sie, sie habe böse Vorahnungen. Doch Sir Robert ließ sich nicht erweichen, und Donne, der seinem Herrn wegen vieler vorhergehender Freundlichkeiten eng verbunden war, konnte sich nicht weigern.

Die Fahrt nach Paris dauerte zwölf Tage und setzte einen längeren Aufenthalt voraus. Donne ver-

Der Fotograf sagte aus, es habe sich definitiv niemand in der Kirche von Eastry im südenglischen Kent aufgehalten, als er 1956 dieses Foto machte. Die gespenstische Gestalt eines Geistlichen ist aber deutlich sichtbar.

mutete, dass er zwei Monate fort sein würde. Zwei Wochen, nachdem er von seiner Frau Abschied genommen hatte, fand Sir Robert Donne vor, wie er in einem Zimmer ihrer Pariser Unterkunft unruhig hin und her lief. »Er war so aufgeregt und verändert, dass Sir Robert ihn kaum wiedererkannte.« Donne war kaum eine halbe Stunde allein gewesen und fühlte sich zunächst gar nicht in der Lage, Sir Robert zu erklären, was ihn so aufregte.

»Doch nach einer längeren Pause sagte er: ›Ich habe eine schreckliche Vision gehabt. Ich habe meine liebe Frau gesehen, wie sie zwei Mal durch dieses Zimmer ging, das Haar offen über den Schultern und ein totes Kind in den Armen.‹« Sir Robert erwiderte, er hätte sicher nur geträumt. Doch Donne erwiderte: »Ich bin mir absolut sicher, dass ich nicht geschlafen habe. Und ich bin sicher, dass sie bei ihrem zweiten Erscheinen stehen blieb, mir ins Gesicht sah und dann verschwand.«

Am nächsten Tag war Donne immer noch sicher, was die Erscheinung anging, und er überredete Sir Robert, einen Eilboten nach England zu schicken, damit er sich nach Mrs Donnes Gesundheitszustand erkundigte. »Am zwölften Tag kam der Bote zurück. Er hatte Mrs Donne sehr traurig und krank angetrof-

DEREK STAFFORD

Derek Stafford fotografierte am 22. November 1990 Grabsteine auf dem Friedhof von St Mary's Prestbury unweit von Cheltenham in Gloucestershire. Er sah keine Gestalt im Kapuzenmantel, aber der Geist des »schwarzen Abtes« soll immer wieder die Kirche und das Pfarrhaus heimsuchen.

fen. Sie habe nach langen, gefährlichen Wehen ein totes Kind geboren, und zwar am selben Tag und zur selben Stunde, als Mr Donne ihre Erscheinung in seinem Zimmer gesehen hatte.«

Der englische Dichter John Donne sah die Gestalt seiner Frau Anne in seinem Zimmer in Paris, als diese in London eine schwierige, lange Geburt durchmachte. Das Kind wurde tot geboren.

KOMMENTAR

Im Jahr 1601 hatte Donne im Alter von neunundzwanzig Jahren die sechzehnjährige Anne More geheiratet, die Nichte seines damaligen Dienstherrn Sir Thomas Egerton, des Lordsiegelbewahrers. Ihr Vater hatte sein Einverständnis zu dieser Hochzeit nicht gegeben; Donne war deswegen sogar kurz in Haft genommen worden. Vor dem Hintergrund dieser Ereignisse und der kraftvollen Liebesgedichte, die er schrieb, müssen wir annehmen, dass zwischen ihm und seiner Frau wirklich starke Gefühle herrschten.

Die körperlichen und seelischen Nöte seiner Frau während der Geburt und der Schock, festzustellen, dass das Kind tot geboren wurde, reichten offenbar aus, um eine Erscheinung bei ihm auszulösen. Ob es sich dabei jedoch um Geistererscheinungen oder telepathische Wahrnehmungen handelt, ist umstritten.

EIN FLIEGER KEHRT ZURÜCK

Wo: Kalkutta und England

Wann: 19. März und Dezember 1917

Bericht: Hubert Wales

Am frühen Morgen des 19. März 1917 wurde Eldred Bowyer-Bower, Pilot des britischen Royal Flying Corps, über Frankreich abgeschossen und getötet. Innerhalb der ersten zwölf Stunden nach seinem Tod erschien er seiner Halbschwester, Mrs Dorothy Spearman, in einem Hotel in Kalkutta. Sie erzählte Hubert Wales, der solche Berichte für die Society for Psychical Research sammelte: »Ich muss entweder genäht oder mit meinen Kind geredet haben, als es geschah.« Eldred habe sie mit seinem lieben, schalkhaften Blick angesehen und sei ihr so real vorgekommen, dass sie erst dachte, er sei wirklich anwesend. Sie habe sich umgedreht, um ihn zu begrüßen. Aber da war er schon wieder verschwunden.

»Ich dachte, er macht Witze«, sagte sie später. »Also rief ich nahm ihm und suchte ihn überall. Erst als ich ihn nicht finden konnte, bekam ich Angst, er könnte tot sein. Mir war ganz schwindelig. An diesem Tag gegen zwei Uhr wurde unser Baby getauft, und in der Kirche spürte ich deutlich seine Gegenwart, aber ich konnte ihn nicht sehen.«

Um dieselbe Zeit, in England und lange vor jeder Nachricht über Bowyer-Bowers Tod, kam die dreijährige Tochter seiner Schwester Mrs Cecily Chater ins Zimmer ihrer Mutter und sagte: »Onkel Alley-Boy ist unten.« Mrs Chater erinnerte sie daran, dass ihr Onkel, den sie immer mit diesem Spitznamen bezeichnete, in Frankreich sei, aber das Kind bestand darauf, er sei da. Später an diesem Tag erwähnte Mrs Chater in einem Brief an ihre Mutter den Vorfall, einfach nur als Zeichen, wie oft die Kleine an ihren Onkel dachte.

Im Dezember, etwa neun Monate später, wachte die Verlobte des Fliegers auf und fand ihn auf ihrer Bettkante sitzend. Sie sprach ihn an und er antwortete flüsternd, sodass sie ihn kaum hören konnte. Sie streckte die Hand nach ihm aus, aber die Hand ging durch die Erscheinung hindurch. Dann verschwand er.

Ebenfalls im Dezember lag Bowyer-Bowers Mutter im Bett, als ihr erst heiß und dann sehr kalt wurde. Ein gelb-blauer Lichtstrahl fuhr durchs Zimmer, bis er direkt vor ihr zum Halten kam. Weiter berichtete sie: »Dann entfaltete sich so etwas wie ein Stück Chiffon, und Eldreds hübscher Scheitel mit dem gewellten Haar war zu sehen. Ein paar Sekunden später tauchten auch seine Stirn und seine kräftigen Brauen auf, dann seine schönen blauen Augen, ohne das übliche schelmische Zwinkern, aber mit großer Intensität. Der Kopf schüttelte sich und zitterte, dann waren auch noch sein kleiner Schnurrbart und sein Mund zu sehen. Ich streckte die Hand aus und sagte: ›Eldred, ich sehe dich.‹ Aber mit einem kurzen Flackern verschwand er wieder.«

KOMMENTAR

G. N. M. Tyrrell schreibt in seinem Buch *Apparitions* (1953): »Natürlich kann man die Beobachtung des Kindes und die Erscheinungen nach dem Tod als subjektive Halluzinationen abtun, aber das erscheint mir recht billig, denn das Erlebnis der Mutter trägt alle Merkmale einer telepathischen Erfahrung.«

EIN FLUGUNFALL

Wo: Scampton Royal Air Force, Lincolnshire, England

Wann: 7. Dezember 1918

Bericht: Lieutenant J. J. Larkin

Am späten Vormittag des 7. Dezember 1918 wurde Lieutenant David M'Connel von der Royal Air Force, zuvor Royal Naval Air Service, von seinem Kommandanten aufgefordert, einen einsitzigen Avro »Camel«-Doppeldecker von Scampton nach Tadcaster zu fligen, etwa 95 Kilometer entfernt. M'Connel suchte vor seinem Abflug noch seinen Zimmerkameraden Lieutenant Larkin auf und sagte zu ihm: »Zum Tee bin ich zurück, bis dann, Tschüs.«

M'Connel wurde von einem anderen Flieger begleitet, mit dem er von Tadcaster zurückfliegen sollte. Als sie sich Doncaster näherten, gerieten beide Maschinen in eine Nebelbank und landeten dort. M'Connel rief seinen Kommandanten an und bat um Anweisungen. Dieser sagte ihm, er solle selbst entscheiden. Daraufhin beschlossen beide Flieger, den Flug fortzusetzen, aber der Nebel wurde noch dichter, und der Mann im Zweisitzer entschied sich zu einer Notlandung.

Nachdem M'Connel noch einmal über der Landestelle gekreist hatte, um sicherzugehen, dass alles in Ordnung war, flog er weiter nach Tadcaster. Kurz vor 15:30 Uhr sah ein Mädchen in der Nähe des Flugplatzes, wie die Maschine zur Seite glitt, sich noch einmal fing, dann aber doch abstürzte. Das Mädchen rannte zu der Absturzstelle und fand M'Connel tot vor. Er war mit dem Kopf gegen die Bordkanone geschlagen. Seine Uhr war beim Aufprall stehen geblieben. Sie stand auf 15:25 Uhr.

Zur selben Zeit befand sich Lieutenant Larkin, M'Connels Zimmerkamerad, auf seiner Stube und las. »Ich saß vor dem Kamin«, erinnerte er sich später, »etwa zwei Meter von der Tür entfernt. Da hörte ich jemanden über den Flur gehen, und dann öffnete sich die Tür mit dem üblichen Lärm, wie immer, wenn David kam. Ich hörte ihn ›Hallo, alter Junge‹ rufen und drehte mich halb um. Da stand er in der Tür, die Klinke in der Hand. Er trug seine Fliegerkluft, aber seine Navy-Mütze. Das war nicht ungewöhnlich für ihn. Die Mütze hatte er nach hinten geschoben, und er lächelte wie immer, wenn er ins Zimmer kam. Ich antwortete: ›Hallo! Du bist schon zurück?‹, und er sagte: Ja, alles in Ordnung, war ein guter Flug.‹ Dabei sah ich ihn die ganze Zeit an. Dann sagte er: ›Na, dann Tschüs‹, verließ das Zimmer und schlug die Tür hinter sich zu. … Ich hatte keine Uhr um, deshalb kann ich nicht genau sagen, wann das war, aber es muss zwischen Viertel nach drei und halb vier gewesen sein. Denn kurz danach kam Lieutenant Garner-Smith ins Zimmer, und da war es Viertel vor vier.«

Garner Smith bemerkte, »Mac« würde hoffentlich bald zurückkommen, sie wollten ja am Abend nach Lincoln. Larkin erwiderte, er sei schon wieder da und würde sich wahrscheinlich gerade umziehen. Später an diesem Abend, im Albion Hotel, erfuhren sie vom dem Absturz in Tadcaster.

KOMMENTAR

Lieutenant Garner-Smith hat Larkins Beobachtung bestätigt. Es muss kurz vor 15:45 Uhr gewesen sein, jedenfalls lange bevor die Nachricht von dem Absturz Scampton erreichte. Hatte Larkin seinen Zimmerkameraden verwechselt? Er schreibt dazu: »Das Zimmer war ziemlich klein, etwa vier mal vier Meter, und ich hatte das elektrische Licht eingeschaltet … Das Licht war gut und hell, im Zimmer gab es keine dunklen Schatten.«

KAPITEL 6

Wichtig ist auch noch, dass nur zwei weitere Männer in Scampton Marinemützen trugen, und keiner konnte nach Aussage von M'Connels Vater mit seinem Sohn verwechselt werden, »weder in der Größe, noch im Körperbau, dem Benehmen oder der Stimme«.

David M'Connel fand seinen Pilotenhelm sehr unbequem und trug deshalb im Cockpit stets seine Marinemütze, damit er sie sofort aufsetzen konnte, wenn er gelandet war. Bei seinem Tod trug er noch den Helm. Es ist durchaus möglich, dass Lieutenant Larkin, der zweifellos eine Erscheinung hatte, das sah, was er unter normalen Umständen auch gesehen hätte: dass M'Connel seine Marinemütze trug und dass er von einem guten Flug sprach.

DER ALTE MANN VOM SEE

Wo: Killegar, County Leitrim, Irland

Wann: Februar 1926

Bericht: Anna Godley und ihr Verwalter Robert Gallagher

Eines Nachmittags besuchte Miss Anna Godley, die im Herrenhaus von Killegar im irischen County Leitrim lebte, einen ihrer Landarbeiter, Robert Bowes, der seit einiger Zeit krank war. Miss Godley hatte sich kürzlich das Bein gebrochen und fuhr deshalb in einer kleinen Eselskutsche. Ihr Verwalter Robert Gallagher führte das Tier, und ihre Masseuse, eine gewisse Miss Goldsmith, folgte dem Wagen. Sie sprachen mit Bowes durch das Fenster seines Cottage'. Er saß im Bett und sprach mit kräftiger Stimme, bat Miss Godley jedoch, den Arzt zu

An einem See wie diesem sah Anna Godley Robert Bowes, der ein unsichtbares Boot ruderte. Im gleichen Moment starb Robert Bowes in seinem nahe gelegenen Cottage.

schicken, der schon eine Weile nicht mehr da gewesen war. Dann fuhr sie wieder nach Hause und nahm auf dem Heimweg die Straße am Ufer eines großen Sees entlang.

»Als der Verwalter anhielt, um ein Tor zu öffnen«, erinnerte sich Miss Godley später, »fragte er mich, ob ich den Mann am Seeufer sähe.« Ich schaute genau hin und sah einen alten Mann mit einem langen weißen Bart, der im Wind wehte. Er ging zur anderen Seite des Sees hinüber und schien die Arme zu bewegen, als würde er rudern. Aber ich konnte kein Boot sehen. Als ich den Verwalter danach fragte, sagte er: ›Da ist kein Boot.‹ Ich sagte: ›Was für ein Unsinn, da muss ein Boot sein, es scheint, als würde er im Stehen rudern.‹ Aber da war kein Boot, er glitt einfach so über das dunkle Wasser. Die Masseuse sah ihn auch. Der Verwalter fragte mich, ob ich den Mann erkennen würde, und ich sagte: ›Er sieht genauso aus wie Robert Bowes.‹ Die Gestalt überquerte den See und verschwand zwischen Schilf und Bäumen auf der anderen Seite. Dann waren auch wir zu Hause angekommen.«

Miss Godley setzte sich sofort hin, um einen kurzen Brief an den Arzt zu schreiben, aber bevor sie damit fertig war, kam der Arzt schon vorbei. Er hatte Robert Bowes besucht und war auf einer anderen Straße zu dem Cottage gefahren. Jetzt berichtete er ihr, dass der alte Mann nur Minuten vor seiner Ankunft verstorben war.

KOMMENTAR

Dies ist ein klares Beispiel einer »Krisenerscheinung«: Robert Bowes hatte wohl noch einen letzten Blick auf die Gegend geworfen, in der er sein ganzes Leben verbracht hatte, vermutete Miss Godley. Ihr Bericht erinnert auch an die griechische Mythologie, wo die Seelen der Toten den Fluss Lethe im Boot des Fährmannes Charon überqueren müssen, um in die Unterwelt zu gelangen.

EIN SELTSAMER DOPPELGÄNGER

Wo: Bei Laramie, Wyoming, USA

Wann: Frühling 1947

Bericht: Gordon Barrows

Gordon Barrows, der später für die Vereinten Nationen und die Weltbank als Berater im Zusammenhang mit der Erdölindustrie tätig war, wurde im Herbst 1946 aus der Armee entlassen und begann sein Studium an der Universität von Wyoming in Laramie. Im Frühjahr 1947 kam er nach Hause, um einen Jeep zu holen, den er bei einem Armeeverkauf erstanden hatte. Dann fuhr er zurück nach Laramie.

Er fuhr achtzehn Stunden durch, es war inzwischen tief in der Nacht und bitterkalt. Dann brach ein Blizzard los. Der Schnee fiel so dicht, dass die Autos angehalten wurden und Anweisung bekamen, nicht weiterzufahren. Aber Barrows beschloss, es trotzdem zu versuchen. Er war gerade eine Anhöhe hochgefahren und sah einen tiefen Canyon vor sich, als er einen Mann in gleicher Richtung am Straßenrand entlanggehen sah.

Als die Scheinwerfer des Wagens den Mann erfassten, stellte Barrows fest, dass er ihm ziemlich ähnlich sah und eine Panzerfahrerjacke trug, wie er sie noch vor Kurzem bei der Army gehabt hatte. »Irgendwie«, berichtete er später, »schien dieses seltsame Zusammentreffen mir aber ganz normal zu sein.« Als er den Mann eingeholt hatte, sagte dieser zu Barrows. »Sie sehen erschöpft aus. Soll ich fahren?«

Barrows willigte nur zu gern ein und war wenige Minuten später auf dem Beifahrersitz eingeschlafen. Das Nächste, woran er sich erinnerte, war, dass der Motor ausgeschaltet war und der Mann regungslos hinter dem Lenkrad saß. Sie waren aus den Bergen heraus, bis Laramie waren es nur noch 64 Kilometer auf ebener Straße. Sein Gast lehnte dankend ab, als er ihm anbot, weiter mitzufahren, und stieg aus. Auf

LADY PALMER

Ein Foto von Lady Palmer aus dem Jahr 1925, aufgenommen in der Basilika von Le Bois-Chenu, die der Erinnerung an Johanna von Orléans geweiht ist. Die Kirche liegt in der Nähe von Domrémy in Frankreich.

Lady Palmers Freundin, Miss Townsend, ist in der Mitte mit Hut zu erkennen, die anderen beiden Gestalten hielten sich zu dieser Zeit nicht in der Kirche auf.

Barrows Dank hin erwiderte er nur: »Bitte schön«, und ging zurück in den Canyon. Barrows erinnerte sich, dass ihm das alles »wie ein Traum vorkam, in dem die seltsamsten Dinge ganz normal sind.«

KOMMENTAR

Beim Rückblick auf dieses Erlebnis kam Barrows zu dem Schluss, dass ihm sein eigener Doppelgänger das Leben gerettet hatte. Dies ist eine seltene Form der Erscheinung, die man nicht mit Telepathie erklären kann. Aber sie kommt durchaus vor.

Ein ähnlicher Fall wird aus Holland im Jahr 1944 berichtet. Dort sollte ein Handwerker eine kaputte Maschine reparieren, stellte aber fest, dass er sie nicht würde in Ordnung bringen können. In der Nacht wachte er jedoch auf und sah die Maschine auf seinem Nachttisch in hellem Licht. Und als er sich darüberbeugte, sah er sich selbst, wie er ein dreieckiges Stück Metall entfernte und ersetzte. Am nächsten Morgen ging er in die Fabrik, machte es genauso, wie er es in der Nacht gesehen hatte, und die Maschine funktionierte wieder perfekt.

Dieser zweite Fall kann als Traum interpretiert werden, als Ergebnis der Fähigkeit unseres Gehirns, im Schlaf an einem Problem weiterzuarbeiten und uns eine Lösung zu präsentieren. Barrows' Erlebnis lässt sich weniger leicht erklären. Eine mögliche Interpretation beider Fälle und anderer, ähnlicher Erlebnisse findet sich in der Theorie, dass Zeit keine fortschreitende Dimension ist, sondern dass alle Zeit in einer unendlichen Reihe von Paralleluniversen gleichzeitig existiert. Manchmal nehmen wir Ereignisse wahr, die in anderen Dimensionen vor sich gehen.

»Soll ich fahren?«, fragte der Mann, der in einer schneereichen Nacht irgendwo im Nirgendwo an der Straße stand. Gordon Barrows glaubt heute, dass dies eine Doppelgängererscheinung war.

KAPITEL 7

TIERE UND GEGEN-STÄNDE

Wenn wir glauben, dass Geister den Teil eines Menschen repräsentieren, der nach dem Tod nicht zur Ruhe kommt, wie interpretieren wir dann Erscheinungen von Tieren oder sogar unbelebten Gegenständen, von Häusern, Schiffen und Flugzeugen?

SCHWARZE HUNDE

Das böse Gespenst des schwarzen Hundes wird vor allem mit den Britischen Inseln in Verbindung gebracht, ist aber auch schon in anderen Ländern beobachtet worden. Der früheste bekannte Bericht stammt aus dem Frankreich des Jahres 856 n. Chr. Während einer Messe wurde der Innenraum einer kleinen Dorfkirche plötzlich in Dunkelheit getaucht, und die Gemeinde nahm voller Schrecken einen gro-ßen schwarzen Hund wahr, dessen Augen wild auf-flammten. Er erschien auf rätselhafte Weise, obwohl die Türen der Kirche geschlossen waren, rannte hin und her und um den Altar, als suchte er jemanden, und verschwand dann genauso plötzlich wieder.

Links: Auf alten Friedhöfen wie diesem sollen schwarze Hunde umgehen. Man begrub oft schwarze Hunde an der Nordseite von neu angelegten Friedhöfen, um die Gräber vor dem Teufel zu schützen.

Rechts: Ein Flugblatt mit einem Bericht über den schrecklichen schwarzen Hund, der 1577 in der Kirche von Bungay in Suffolk erschien.

In Großbritannien nimmt man weithin an, dass der schwarze Hund ein Todesbote ist, entweder für die Person, die ihn sieht, oder für einen nahen Verwandten. Oft lässt er sich auf Friedhöfen oder in Kirchen blicken. In Lancashire heißt das Phantom »Trash« oder »Striker«, in East Anglia »Black Shuck« und auf der Isle of Man »Moddey Dhoo«. Auch die Friedhöfe von Algarkirk und Northorpe in Lincolnshire haben ihre schwarzen Hunde. Früher war es üblich, einen ganz normalen schwarzen Hund an der Nordseite eines neu angelegten Friedhofs zu begraben, weil man glaubte, sein Geist würde den Friedhof vor dem Teufel schützen.

Ein weiterer früher Bericht erzählt von einer Erscheinung in der Kirche von Blythburgh in Suffolk an einem Sonntagmorgen im Jahr 1577. Mitten im Gottesdienst tauchte ein schwarzer Hund im Mittelgang auf, griff drei Leute an und tötete sie und verbrannte einen weiteren Kirchgänger. Dann verschwand das Tier, nicht ohne Brandflecken an der Tür zu hinterlassen, die man bis heute sehen kann. Wenig später, am 4. August, tauchte es noch einmal

In einer Volkserzählung aus Yorkshire bewacht ein weißer Schäferhund den Platz, an dem sein Herr ermordet wurde. Wie so viele Erscheinungen von Hunden spielte sich auch diese an einer Brücke über einen Wasserlauf ab.

im nahe gelegenen Bungay auf. Ein zeitgenössisches Flugblatt beschreibt die Erscheinung in Bungay, die extremen Wetterverhältnisse während der Heimsuchung und die Gestalt des Tieres, die von vielen Kirchgängern gesehen wurde.

War es derselbe Hund, der nahezu vier Jahrhunderte später, an einem schönen Sommerabend im Jahr 1938, an der Grenze zwischen Suffolk und Norfolk gesehen wurde, nur ein paar Meilen von Bungay entfernt? Ein Mann beobachtete auf einer schmalen Straße mit hohen Wällen links und rechts einen großen schwarzen Hund, der auf ihn zukam. Das Tier tauchte ganz plötzlich auf, es hatte einen wilden Blick, und er trat zur Seite, um es vorbeizulassen. Er berichtete, der Hund sei ungewöhnlich groß gewesen, hätte ein zottiges Fell gehabt und seine Augen seien feuerrot gewesen.

Orte wie diese – alte Fahrwege und Landstraßen – scheinen den Geisterhunden zu liegen. Auf einer »Green Lane« bei Uplyme in Devon gibt es einen Gasthof, der bezeichnenderweise »The Black Dog« heißt. Devon hat überhaupt sehr viele schwarze Hunde.

Auch viele prähistorische Orte haben ihre schwarzen Hunde. Einer steht am Doghill Barrow Wache, nicht weit von Stonehenge in Wiltshire. Mehrere andere tauchten bei Sixhills nahe Stevenage in Hertfordshire auf. In Wales gibt es regelmäßig Berichte über Wächterhunde bei Devil's Nags, im Cot Moor in Pembrokeshire und in der Nähe eines Steinkreises nahe Amlwch auf Anglesey.

In Schottland erzählen die klingenden Namen Caisteal a Choin Dubh (Black Dog Castle) bei Craignish und Dun a Choin Dubh (Black Dog Fort) bei Knapdale ihre ganz eigenen Geschichten.

Eine besonders seltsame Erzählung wurde von dem Schriftsteller Augustus Hare in seiner Autobiografie *My Solitary Life* wiedergegeben. Mitte des 19. Jahrhunderts beschlossen die Eigentümer von Blickling Hall in Norfolk, Lord und Lady Lothian, einige Zwischenwände entfernen zu lassen. Eine alte Frau im Dorf sagte dem Ortspfarrer, das würde Ärger geben: »Wegen des Hundes! Wissen Sie denn nicht, dass A. beim Angeln im See einen riesigen Fisch fing und dass aus dessen Maul ein großer

BAYARD, DAS GEISTERPFERD

Geisterpferde erscheinen selten ohne Reiter. Eines der berühmtesten ist Bayard, das wunderbare Pferd von Renaud. Renaud war einer der vier berühmten Söhne von Aymon und ein Paladin von Karl dem Großen im 8. Jahrhundert. Er wurde später geächtet und sieben Jahre lang in der Burg von Montauban belagert. Als er endlich Frieden schloss, wurde er auf eine Pilgerfahrt nach Jerusalem geschickt, und Bayard wurde in der Maas mit einem Mühlstein um den Hals ertränkt. Aber das Pferd konnte entkommen, und seitdem sieht man seinen Geist in den Ardennen. Wo Häuser an Stellen gebaut wurden, an denen er spukte, erschreckte er sogar die Bewohner im Schlaf.

schwarzer Hund kam, als man ihn an Land brachte? Diesen Hund sind sie nicht wieder losgeworden. Er lief immer im Kreis durch das Haus, bis sie einen klugen Mann aus London holten, der die geraden Trennwände einbauen ließ, damit der Hund nicht mehr im Kreis laufen konnte. Wenn die jungen Leute jetzt die Wände rausnehmen, dann kommt der Hund wieder, und in ganz London werden sie keinen klugen Mann mehr finden, der das verhindern kann.«

Schwarze Hunde gibt es bis heute. In einer Winternacht 1972 wurden in einem einsam gelegenen Bauernhaus am Südrand des Dartmoors der Bauer und seine Frau von Kratzgeräuschen an ihrer Schlafzimmertür geweckt. Der Bauer nahm sich ein Schüreisen und öffnete die Tür. »Da sah ich plötzlich einen großen Schatten oben auf der Treppe. Aus irgendeinem Grund nahm ich an, es wäre ein Hund. Dann kam er plötzlich auf mich zu, mit großen, feuerrot glühenden Augen. Ich war so erschrocken, dass ich einfach auf ihn einschlug.«

Als er mit dem Schüreisen versuchte, die dunkle Kreatur zu treffen, blitzte es plötzlich, dann hörte man Glas brechen, und der Hund verschwand. Der Bauer und seine Frau durchsuchten das Haus und stellten fest, dass es einen Kurzschluss gegeben hatte. Außerdem waren sämtliche Fensterscheiben zerbrochen, und auf dem Hof lagen kaputte Dachziegel. Am Morgen sahen sie, dass auch die Dächer der Scheune und der Außengebäude schwer beschädigt waren.

Andere, die nach schwarzen Hunden geschlagen hatten, erlebten noch Schlimmeres. Im Jahr 1893 waren zwei Männer, die mit einem Karren auf einer Straße in Norfolk fuhren, zum Anhalten gezwungen, weil ihnen ein großer schwarzer Hund entgegenkam. Obwohl der zweite Mann, der fest davon überzeugt war, dass es sich um Black Shuck handelte, versuchte, den Fahrer daran zu hindern, gab dieser dem Pferd die Peitsche und fuhr direkt auf das Phantom zu. Als der Wagen den Hund berührte, verschwand dieser mit zornfunkelnden Augen in einem Feuerball. Wenige Tage später war der Fahrer tot.

Im Jahr 1927 begegnete ein Freund des Schriftstellers Walter Gill einem schwarzen Hund auf einer Straße nahe Ramsay auf der Isle of Man. Das Phantom ließ ihn nicht vorbei und starrte ihn »mit Augen wie glühende Kohlen« an. Irgendwann ging der Hund dann doch zur Seite, aber wenige Tage später starb der Vater des Mannes.

KOMMENTAR

Man könnte diese Geschichten einfach abtun und sagen, dass es immer eine ganz einfache Erklärung gibt. Große wilde Hunde sieht man oft auf dem Land, und man weiß, dass Hunde sich durch relativ schmale Öffnungen quetschen können und häufig ganz plötzlich auftauchen und wieder verschwinden. Aber in vielen Fällen lassen sich die regelmäßigen Sichtungen, zum Teil über Jahrhunderte hinweg, nur damit erklären, dass Generationen von Hunden an immer denselben Orten Wache hielten. Ein entscheidender Faktor bei vielen Erscheinungen war das Zusammentreffen mit heftigen Gewittern, wie es auch bei anderen paranormalen Ereignissen der Fall ist.

Ein anderer Faktor, den man berücksichtigen muss, ist die Verbindung von schwarzen Hunden und prähistorischen Orten. Das gilt nicht nur für alte Fahrwege und Grabhügel, sondern auch für alte Kirchen, die häufig über »heidnischen« Kultplätzen erbaut wurden. Wir haben schon gesehen, wie bösartige Wesen oft mit alten Grabstätten verbunden sind, und einige Autoren vermuten auch, dass die schwarzen Hunde die Geister der Tiere sind, die vor Tausenden von Jahren zum Teil lebendig mit begraben wurden, um den heiligen Ort zu schützen.

Eine Verbindung mit alten Wasserwegen wird ebenfalls hergestellt. In Suffolk soll ein schwarzer Hund oft am Ufer eines Grenzflusses stehen. In

Somerset verschwindet der Hund, der einen Straßen-
abschnitt bei Butleigh Hill heimsucht, immer dann,
wenn er bei einer bestimmten Brücke ankommt.
Dasselbe Phänomen wurde an einer Brücke beobachtet, die zwei Seen in Pontoon im irischen County
Mayo überspannt.

Diese Theorie stammt von Ivan Bunn, der den
Black Shuck in East Anglia näher untersuchte. Er
stellte fest, dass von zweiundsechzig dokumentierten
Sichtungen fünfzehn in der Nähe eines Flusses auftraten. Einunddreißig Sichtungen fanden am Meer
statt. In ihrem Buch Alien Animals (1980) vermuten
Janet und Colin Borg, die mehr als hundertfünfzig
Sichtungen von schwarzen Hunden aufgezeichnet
haben, dass es eine Verbindung nicht nur mit offenen Wasserläufen, sondern auch mit unterirdischen
Wasseradern gibt. Die Leys, die geheimnisvollen
Landlinien, die alte Kult- und Wohnstätten verbin-
den, haben wohl auch eine Bedeutung.

Die vielen schwarzen Hunde in Devon, vor allem
in der Umgebung des Dartmoors, fanden Mitte der
Neunzigerjahre ein interessantes Echo. Das britische
Landwirtschaftsministerium musste eine Untersuchung über zahlreiche Berichte in Auftrag geben, die
einen »schwarzen Puma« im Moor gesehen haben
wollten. Das Tier soll Schafe angegriffen haben. Die
Bauern waren überzeugt, dass es größer und wilder
war als ein normaler Hund, und es gab sehr viele
Sichtungen. Das Ministerium veröffentlichte seinen
Bericht im Jahr 1995 und erklärte, es gäbe keinen
Beweis für die Existenz eines solchen Tieres, obwohl
die Einheimischen fest darauf bestanden, dass sie es
gesehen hatten. Könnte es ein Geisterhund mit seinen wilden, flammenden Augen gewesen sein, diese
Jahrhunderte alte Dartmoor-Legende?

**Im Jahr 1817 wurde einer der Wächter im Jewel House
von einer Gestalt erschreckt, die aussah »wie ein
riesiger Bär«. Er griff sie mit seinem Bajonett an, brach
dann aber zusammen und starb nach ein paar Tagen.**

SOUTH-EAST VIEW OF THE JEWEL TOWER.

IM TOWER VON LONDON

Wo: London

Wann: Oktober 1817

Bericht: Edmund Lenthal Swifte

Der Tower von London mit seinen Jahrhunderten voller Morde und Hinrichtungen gilt weithin als Wohnstätte verschiedenster Geister. Auch Anne Boleyn soll hier spuken, die zweite Frau von Heinrich VIII., die der König enthaupten ließ und deren Gespenst mit dem Kopf unter dem Arm auftritt.

Aber eine der ungewöhnlichsten Erscheinungen wurde von Edmund Swifte beobachtet, dem Wächter über die Kronjuwelen. Er berichtete darüber in *Notes & Queries* von 1860: »Eines Samstagnachts im Oktober 1817, etwa zur Geisterstunde, saß ich mit meiner Frau, ihrer Schwester und unserem kleinen Sohn im Wohnzimmer des Jewel House und aß … Die Türen waren verschlossen, dunkle Stoffvorhänge verdeckten die Fenster, und das Zimmer wurde nur durch die beiden Kerzen auf dem Tisch erhellt … Meine Frau rief: ›Du lieber Himmel, was ist denn das?‹ Ich blickte auf und sah eine zylindrische Form wie eine Glasröhre etwa von der Dicke meines Arms zwischen Decke und Tisch schweben. Sie schien mit einer dicken Flüssigkeit gefüllt zu sein, die weiß und hellblau gefärbt war wie ein Sommerhimmel und sich ständig veränderte. Es dauerte etwa zwei Minuten, dann bewegte sich die Röhre vor das Gesicht meiner Schwägerin, dann am Tisch entlang zu meinem Sohn und mir. Anschließend bewegte sie sich hinter meiner Frau vorbei und blieb einen Moment über ihrer rechten Schulter stehen (und man bedenke, dass es keinen Spiegel gab, durch den

Das alte Jewel House im Tower von London. Hier beobachtete der Wächter Edmund Swifte eine »zylindrische Form … die zwischen Decke und Tisch schwebte«.

meine Frau sie hätte sehen können. Meine Frau kauerte sich zusammen und bedeckte ihre Schulter mit beiden Händen. Sie schrie laut: ›O Christus, es hat mich berührt!‹ Noch heute, während ich dies schreibe, spüre ich das Grauen dieses Moments. … Besonders seltsam war, dass weder meine Schwägerin noch mein Sohn die Erscheinung gesehen hatten.

Nach dem Gottesdienst am nächsten Morgen berichtete Swifte dem Kaplan von seinem Erlebnis. Der Geistliche schlug vor, »einen naturwissenschaftlich gebildeten Freund hinzuzuziehen.«

KOMMENTAR

Wäre da nicht die Tatsache, dass zwei von vier Personen im Zimmer die Erscheinung nicht sehen konnten, dann wäre es leicht möglich, sie als ungewöhnliches physikalisches Ereignis zu deuten: als Kugelblitz.

Der Wächter berichtete noch von einem ähnlichen Ereignis, das wenig später eintrat. Einer der Nachtwächter im Jewel House wurde von einer Gestalt erschreckt, die einem riesigen Bären glich. »Er stürzte sich mit dem Bajonett darauf, aber dieses blieb in der Tür stecken. Dann fiel er in Ohnmacht und musste ins Wachlokal getragen werden.«

Die Kameraden des Wächters bezeugten, dass er wach und ansprechbar war, und Swifte hörte die Geschichte von dem Mann selbst. Aber »einen oder zwei Tage später starb dieser tapfere, standfeste Soldat, der selbst bei einem hoffnungslosen Kommando nicht die Nerven verloren hätte, durch den Schock, den ihm der Schatten zugefügt hatte«.

Ob es sich um eine andere Form des Phänomens handelte, das Swifte bereits beobachtet hatte, wissen wir nicht. Der Soldat jedoch wusste, dass im Tower dreihundert Jahre lang auch die königliche Menagerie zu Hause gewesen war, darunter eine ganze Reihe von Bären.

DER FLIEGENDE HOLLÄNDER?

Wo: Vor dem Kap der Guten Hoffnung, Afrika

Wann: 27. Januar 1923

Beobachter: Vierter Offizier N. K. Stone

Am 26. Januar 1923 verließ das Linienschiff SS Barrabool der P&O-Reederei Kapstadt mit dem Ziel London. Um Mitternacht übernahmen zwei Offiziere, der Quartiermeister und ein Kadett die Wache auf der Brücke. Kurz danach, so der Zweite Offizier, »sah ich ganz deutlich die silbrige Erscheinung eines Segelschiffs mit voller Betakelung … Es waren aber keine Segel gesetzt, die Masten waren leer. Ich konnte nur annehmen, dass es sich um ein verlassenes Wrack handelte. In diesem Moment verschwand das Schiff zu unserem äußersten Erstaunen.«

Der Vierte Offizier, Mr Stone, berichtete:

»Gegen 0:15 bemerkten wir ein seltsames Licht an Backbord. Ich muss dazu sagen, dass es eine besonders dunkle Nacht war und dass kein Mond schien. Wir schauten durch Ferngläser und das Teleskop des Schiffes und bemerkten etwas, was aussah wie der Rumpf eines Schiffes, der stark leuchtete. Es hatte zwei Masten ohne Segel. Zwischen den Masten war ein dunstiges Leuchten zu sehen. Das Schiff hatte keine Positionslampen gesetzt und schien sich uns zu nähern. Es fuhr ungefähr mit derselben Geschwindigkeit wie wir. Beim ersten Auftauchen war es etwa zwei oder drei Seemeilen entfernt. Dann verschwand es plötzlich. Vier Zeugen beobachteten die Erscheinung: der Zweite Offizier, ein Kadett, der Steuermann und ich. Ich werde nie das verblüffte Gesicht des Zweiten Offiziers vergessen. ›Mein Gott, Stone‹, sagte er. ›Das ist ein Geisterschiff.‹«

Stone fertigte später eine Zeichnung des Schiffes an und schrieb noch dazu: »Viele Leute, die es gesehen haben, fragen sich, ob wir in dieser Nacht den ›Fliegenden Holländer‹ gesehen haben.«

Eine frühere Sichtung des Geisterschiffes findet sich in dem Buch *The Cruise of Her Majesty's Ship Baccante*, einem Bericht über eine Seereise im Jahr 1881 von George, dem Prince of Wales, später König George V., und seinem älteren Bruder, dem Herzog von Clarence. Ein Eintrag im Tagebuch des Prinzen über eine Nacht an Bord der HMS *Inconstant* lautet: »11. Juni 1881: Um vier Uhr früh kreuzte der Fliegende Holländer unseren Weg. Ein seltsames

DIE KNOCHENKUTSCHE

Diese »Knochenkutsche« wurde auf raffinierte Weise von dem frühen Filmemacher Goerges Méliès in dem Film *The Merry Frolics of Satan* (1906) eingesetzt. Aber Berichte von einer solchen Kutsche gibt es auch in Okehampton im Dartmoor. In dieser Kutsche fährt die böse Lady Howard, und das Fahrzeug besteht aus den Knochen ihrer vier Ehemänner, die sie allesamt ermordet hatte. Vor der Kutsche läuft das Skelett eines Jagdhundes, der jede Nacht einen Grashalm aus Okehampton Park mitbringen muss, bis alles Gras dort ausgerissen ist. Dann wird die Welt untergehen.

rotes Licht wie von einem Geisterschiff, dazwischen die Masten. Wir konnten die Brigg deutlich sehen … Der Ausguck im Vorschiff berichtete, dass sie uns an der Backbordseite sehr nahe kam. Auch der wachhabende Offizier auf der Brücke konnte sie deutlich sehen, und ebenso der Mittschiffmann, der nach vorn geschickt wurde. Später jedoch war nichts mehr zu sehen, der Horizont war leer, die Nacht klar und die See ruhig. Dreizehn

Männer sahen das Geisterschiff, aber ob es … der *Fliegende Holländer* war, wissen wir nicht. Die *Tourmaline* und die *Cleopatra*, die an unserer Steuerbordseite segelten, gaben uns Zeichen, um zu fragen, ob auch wir das seltsame rote Licht gesehen hatten.«

Auf der *Inconstant* sahen dreizehn Personen das Geisterschiff, auf den Begleitschiffen wurde es ebenfalls beobachtet.

KAPITEL 7

Das schreckliche Geisterschiff Der Fliegende
Holländer spukt in den Gewässern vor dem Kap
der Guten Hoffnung. Sein Kapitän, möglicherweise
der wagemutige Bernard Fokke, ist dazu verdammt,
bis in alle Ewigkeit übers Meer zu segeln, weil er
einen Pakt mit dem Teufel geschlossen hat.

KOMMENTAR

Die Legende vom *Fliegenden Holländer* war den Seeleuten natürlich wohlbekannt. Sie beginnt mit einem gewissen Bernard Fokke, einem berühmten, wagemutigen Seemann aus dem 17. Jahrhundert. Es heißt, er habe die Masten seines Schiffes mit Eisen verstärkt und sei entsprechend schnell nach Indien gesegelt. Aus diesem Grund verdächtigte man ihn, mit dem Teufel im Bunde zu stehen, und als er mitsamt seinem Schiff irgendwann spurlos verschwand, bekam die Geschichte noch mehr Nahrung.

Eine kleine Gruppe von Schiffen der Royal Navy, darunter auch die Brigg HMS *Barracouta*, wurde 1821 losgeschickt, um die arabische und afrikanische Küste zu erforschen. Kapitän Owen, der die HMS *Severn* befehligte, berichtete, dass die Schiffe bei schlechten Windverhältnissen vor dem Kap der Guten Hoffnung getrennt wurden.

»Am Abend des 6. April außerhalb von Port Danger sahen wir die *Barracouta* zwei Seemeilen in Lee. Wir wunderten uns, dass sie so knapp hinter uns war, und dachten erst, sie könnte es gar nicht sein, aber die Besonderheiten der Takelage und andere Umstände überzeugten uns schnell …Nachdem wir eine Weile so gefahren waren, wunderten wir uns, dass man nichts unternahm, um zu uns aufzuschließen, sondern sich im Gegenteil zurückfallen ließ … Während der Nacht konnten wir keine Lichter und auch sonst keine Hinweise auf ihre Position erkennen. Am nächsten Morgen gingen wir in Simon's Bay vor Anker, wo wir eine Woche lang voller Sorge auf ihre Ankunft warteten. Später erfuhren wir, dass sich die *Barracouta* zu diesem Zeitpunkt etwa 300 Seemeilen von uns entfernt befand und dass kein anderes Schiff dieser Klasse in der Umgebung des Kaps gesichtet worden war.«

Dieser Bericht ist möglicherweise die Quelle für eine anonyme Erzählung, die im *Blackwood's Magazine* desselben Jahres veröffentlicht wurde und ihrerseits die Grundlage eines Melodrams mit dem Titel *The Flying Dutchman* war. Die Geschichte wurde von Auguste Jal in seinem Buch *Scénes de la Vie Maritime* (Szenen des Lebens auf See, 1832) ausgeschmückt und 1834 von dem Dichter Heinrich Heine übernommen. Später verwendete Kapitän Marryat den Stoff für seinen Roman *The Phantom Ship* (1839). Diese Quellen verwendete Richard Wagner für seine Oper *Der Fliegende Holländer* von 1843.

Man muss bedenken, dass im Jahr 1923 noch ziemlich viele Segelschiffe zwischen Europa und Australien unterwegs waren. Ein anderes Phänomen, das alle Seeleute kannten, waren die sogenannten Elmsfeuer, ein elektrostatisches Glühen an den oberen Masten, das bei bestimmten atmosphärischen Bedingungen entstand. Möglicherweise haben die Offiziere auf der *Barrabool* ein echtes Schiff gesehen, das ohne Positionslampen fuhr, und sein »Verschwinden« war durch die Auflösung des Glühens an Masten und Segeln bedingt. Aber damit lässt sich weder das Erlebnis des Kapitäns auf der *Severn* erklären noch die Dauerhaftigkeit der Legende vom Fliegenden Holländer.

DIE KATZE VON KILLAKEE

Wo: Killakee Art Centre, Dublin Mountains, Irland

Wann: 1968–1970

Bericht: Margaret O'Brien

Das Dower House in Killakee in den Bergen unweit von Dublin war fast verfallen, als Mrs Margaret O'Brien Anfang 1968 beschloss, dort ein Kunstzentrum zu eröffnen. Als sie und ihr Mann Nicholas einzogen, hatte »eine Gruppe Arbeiter aus Kilbeggan mit den Umbauarbeiten begonnen und wohnte währenddessen auch auf dem Gelände. Wir stellten fest, dass sie von einigen seltsamen Geschehnissen in den

Nächten ziemlich verstört waren: seltsame Geräusche, geöffnete Türen und vor allem das Auftauchen einer riesigen schwarzen Katze.«

Ton McAssey, ein Maler, der im Haus arbeitete, beschrieb, wie er und zwei weitere Männer abends noch bei der Arbeit gewesen waren, als der Raum plötzlich eiskalt wurde. »Erst dachte ich, jemand spielt uns einen Streich«, erinnerte er sich. »Ich sagte: Komm rein, ich habe dich gesehen.« Dann hörte er ein tiefes, kehliges Knurren, und alle drei rannten in panischem Schrecken weg. »Wir schlugen die Tür hinter uns zu, und als ich mich umdrehte, sah ich, dass die Tür wieder aufgegangen war und dass dort eine riesige schwarze Katze stand, mit rot gefleckten, bernsteinfarbenen Augen. Sie kauerte im Dämmerlicht. Ich dachte, meine Beine würden mich nicht mehr wegtragen.«

Mrs O'Brien erklärte später, sie habe das Ganze für Unsinn gehalten. »Ein paar Landbewohner sitzen nachts in einem leeren Haus in den Bergen und erzählen sich Gruselgeschichten. Aber dann habe ich das Tier selbst gesehen und verstand ihre Angst.«

Mrs O'Brien berichtete, die Katze sei etwa so groß wie ein Airedale Terrier gewesen und habe sich auf die Fliesen in der Halle gekauert. Alle Türen waren abgeschlossen, als sie erschien, und sie waren immer noch geschlossen, als sie wieder verschwand.

Verstört von der Erscheinung und anderen Störungen beschloss Mrs O'Brien, in dem Haus einen Exorzismus durchführen zu lassen. Ein Jahr lang war danach alles ruhig, bis eine Gruppe irischer Künstler dort 1969 eine Seance abhielt. »Danach«, so Mrs O'Brien, »ging es wieder los. Bilder wurden zerstört, Geschirr zerbrochen … Flaschen gingen kaputt, und man hörte Glocken läuten.«

Anfang 1970 sah Mrs O'Brien zwei Nonnen durch die Galerie gehen. Ein Medium, das vom irischen Fernsehen ins Haus gebracht wurde, erkläre, es handele sich um die Geister zweier Frauen, die bei gotteslästerlichen »schwarzen Messen« mitgewirkt

hätten, wie sie im 18. Jahrhundert auf dem nahe gelegenen Montpelier Hill abgehalten worden waren. Im Juli ließ Mrs O'Brien noch einmal einen Exorzismus durchführen, und seitdem ist alles ruhig, abgesehen von dem einen oder anderen Krachen in der Nacht.

KOMMENTAR

Der Spuk scheint in enger Verbindung mit Ortslegenden über die satanistischen Praktiken am Montpelier Hill zu stehen. Eine Geschichte erzählt, dass Mitglieder des rebellischen Hell Fire Club dort einmal zum Spaß einen behinderten Jungen gequält hätten. Dann hätten sie ihn stranguliert und seine Leiche verscharrt. Unter den Fliesen des Zimmers, in dem der arme Junge angeblich ermordet wurde, fand Mrs O'Brien eine Metallskulptur eines Puck auf einem weißen Marmorbrunnen. Außerdem fand man bei Bauarbeiten Anfang 1968 ein Grab im Garten. Darin lag ein kleines menschliches Skelett mit einem auffällig großen Kopf. Um diese Zeit wurde auch die Geisterkatze zum ersten Mal beobachtet.

Viele weitere Geschichten ranken sich um das Dower House. Es heißt, der Dichter W. B. Yeats und weitere Mitgleider des esoterischen Order of the Golden Dawn hätten um die Jahrhundertwende dort ihre Zeremonien abgehalten. Später gehörte das Haus der Gräfin Markievicz, einer Anführerin des Osteraufstands 1916. Sie stellte es in den Zwanzigerjahren flüchtigen IRA-Kämpfern zur Verfügung. Einer von ihnen wurde dort erschossen.

Leider erklärt keine dieser Legenden das Auftauchen der schwarzen Katze. Sie ähnelt ein wenig den schon beschriebenen schwarzen Hunden und scheint das Grab bewacht zu haben. Die Exhumierung des Skeletts des unglücklichen Jungen hat möglicherweise Kräfte freigesetzt, die sich in einer Reihe von Erscheinungen manifestierten und dann allmählich nachließen.

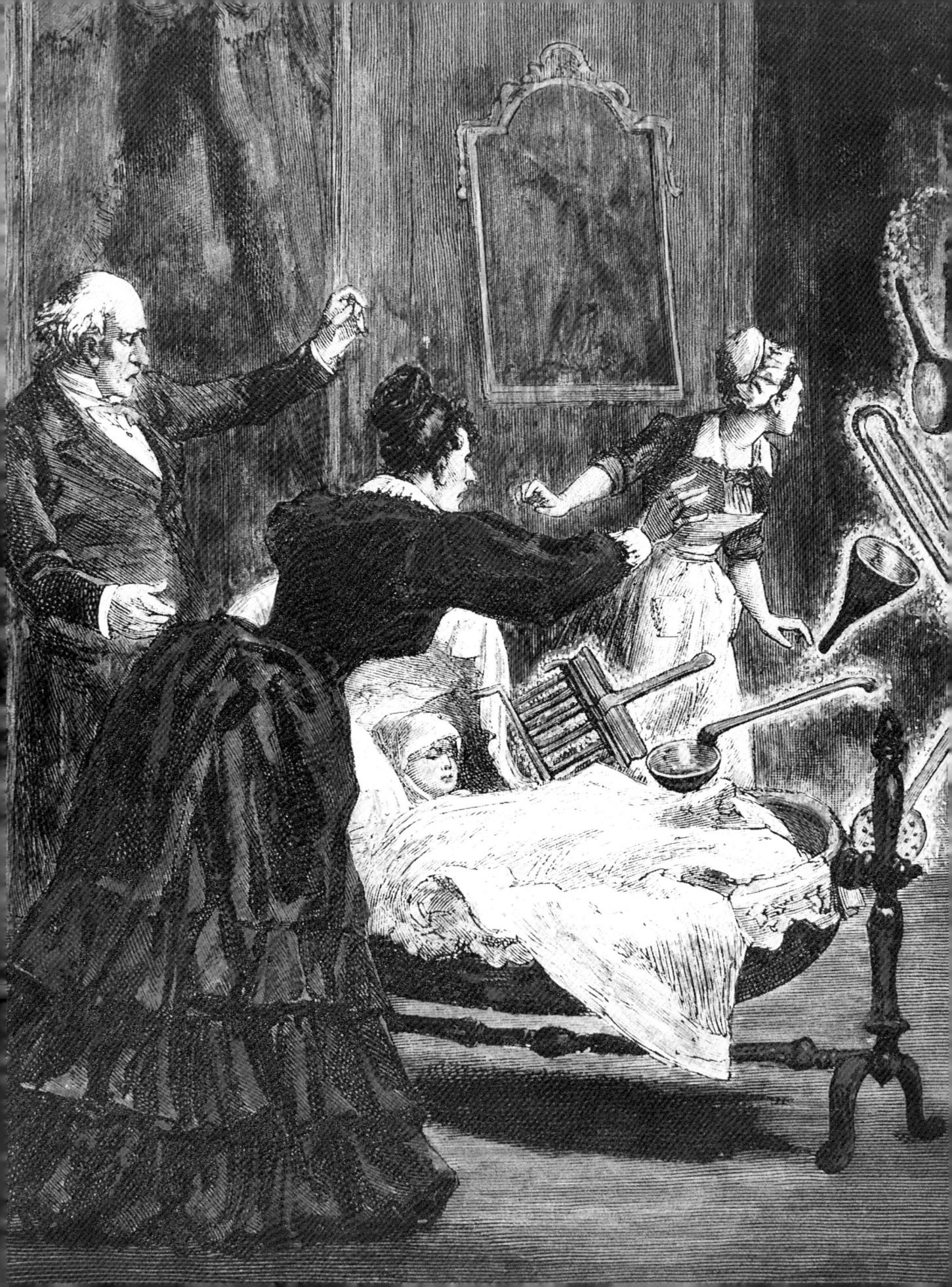

GEISTER SPIELEN STREICHE

Viele Leute tun Poltergeister als die Versuche zumeist von Mädchen ab, Aufmerksamkeit zu erlangen oder sich irgendwie zu rächen. Doch es gibt eine Reihe von Fällen, in denen die Aktivitäten wohl wirklich auf eine äußere Intelligenz zurückgehen.

Das Wort »Poltergeist« ist aus dem Deutschen ins Englische übernommen worden. Es wird seit Ende des 19. Jahrhunderts verwendet, um ein Phänomen zu beschreiben, das es schon seit Hunderten von Jahren gibt, wie die folgenden Fälle zeigen.

Poltergeist-Manifestationen umfassen eine erstaunlich große Vielfalt von Ereignissen: Möbelrücken, Stein- und Schlammlawinen, die Teleportation von Gegenständen in geschlossene Räume und jede Art von Lärm, darunter Klopfen, Krachen und Kratzen sowie Imitationen menschlicher Sprache und Pfeiflaute.

In manchen Fällen eskalieren die relativ harmlosen, wenn auch Furcht einflößenden Vorkommnisse zu ernsthafteren Erscheinungen: Feuer, Stigmata und andere Anzeichen körperlicher Angriffe. Forscher sprechen dabei von einem durchgehenden Merkmal: Fast immer ist ein junger Mensch involviert, in der Regel ein Mädchen vor der ersten Menstruation.

Stich mit der Darstellung eines Poltergeistes in einem spätviktorianischen Haushalt. Pfannen, Zangen und andere Objekte werden auf das schlafende Kind geworfen, zum Entsetzen der Familie und einer Dienstmagd.

BESUCH IN LE MANS

Wo: Le Mans, Frankreich

Wann: 1135

Opfer: Provost Nicholas und seine Frau Amica

Eines Tages etwa im Jahr 1135 wurden der Provost Nicholas und seine Nachbarn in Le Mans von »Aufruhr und schrecklichem Lärm« aufgeschreckt, »als hätte ein Geist riesige Steine gegen die Mauern geworfen, mit einer Kraft, die Dach, Wände und Decken erschütterte«. Und so ging es weiter: Geschirr wurde von unsichtbarer Hand bewegt, eine Kerze ging an, obwohl sie weit von jedem offenen Feuer entfernt war, und manchmal, wenn das Essen auf dem Tisch stand, wurden Asche, Kleie oder Ruß darübergestreut, sodass es nicht mehr essbar war. Nicholas' Frau Amica, die am Spinnrad gesessen hatte, fand das Garn »aufgewickelt und so gedreht vor, dass alle, die es sahen, über die Art und Weise staunten und sie bewunderten«.

Man schickte nach dem Priester, der Weihwasser im Haus verspritzte. In der zweiten Nacht hörte man

DIE LEGIONEN DER HÖLLE

pparitions. On ne peut
bien préciser ce que c'est
parition. Dom Calmet dit
voit quelqu'un en songe,

Die Menschen des Mittelalters konnten sich Poltergeist-Aktivitäten nur als Angriffe böser Dämonen erklären, die sie auch als »Legionen der Hölle« bezeichneten. So auch in dieser Buchillustration aus Colin de Plancys *Dictionnaire Infernal*. Das »Wörterbuch der Hölle« wurde im Jahr 1818 veröffentlicht.

Nach einigem unerklärlichen Lärm im Haus des Provost Nicholas in der französischen Stadt Le Mans im Jahr 1135 besprengten Priester das Haus und seine Umgebung mit Weihwasser. In vielen Religionen soll heiliges Wasser helfen, das Böse zu vertreiben.

die Kraft, jemandem wehzutun, aber bekreuzigt Euch gegen die vielen bösen Geister, die nur hier sind, um euch zu schaden. Lasst eine Messe für mich lesen und eine Messe für die Toten. Und du, meine liebe Schwägerin, spende ein paar Kleider für die Armen in meinem Namen.«

Die Versammelten stellten dem Gespenst viele Fragen, »auf die es sehr eindringlich antwortete … aber es wollte sich auf keinen Streit einlassen und auch nicht mit gelehrten Männern disputieren, die der Bischof von Le Mans geschickt hatte. Dieser letzte Umstand ist sehr bemerkenswert und wirft einigen Verdacht auf die Erscheinung.«

KOMMENTAR

Wir verdanken diesen Bericht der *Le Monde Fantôme* von Augustin Calmet, die sechshundert Jahre nach den Ereignissen veröffentlicht wurde. Wir kennen die Quelle nicht und wissen nicht, ob die typischen Poltergeistaktivitäten weitergingen, und der Bericht erwähnt zu Recht die verdächtigen Momente. Jüngere Erfahrungen zeigen, dass selbst in Fällen, wo man eine Stimme hört – wie in Fall der Bell-Hexe in Tennessee im frühen 19. Jahrhundert –, selten mehr als ein paar Worte gesagt werden. Und ganz sicher kommt es nicht zu einer so langen Ansprache wie der oben dokumentierten. Möglicherweise fiel eine der Frauen im Raum – vielleicht Nicholas' Frau Amica – in Trance, und das, was wir zu lesen bekommen, ist eine gereinigte Version dessen, was sie sagte.

Die Poltergeistaktivitäten müssen damit gar nichts zu tun haben, zumal die Stimme erklärte, sie wolle vor »bösen Geistern« warnen. Wir wissen aber auch nicht, ob ein kleines Mädchen oder eine Jugendliche, wie in vielen anderen derartigen Fällen, anwesend war. Der Bericht sagt nichts darüber, es ist aber durchaus möglich, dass Provost Nicholas und seine Frau Kinder hatten.

eine Stimme, »wie die Stimme eines kleinen Mädchens, das mit herzenstiefen Seufzern schluchzte und klagte, es heiße Garnier.« Es wandte sich an den Provost und sagte: »Ach je, woher komme ich? Aus einem fernen Land, durch viele Stürme und Gefahren, durch Schnee, Kälte, Feuer und schlechtes Wetter bin ich an diesen Ort gekommen. Ich habe nicht

DER POLTERGEIST VON STOCKWELL

Wo: Stockwell nahe London, England

Wann: 6./7. Januar 1772

Opfer und Zeugen: Mrs Mary Golding, Hausbesitzerin; Ann Robinson, ihr Dienstmädchen; Mary Pain, ihre Nichte; John Pain, Marys Ehemann; Martin, Mr Pains Diener; Richard Fowler, ein Nachbar; Sarah Fowler, seine Frau

Zur Zeit dieses Ereignisses war Stockwell im Londoner Bezirk Lambeth noch eine Landgemeinde mit einigen Bauernhöfen. Einer davon gehörte John Pain. Gegen zehn Uhr am Vormittag des 6. Januar 1772 saß Mrs Mary Golding in ihrem Salon, als sie hörte, wie in der Küche Glas und Porzellan zerbrachen. Ihr Dienstmädchen Ann Robinson rief nach ihr, und sie ging in die Küche, wo sie eine Reihe von Tellern einfach so vom Bord fallen sah. Im selben Moment fielen im ganzen Haus Gegenstände um und zerbrachen: eine Uhr, ein Topf mit Pökelfleisch, eine Laterne im Treppenhaus. Der Lärm und Mrs Goldings Schreie riefen mehrere Personen herbei, darunter den Zimmermann Mr Rowlidge, der erklärte, der Grund sei klar: Die Fundamente des Hauses würden nachgeben.

Mrs Golding floh daraufhin zu ihrem Nachbarn Mr Gresham. Dort fiel sie in Ohnmacht. Mr Rowlidge und die anderen fingen an, ihren Besitz aus dem Haus zu schaffen und zu Mr Gresham zu brin-

Stockwell Common im Jahr 1792. Die Magd Ann Robinson erklärte später, sie habe die Störungen in Stockwell verursacht. Sie war schon früher verdächtigt worden, aber ihre Aussage klingt wenig glaubwürdig. Wollte sie ihre telekinetischen Fähigkeiten vertuschen?

UNNATÜRLICHE KRÄFTE

Auf diesem Foto von Poltergeist-Aktivitäten in Dodleston, Chester aus dem Mai 1985 sieht man, dass sämtliche Möbel hochgehoben und bis ans andere Ende des Zimmers geschleudert wurden. Auch viele kleinere Gegenstände wurden herumgeworfen.

gen. Alle wunderten sich über die Ruhe des Dienstmädchens, das nicht überrascht zu sein schien und überredet werden musste, seiner Herrin zu folgen. Jemand lief zum Haus der Pains, um Mrs Goldings Nichte Mary zu holen. Man sagte ihr, ihre Tante läge im Sterben und jemand müsse einen Arzt holen.

Mrs Golding kam wieder zu sich und ließ sich vom Arzt zur Ader lassen. Er ließ das Blut in einer Schüssel, um es später zu untersuchen. Aber das Blut gerann kaum, sondern sprang aus der Schüssel auf den Boden, und die Schüssel zersprang in tausend Stücke. Eine Flasche Rum, die daneben stand, zerbrach ebenfalls.

Unter den Gegenständen, die man aus Mrs Goldings Haus gebracht hatte, war auch ein großer Spiegel. Man brachte ihn in Mr Greshams Haus und legte ihn unter die Anrichte. Wenig später fielen Glas und Porzellan aus der Anrichte und zerschlugen den Spiegel. Und als man den Nachbarn einen Schluck Wein oder Rum anbot, platzten beide Flaschen, bevor man sie entkorken konnte.

Inzwischen war Mrs Golding vollkommen hysterisch. Man überredete sie, zu ihrer Nichte zu gehen. Während sie zusammen aßen, wurde das Dienstmädchen zum Haus geschickt, um nachzusehen, ob noch etwas passiert war. Solange Ann weg war, blieb alles ruhig. Doch als sie am Abend zurückkam, fielen einige Teller aus dem Regal. Man stellte sie zurück, und sie sprangen sofort wieder hinaus. Dann folgte eine zweite Reihe Geschirr. Ein Ei, das auf dem Regal lag, flog durch die Küche und traf die Katze am Kopf.

Ein Mörser und Stößel auf dem Kaminsims sprangen zu Boden, gefolgt von Kerzenhaltern aus Messing und anderen Gegenständen. Die Familie beschloss daraufhin, alles Porzellan und Glas auf den Boden zu stellen, aber das nützte nichts, denn die Gegenstände fingen an, auf dem Boden zu tanzen, und zerbrachen dort. Eine Teekanne flog durchs Zimmer und traf das Dienstmädchen am Fuß. Eine Teetasse flog durch die Küche und klingelte dabei wie eine Glocke, bevor sie am Küchenschrank zerschellte.

Die ganze Zeit ging das Dienstmädchen Ann ruhig umher und konnte nicht überredet werden, sich zu setzen. Ann sagte ihrer Herrin, sie solle sich keine Sorgen machen, so etwas käme in den besten Familien vor. Gegen zehn Uhr abends bat man den Nachbarn Richard Fowler dazu, damit er beobachtete, was vor sich ging, und um den Anwesenden ein wenig Trost zu spenden. Aber er erschrak so sehr, dass er nach drei Stunden das Haus verließ.

Gegen fünf Uhr am nächsten Morgen erklärte Mrs Golding, sie würde nicht länger im Haus der Pains bleiben und zu Richard Fowler gehen. Inzwischen flogen auch Tische und Stühle herum, und das Haus sah aus wie ein Schlachtfeld. Aber als man im Haus der Fowlers ankam, ging es dort ebenfalls los. Kerzenleuchter wurden umgeworfen, eine Laterne fiel vom Haken, und ein Korb mit Kohlen wurde auf dem Boden verteilt. Daraufhin wandte sich Richard Fowler an Mrs Golding und bat sie, sein Haus zu verlassen. Er fragte sie welches Verbrechen sie wohl begangen hatte, dass sie eine solche Strafe auf sich zog.

Die arme Frau riss sich ein letztes Mal zusammen und antwortete ihm, sie habe ein reines Gewissen und könne »ebenso gut ihr Schicksal in ihrem eigenen Haus erwarten«. Begleitet von John Pain kehrte sie mit ihrem Dienstmädchen nach Hause zurück. Aber sobald sie dort ankamen, kippte im Keller ein Fass Bier um, ein Eimer Wasser kochte über, und der Tisch im Salon wurde umgestürzt.

Ann Robinson wurde geschickt, um Mrs Pain zu holen, und während das Mädchen unterwegs war, diskutierten Mrs Golding und Pain die Lage. Sie kamen zu dem Schluss, dass Ann Robinson der Grund für die Erscheinungen sein musste. Bei ihrer Rückkehr wurde sie sofort entlassen und aus dem Haus gewiesen. Von diesem Moment an hörten die Störungen auf.

Als die Scherben aufgefegt waren, füllten sie drei große Eimer. Bei Mrs Pain kamen zwei weitere Eimer zusammen. Ein detaillierter Bericht über die Ereignisse wurde einige Wochen später als Flugblatt in London veröffentlicht.

KOMMENTAR

Ann Robinson soll etwa zwanzig Jahre alt gewesen sein. Sie war erst seit zehn Tagen bei Mrs Golding in Stellung. Wie in so vielen anderen Poltergeistgeschichten spielte auch hier eine junge Frau die Hauptrolle.

Fünfzig Jahre später wurde der Fall in William Hones *Everyday Book* (1826) noch einmal untersucht. Ein gewisser Mr Braidley erklärte, viele Jahre nach den Ereignissen in Stockwell habe er ein Gespräch mit Ann Robinson geführt, die ihm gestanden habe, sie hätte die Phänomene mit ange-

klebten Pferdehaaren und Drähten zustande gebracht. »Als sie sah, was ihre ersten Streiche bewirkten, konnte sie nicht mehr aufhören«, schrieb Hone. »Sie staunte selbst über das, was sie damit auslöste, und so kam eins zum anderen. Und da sie flink und gerissen war, gelang es ihr, die alten Leute zu verwirren und fast zu Tode zu erschrecken.«

Das ist aber ganz offensichtlich nicht wahr. Eher scheint es so zu sein, dass Ann, die selbst verwirrt war, aber spürte, dass sich die Ereignisse auf sie konzentrierten, allmählich zu der Annahme kam, sie habe das alles bewirkt. Vielleicht wollte sie auch nicht glauben, dass es eine äußere Kraft gab, die sie nicht kontrollieren konnte.

DER KLOPFGEIST VON ROCHESTER

Wo: Hydesville nahe Rochester, New York State, USA

Wann: 1847/48

Opfer: John Fox, seine Frau Margaret und die Töchter Margaretta (14) und Kate (Cathie, 12)

Die Familie Fox zog im Dezember 1847 in ein kleines zweistöckiges Holzhaus in Hydesville im US-Bundesstaat New York. Bald darauf hörten sie die ersten Klopfgeräusche in den Wänden. Eher neugierig als verstört stellten sie fest, dass sie durch Händeklatschen ein Echo hervorrufen konnten und sogar Antworten auf Fragen bekamen. Margaret Fox beschreibt die Ereignisse des 31. März 1848 folgendermaßen: »Wir gingen an diesem Abend früh ins

Margaretta Fox, deren öffentliche Demonstrationen poltergeistähnlicher Klopfattacken zur Gründung der spiritistischen Bewegung führten. Sie und ihre Schwester Kate wurden später wegen Betrugs angeklagt.

Bett, es war noch gar nicht ganz dunkel. Ich war so müde, dass mir fast übel war. Kaum hatte ich mich hingelegt, ging es wieder los. Die Kinder, die in dem anderen Bett im gleichen Zimmer schliefen, hörten das Klopfen und versuchten, die Geräusche zu imitieren, indem sie mit den Fingern schnippten. Meine Jüngste, Cathie, sagte: ›Mr Splitfoot, mach mal so!‹, und klatschte in die Hände. Sofort kam das Echo. Als sie aufhörte, hielt auch das Klopfen inne … Da fiel mir ein, einen Test zu machen, den niemand hier bestehen würde. Ich bat das Klopfen, nacheinander das Alter meiner Kinder anzugeben. Sofort kam das entsprechende Klopfen, alle Altersangaben waren korrekt und sauber voneinander getrennt bis zum siebten. Dann kam eine längere Pause und einige mitfühlende weiter Klopfgeräusche, die dem Alter des verstorbenen jüngsten Kindes entsprachen. Ich fragte: ›Bist du ein menschliches Wesen?‹ Keine Antwort. ›Bist du ein Geist? Wenn ja, klopfe zwei Mal.‹ Und die Antwort kam sofort.«

Einige Nachbarn wurden dazugebeten, um das Geschehen zu bezeugen. Einer von ihnen war Chauncey Losey, der den Geist nach persönlichen Dingen fragte und seinen schriftlichen Bericht mit den Worten schloss: »Ich glaube, niemand hätte die Fragen so korrekt beantworten können, wie dieser Klopfgeist es tat.«

Die Nachricht von dem Spuk verbreitete sich, und viele Schaulustige kamen zum Haus der Familie. John Fox behauptete, der Klopfgeist hätte ihm mitgeteilt, er sei der Geist eines reisenden Kaufmanns, der in dem Haus vor einiger Zeit ermordet worden sei. E. E. Lewis, ein Verleger am Ort, der die Ereignisse untersuchte, erfuhr, dass auch frühere Bewohner die Störungen erlebt hatten. Einer berichtete, auch er

Das Haus der Familie Fox in Hydesville im US-Bundesstaat New York. Die Klopfgeräusche kamen aus den Wänden und gaben Antwort auf Fragen, die eigentlich nur der Fragesteller kennen konnte.

Als Kate Fox und ihre Schwester Margaretta demonstrierten, wie sie mit Geistern Kontakt aufnahmen, war das eine Sensation, auch wenn einige behaupteten, die Klopfgeräusche der Geister stammten von den Knien der Schwestern.

KOMMENTAR

Das besondere Interesse an diesem Fall liegt in der Tatsache, dass es den Anfang der spiritistischen Bewegung bildete, die Kommunikation mit den Toten durch Klopfgeräusche sehr betonte. Die Fox-Schwestern wurden professionelle Medien und unterwarfen sich zahlreichen Untersuchungen. Einige Forscher, darunter William Crookes, waren sehr beeindruckt von ihnen, andere taten sie als Betrügerinnen ab. Ihr späteres Leben war von Tragödien gezeichnet: Sie wurden öffentlich angegriffen, verfielen dem Alkohol und gestanden am Ende, sie seien Betrügerinnen – ein Geständnis, das sie aber sofort wieder zurückzogen.

Was die frühen Ereignisse angeht, gibt es erhebliche Zweifel. Die beiden Mädchen schliefen im selben Zimmer wie ihre Eltern, und Mrs Fox' Glaube, niemand würde das Alter all ihrer Kinder kennen, war schon sehr naiv. Und im Fall von Chauncey Losey wissen wir nicht, welche Antworten der Klopfgeist gab. Die meisten späteren Autoren gehen davon aus, dass Margaretta und Kate Fox ihr Leben lang Betrügerinnen waren.

habe von dem Mord gehört, aber es gäbe keine Beweise dafür. Spätere Berichte sagen aus, man habe im Keller menschliche Überreste gefunden, aber Beweise dafür gab es nie.

Mrs Fox brachte ihre beiden Töchter zu einer älteren, bereits verheirateten Schwester nach Rochester. Dort hatten die Mädchen 1849 ihre ersten öffentlichen Auftritt, dem noch viele weitere im gesamten Osten der USA folgten. Ihr Sensationserfolg konnte auch von drei angesehenen Professoren in Buffalo nicht behindert werden, die sagten, die Kinder hätten das Klopfen mit ihren Knien verursacht. Angeblich hat Kate auch irgendwann zugegeben, sie hätte mit den Zehen knacken können und die Geräusche so hervorgebracht.

DER FLASCHENGEIST

Wo: Seaford, Long Island, USA

Wann: Februar 1958

Opfer: James und Lucille Herrmann und ihre Kinder Jimmy und Lucille

Gegen halb vier am Nachmittag des 3. Februar 1958 hörte Mrs Lucille Herrmann zu ihrem Erstaunen ein ploppendes Geräusch in ihrem Haus in Seaford auf Long Island. Gemeinsam mit ihren Kindern, dem zwölfjährigen Jimmy und der dreizehnjährigen Lucille lief sie los, um herauszufinden, was passiert war, und stellte fest, dass in fast jedem Zimmer Flaschen spontan aufgegangen waren. Im Bad lag die Shampooflasche auf dem Boden, in der Küche und im Keller waren es Flaschen mit Chlorbleiche und Flüssigstärke. Im Schlafzimmer war eine Flasche mit Weihwasser aufgegangen. Alle Flaschen hatten Schraubverschlüsse, und in keiner hatte sich Kohlensäure oder eine gärende Flüssigkeit befunden.

Drei Tage später gingen sechs weitere Flaschen auf, und ihr Inhalt verteilte sich auf dem Boden. Am nächsten Tag und zwei Tage darauf passierte es noch einmal. James Herrmann rief die Polizei. Der erste Polizist, der das Haus betrat, war Wachtmeister J. Hughes, und noch während er die Familie befragte, hörte er weitere Geräusche im Badezimmer.

Der Parapsychologe J. Gaiter Pratt untersucht den zwölfjährigen Jimmy Herrmann. Die paranormalen Ereignisse hatten damit begonnen, dass im Badezimmer der Familie Herrmann, in der Küche und im Keller sämtliche Flaschen mit Schraubverschluss aufgingen.

Detective Joseph Tozzi wurde auf den Fall ange-
setzt. Er berichtete von weiteren Gegenständen, die
sich bewegt hätten. Eine Porzellanfigur schwebte
durch die Luft, eine Zuckerdose krachte gegen die
Esszimmerwand. Bei einer anderen Gelegenheit, als
alle Familienmitglieder sich im Obergeschoss befanden, fiel im Erdgeschoss ein Bücherregal um.

   Obwohl auch er über diese bizarren Vorkommnisse besorgt war, behielt Mr Herrmann einen küh-
len Kopf: »Gegen halb elf am Vormittag stand ich in

**Jimmy Herrmann, seine dreizehnjährige Schwester
Lucille und ihre Eltern James und Lucille in ihrem Haus
auf Long Island, wo sie einen Poltergeist erlebten.**

der Tür zum Badezimmer. Plötzlich bewegten sich
zwei Flaschen auf der Ablage. Die eine bewegte sich
langsam vorwärts, die andere drehte sich um fünf-
undvierzig Grad. Die erste fiel dann ins Waschbe-
cken, die zweite auf den Boden. Beide Flaschen
bewegten sich zur selben Zeit.«

Von achtundsechzig Vorfällen, die die Herrmanns dokumentierten, hatten dreiundzwanzig mit Flaschen zu tun. Die Polizei entwickelte alle möglichen Theorien, um die Erscheinungen zu erklären. Man sprach von hochfrequenten Radiowellen und von Schallwellen durch startende Flugzeuge auf dem nahe gelegenen Flughafen von New York, aber ein Oszillograf im Keller zeigte keinerlei Bewegungen an. Alle elektrischen Schaltkreise im Haus wurden überprüft, ohne irgendetwas zu finden. Nach einem Monat hörten die rätselhaften Aktivitäten ganz plötzlich wieder auf.

KOMMENTAR

Der Fall erregte die Aufmerksamkeit von J. B. Rhine, dem Direktor des Parapsychology Laboratory der Duke University in North Carolina. Er schickte zwei Kollegen, Dr. J. Gathier Pratt und W. G. Roll, um die Sache zu untersuchen. Man hatte festgestellt, dass die

Anders als in vielen anderen Fällen scheint hier ein Junge im Spiel zu sein, nämlich Jimmy Herrmann, hier mit seiner Familie. Parapsychologen glaubten allerdings nicht, dass er die Aktivitäten absichtlich herbeiführte.

Erscheinungen nur auftraten, wenn der zwölfjährige Jimmy im Haus war, und man vermutete einen Kinderstreich. Aber Pratt und Roll waren bald überzeugt, das Jimmy zwar vermutlich die Ursache für die Störungen war, dass er sie aber nicht bewusst herbeiführte. Detective Tozzi hatte einmal versucht, den Jungen zu einem Geständnis zu bewegen, aber Jimmy hatte alles abgestritten.

Pratt und Roll konnten keine Poltergeistaktivitäten feststellen, solange sie im Haus waren, und noch während der Untersuchungen hörten die Störungen auf. Pratt war jedoch sicher, dass die Anwesenheit des Jungen sie hervorgebracht hatte. Er sagte: »Es ist absolut möglich, dass das Empire State Building sich bewegen würde, wenn acht Millionen New Yorker sich gleichzeitig darauf konzentrieren würden.«

BESUCH ZU OSTERN

Wo: London

Wann: Ostern 1958 bis 1962

Opfer: Graham und Vera Stringer

In einer Nacht in der Karwoche 1958 brach in der Londoner Wohnung von Graham und Vera Stringer grundlos ein Feuer aus. Es zerstörte einen Sack voller Spielzeuge des kleinen Sohnes Steven. Die Stringers wachten auf und konnten die Flammen löschen, bevor sie sich ausbreiteten. Am Karfreitag im folgenden Jahr kam Mrs Stringer vom Einkaufen zurück und musste mitansehen, dass Graham wieder ein Feuer löschte, diesmal im Wohnzimmer. Eine Schachtel mit Geschenken von ihrer Mutter war spontan in Flammen aufgegangen, während Graham und Steven sich in einem anderen Zimmer befanden. Auch diesmal konnte das Feuer recht schnell gelöscht werden. Die Geschenke allerdings waren zerstört.

Im nächsten Jahr bemerkte Vera am Tag nach Ostern Brandgeruch in der Wohnung. Im Schlafzimmer fand sie ein Hemd und eine Weste von Graham, die brannten, eine Kommode war angekohlt.

Daraufhin kündigte die Feuerversicherung den Stringers den Vertrag, und sie erwarteten das Osterfest 1961 mit Zittern und Zagen. Aber in diesem Jahr gab es kein Feuer. Allerdings sahen sie zwei Mal eine graue, leuchtende Säule durch die Wohnung schweben, sie hörten Schritte und Türen öffneten und schlossen sich. Später stellten sie fest, dass das Küchenfenster eingeschlagen war. Sie vermuteten inzwischen, dass ein Poltergeist in ihrer Wohnung sein Unwesen trieb, der inzwischen aufgegeben hatte. Sie gaben dem Geist den Namen Larry.

Aber Larry war noch nicht fertig mit ihnen. Ostern 1962 nahte, und eines Morgens fand Vera Stringer das Wohnzimmer in Flammen vor. Diesmal war das Feuer wesentlich heftiger, die Feuerwehr musste gerufen werden. Sie konnte die Flammen schnell löschen, aber noch während die Stringers aufräumten, brannte es auch in Stevens Kinderzimmer. Zum Glück war der kleine Junge nicht im Zimmer, als es passierte, und es gab auch nicht viel Schaden. Zur großen Erleichterung der Stringers handelte es sich um den letzten Osterbesuch von Larry.

KOMMENTAR

Dies ist ein sehr ungewöhnlicher Fall. Immer wieder wird von Spontanentzündungen berichtet, und es gibt auch zahlreiche plausible Erklärungen dafür, darunter Kugelblitze. Aber dass so etwas wiederholt auftritt, immer am selben Ort und zum selben Anlass, ist ungewöhnlich.

Vera Stringer und ihr Sohn Steven beim Aufräumen nach einer Spontanentzündung in ihrer Londoner Wohnung. Zwischen 1958 und 1962 kam es fast jedes Jahr an Ostern zu solchen Zwischenfällen.

Steven war noch zu klein, um als Fokus von Poltergeistaktivitäten in Frage zu kommen. Außerdem tauchen Poltergeister eigentlich nicht nur einmal im Jahr auf. Wir wissen allerdings nicht, ob Vera und/oder Graham mit dem Osterfest nicht irgendeinen emotionalen Stress verbanden. Es wurde nicht festgehalten, ob es sich um den Geburtstag des kleinen Jungen handelte (worauf die Geschenke hindeuten würden) oder ob Mrs Stringer unter irgendeinem Trauma litt. Möglicherweise genügte die unterbewusste Erinnerung an solchen Stress schon, um die Brände auszulösen.

DER GEIST IN DER MASCHINE

Wo: Rosenheim, Deutschland

Wann: 1967/68

Opfer: Sigmund Adam, ein Rechtsanwalt, und seine Angestellten

Die Probleme in der Kanzlei von Sigmund Adam im bayerischen Rosenheim begannen im Sommer 1967. Angestellte berichteten, die Telefone würden nicht richtig funktionieren. Manche Anrufe würden durch ein Klicken unterbrochen oder brächen ganz ab. Gelegentlich klingelten alle vier Telefone gleichzeitig, aber die Leitung war tot. Der Kanzleivorsteher Johannes Engelhard ließ Ingenieure von der Firma kommen, die die Telefonanlage installiert hatte, und nachdem sie auch nach einem Monat nicht herausgefunden hatten, wo der Fehler lag, wurde die Post eingeschaltet.

Anfang Oktober installierte die Post ein Messgerät im Büro und sorgte dafür, dass alle Anrufe aufgezeichnet werden konnten. Außerdem wies Adam seine Leute an, eine Liste mit allen Telefongesprächen zu führen. Einen oder zwei Tage später stellten Adam und Engelhard erstaunt fest, dass das Messgerät ein Gespräch für eine Zeit anzeigte, zu der niemand telefoniert hatte. Dasselbe passierte zwei Wochen später noch einmal. Adam verglich die Aufzeichnungen seines eigenen Messgeräts mit den Listen seiner Angestellten und den Messungen in der Telefonvermittlung der Post, und dabei stellte er fest, dass Dutzende von Anrufen vorgekommen waren, alle an die Zeitansage 119.

Die Post behauptete, die Anrufe seien ganz sicher gemacht worden, und schickte eine Rechnung. Allein zwischen 7:42 und 7:57 am Morgen des 20. Oktober 1967 waren sechsundvierzig Anrufe aufgezeichnet worden, alle zwanzig Sekunden einer. Bei wenigstens einer Gelegenheit waren fünf Anrufe in einer einzigen Minute gemacht worden. »Im Laufe von fünf Wochen«, so Herr Adam, »wurde die Zeitansage etwa fünf- bis sechshundert Mal angerufen, an einem Tag achtzig Mal.« Er bestand darauf, dass die Anlagen der Post fehlerhaft waren, die Post erklärte, ihre Aufzeichnungen seien korrekt.

Man hätte das alles als technischen Fehler abtun können, und sicher hätten sich Rechtsanwalt Adam und die Post irgendwie einigen können, wenn es nicht zu weiteren bemerkenswerten Zwischenfällen gekommen wäre. Am 20. Oktober ging in der Kanzlei das Neonlicht aus, und es gab einen lauten Knall. Ein Elektriker fand heraus, dass sämtliche Röhren in der Fassung verdreht und damit vom Strom genommen worden waren. Er hatte gerade alle Röhren ausgetauscht, als es einen weiteren Knall gab. Als er nachschaute, war alles wie vorher, sämtliche Röhren waren herausgedreht. Die Angestellten berichteten ihm auch, einige Male seien ohne ersichtlichen Grund die Sicherungen herausgesprungen, manchmal alle vier zur gleichen Zeit.

Bei der Untersuchung des Falles in Rosenheim konzentrierte sich der Parapsychologe Hans Bender auf die achtzehnjährige Angestellte der Anwaltskanzlei, Annemarie Schneider. Nach ihrer Entlassung hörten die Erscheinungen auf.

Der Elektriker prüfte sämtliche Leitungen und Geräte, fand aber keinen Fehler. Er vermutete einen Fehler in der Stromversorgung, und installierte ein Messgerät, das dann auch tatsächlich unerklärliche Stromschwankungen anzeigte. Da die Neonröhren weiterhin Schwierigkeiten machten, wurden sie im November gegen normale Glühbirnen ausgetauscht. Am nächsten Tag explodierten die ersten dieser Birnen. Ende des Monats war die gesamte Stromversorgung der Stadt Rosenheim überprüft worden und Adams Kanzlei wurde an einen unabhängigen Generator angeschlossen. Aber die Glühbirnen explodierten weiter, und immer noch sprangen Sicherungen heraus. Dann fingen die Lampen an zu schwingen.

Adam kommentierte die Ereignisse später: »Wir sprangen ein paar Mal heftig auf den Boden im Zimmer über uns, um die Lampen selbst zum Schwingen zu bringen, aber das ging nicht. Auch der Verkehr vor unserem Haus wurde beobachtet, man führte Tests mit elektrostatischen Aufladungen durch – ohne Ergebnis.« Einige Lampen schwangen so heftig, dass sie gegen die Decke krachten und den Putz herunterholten. Am Morgen des 11. Dezember drehten sich einige Bilder an den Wänden um, eines beschrieb eine volle Drehung und wickelte dabei die Schnur um den Haken.

Der Ingenieur der Elektrizitätswerke beschloss, zwei Physiker hinzuzuziehen: Dr. Karger vom Max-Planck-Institut für Plasmaphysik und Dr. Zicha von der Universität München. Nachdem sie alle Möglichkeiten untersucht hatten, kamen sie zu dem Ergebnis, hier müsse eine unsichtbare Kraft am Werk sein, die schon die Messungen störte. Das würde auch erklären, warum das Telefon Impulse durch die Leitung schickte, ohne dass die Wählscheibe gedreht wurde. Die Wissenschaftler stellten auch fest, dass die Phänomene nur auftraten, wenn Angestellte in der Kanzlei waren. Betrug oder Tricks hielten sie freilich für unmöglich. Und so rief man nach einem Parapsychologen.

Hans Bender vom Freiburger Institut für Parapsychologie konzentrierte seine Untersuchungen zunächst auf die Angestellten, also auf Engelhard, den siebzehnjährigen Gustel Hüber und die achtzehnjährige Annemarie Schneider. Bald richtete sich die Aufmerksamkeit auf Annemarie. Sie war sehr angespannt und reagierte geradezu hysterisch auf die Vorkommnisse. Als sie ein paar Tage Urlaub nahm, hörten die Phänomene auf, setzten aber nach ihrer Rückkehr umso heftiger wieder ein. Bilder schwangen an der Wand und fielen herunter, Kalenderseiten wurden abgerissen, Schreibtischschubladen gingen auf und mussten mit einem schweren Stuhl zugehalten werden.

Auch die Polizei interessierte sich für die Vorkommnisse, und der ermittelnde Beamte war sicher, dass er Annemaries Verantwortlichkeit irgendwann beweisen könnte. Seine Gewissheit wurde allerdings schwer erschüttert, als ein schwerer Eichenschrank ihm über den Fuß rutschte und nur mit Hilfe zweier kräftiger Kollegen wieder hochgehoben werden konnte. Später am selben Tag bewegte sich der Schrank wieder, Stühle verrutschten, und ein Tisch glitt unter einem verdutzten Besucher weg. Zögernd beschloss Adam, Annemarie zu kündigen. Sie kam nie mehr zurück, und danach war auch der Poltergeist verschwunden.

KOMMENTAR

Hans Bender lud Annemarie nach Freiburg ein, um einige Labortests durchzuführen. Nach einigem Zögern willigte sie ein, Ende Januar 1968 eine Woche dort zu verbringen. Es gelang ihr nicht, die Laborgeräte zu beeinflussen, aber Bender unterzog sie auch einer gründlichen psychologischen Einschätzung. Der Psychologe John Mischo schloss, dass Annemarie unter Zorn und Frustration litt. Sie konnte keine Ablehnung ertragen, unterdrückte aber ihre Aggressionen. Sie war unglücklich in der Kanzlei, und Bender vermutete, sie habe zu Anfang nur deshalb die Zeitansage angerufen, weil sie endlich nach Hause wollte.

Spätere diskrete Nachforschungen ergaben, dass Annemarie nach der Kündigung mehrere verschiedene Stellen hatte, aber ihr Ruf war nicht der beste, und sie verlor die Jobs regelmäßig, sobald irgendetwas Unerklärliches passierte. 1975 erklärte sie einem Fernsehteam der BBC: »Ich habe in Regenfelchen in einer Papierfabrik gearbeitet, und es gab einen Unfall, bei dem ein Mann ums Leben kam. Die Arbeiter, die mich kannten, sagten: ›Diese Frau ist verantwortlich dafür.‹ Sie zog nach München, und in der anonymen Großstadt gab es wohl keine weiteren Vorkommnisse.

Es heißt, die Heftigkeit der Poltergeistaktivitäten sei durch die Aufmerksamkeit noch gesteigert worden, die sie bekam. Hans Bender wies darauf hin, dass über mehrere Monate weg mehr als vierzig Zeugen Beobachtungen machten, darunter Elektroingenieure, Physiker und Polizisten, aber niemand war in der Lage, die Dinge zu erklären. Man wusste nur, dass Annemarie wohl die emotionale Ursache war.

DER POLTERGEIST VON ENFIELD

Wo: Enfield im Norden von London

Wann: 1977/78

Opfer: Peggy Hodgson, ihre elfjährige Tochter Janet und drei weitere Kinder

Der Fall des Poltergeistes von Enfield ist detailliert durch Guy Lyon Playfair von der Society for Psychical Research dokumentiert worden und ist besonders interessant, weil es einige Fotos gibt, wenn auch von eher zweifelhafter Qualität.

Am Abend des 31. August 1977 brachte die alleinerziehende Peggy Hodgson ihre elfjährige Tochter Janet und einen ihrer Söhne ins Bett, als beide Kin-

der behaupteten, sie hörten schlurfende Geräusche. Zu ihrem Erstaunen sah Peggy, dass eine schwere Kommode sich über den Boden bewegte. Sie schob sie zurück, aber die Kommode setzte sich wieder in Bewegung, und diesmal ließ sie sich nicht zurückschieben. Dann folgten vier laute Klopfer an der Wand.

Schockiert lief Peggy Hodgson zu ihren Nachbarn und bat sie um Hilfe. Vic und Peggy Nottingham durchsuchten gemeinsam mit ihrem Sohn das Haus, fanden aber nichts, obwohl auch sie das Klopfen an der Wand im Treppenhaus hörten. Man rief die Polizei und in Gegenwart der Polizistin Carolyn Heeps, die später eine schriftliche Stellungnahme unterzeichnete, rutschte einer der Wohnzimmersessel weg, genau wie zuvor die Kommode.

Am nächsten Tag fingen Murmeln und Bauklötze der Kinder an, durchs Haus zu fliegen. Viele waren heiß, als man sie aufhob. Nach drei Tagen fiel der verstörten Mutter nichts anderes mehr ein, als die Tageszeitung *Daily Mirror* anzurufen.

Am späten Abend des 4. September drückte der Zeitungsfotograf Graham Morris gerade auf den Auslöser seiner Kamera, als ein Holzklotz ihn so heftig an der Stirn traf, dass die Verletzung noch eine Woche später zu sehen war. Sein Kollege, der Reporter George Fallows, war so beeindruckt von Morris' Bericht, dass er die Society of Psychical Research informierte. Maurice Grosse, ein neues und relativ unerfahrenes Mitglied der Society, erklärte sich bereit, den Fall zu untersuchen.

Am 8. September beobachtete Grosse mehrere typische Poltergeist-Phänomene. Eine Murmel flog auf ihn zu, eine Tür ging drei oder vier Mal von selbst auf und zu, ein Hemd erhob sich aus einem Wäschestapel auf dem Küchentisch und fiel auf den Boden.

Die ausführlichen Medienberichte der nächsten Tage veranlassten Guy Lyon Playfair, ein anderes Mitglied der Society, sich Grosse anzuschließen. Das

Spontanentzündung ist ein häufiges Phänomen bei Poltergeistaktivitäten. Im Enfield-Fall wurden diese unerklärlicherweise angekohlten Ein-Pfund-Noten in einer geschlossenen Schublade gefunden.

Klopfen an Wänden und Böden war immer noch zu hören, und beide Männer hatten den Eindruck, dass es in traditioneller Weise auf Fragen reagierte: ein Klopfen für Ja, zwei Klopfer für Nein. Eines Abends fragte Grosse den Geist, wie lange er schon im Haus sei, und hörte dreiundfünfzig Klopfer, die auch auf Tonband aufgenommen wurden. Die ganze Familie saß bei ihm, als er das tat.

Bald darauf kamen aber nur noch sinnlose Einzelgeräusche, und Grosse beklagte sich, der Geist würde Spielchen mit ihm treiben. Eine Sekunde später flog eine Kiste mit Spielzeug und Kissen aus der Ecke auf ihn zu und traf ihn an der Stirn. Playfair nahm noch weitere Geräusche auf, stellte hinterher aber mehrmals fest, dass die Bänder zerstört oder die Aufnahmen unerklärlicherweise gelöscht worden waren. Die Versuche, fotografische Beweise zu sammeln, waren

weniger erfolgreich. Ein Team des Stromversorgers Pye stellte eine Filmkamera mit Infrarotsensoren auf, um das Kinderzimmer zu überwachen, aber das Gerät funktionierte aus unerklärlichen Gründen nicht.

Graham Morris jedoch konnte zwei Sequenzen mit seiner Kamera aufnehmen, auf denen man fliegende Kissen sieht und mitbekommt, wie Janet das Bettzeug weggezogen und die Vorhänge aufgedreht werden. Weitere Fotos zeigen die Unordnung, nachdem große Möbelstücke bewegt wurden.

Am wildesten trieb es der Geist am 15. Dezember 1977, und zwar vor den Augen mehrerer unabhängiger Zeugen. Dies war das Datum von Janets erster Menstruation. Ein paar Tage zuvor hatte sie angefangen, mit einer heiseren Männerstimme zu sprechen, von der sie behauptete, sie hätte keine Kontrolle darüber. Die Stimme gab Informationen von sich – darunter das Sterbedatum und die Todesursache eines früheren Hausbewohners –, die Janet nicht kennen konnte.

David Robertson vom Physik-Institut des Birkbeck College in London war inzwischen zum Team gestoßen. Er gab Janet ein großes, schweres Sofakissen und bat sie, es verschwinden zu lassen. Wenig später sah ein Kaufmann, der die Hodgsons nicht kann und nicht glaubte, was er zuvor über den Spuk gehört hatte, ein großes rotes Kissen auf dem Dach

des Hauses. Er bezeugte, dass er im Vorbeigehen zu seiner großen Verwirrung Janet horizontal in einem Schlafzimmer hatte schweben sehen.

Mrs Hazel Short, die als Schulweghelferin in der Nähe tätig war, konnte dieses Schweben ebenfalls

Seltsam verbrannte Gegenstände aus dem Enfield-Fall. Feuer ist eine der gefährlicheren Erscheinungen bei Poltergeistaktivitäten, aber zum Glück gingen in diesem Fall die Feuer von selbst aus oder waren relativ leicht zu löschen.

Während der Poltergeistaktivitäten von Enfield
wurden ein schweres Sofa und ein Sessel umgekippt.
Der Fall ist besonders wichtig, weil man hier Fotos
von einigen Phänomenen machen konnte.

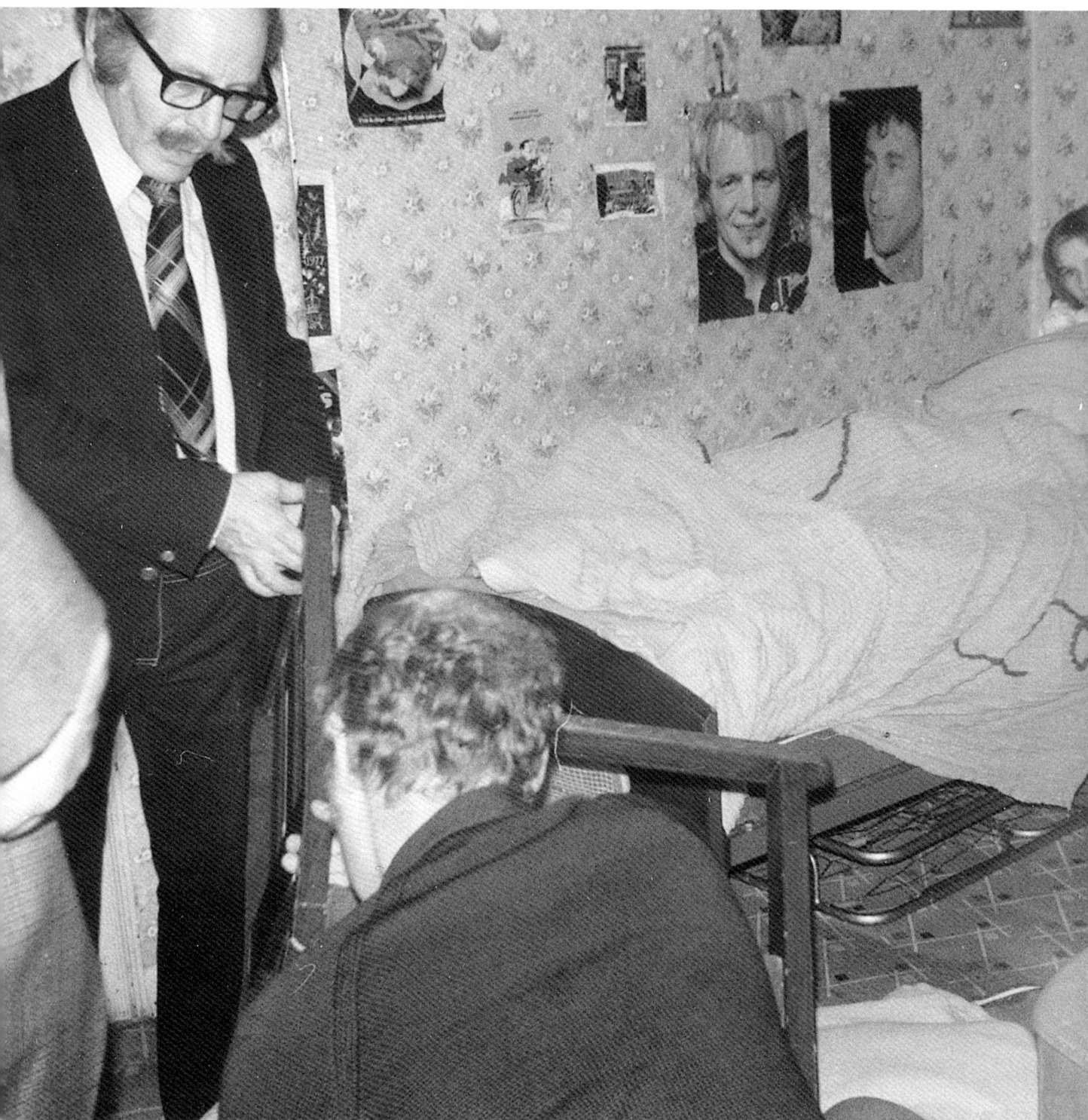

bezeugen. Nach dem Standort der beiden Beobachter zu schließen, muss Janet etwa 70 Zentimeter über ihrem Bett geschwebt sein.

Die Störungen setzten sich noch eine Weile fort, hörten aber im Oktober 1978 auf. Vier Jahre später führte Professor J. B. Hasted, der Direktor des schon erwähnten Physik-Instituts, eine Laboruntersuchung durch, um festzustellen, ob Janet wirklich schweben konnte.

Man setzte sie auf einen Stuhl auf einer speziell konstruierten Plattform, die an ein Messgerät angeschlossen war. Jede Druckveränderung wurde durch dieses Gerät sofort sichtbar. Obwohl Janet absolut still saß, zeigte die Messung, dass sie etwa eine halbe Minute lang ein Kilogramm weniger Druck ausgeübt hatte.

Professor Hasted gab sich große Mühe, zu erklären, dass es sich hier nicht um Levitation handelte, aber die Ergebnisse seiner Messungen bleiben unerklärlich.

KOMMENTAR

Guy Lyon Playfairs Bericht über den Poltergeist von Enfield ist von anderen Mitgliedern der Society heftig kritisiert worden. Vor allem das Vorstandsmitglied Anita Gregory, die das Haus in Enfield besuchte, war überzeugt, dass es sich bei allen Vorkommnissen um Streiche der Kinder handelte. Ihrer Meinung nach waren die anfänglichen Erscheinungen vielleicht echt, aber das starke Interesse von Grosse, Playfair und vor allem den Medien brachte die Kinder dazu, alle möglichen Tricks anzuwenden.

Die Ereignisse konzentrierten sich auf Janet. Ihre Levitation wurde viel diskutiert, aber Anita Gregory

Der Enfield-Fall: Maurice Grosse (links) und Guy Lyon Playfair untersuchen die Schlafzimmermöbel – während Janet zuschaut. Auf allen Fotos erscheint sie als einziges unbesorgtes Familienmitglied.

wies deutlich darauf hin, dass man im Zimmer des Mädchens alle möglichen Urkunden sehen konnte, die auf Janets sportliche Fähigkeiten hinwiesen. Und man muss auch bedenken, dass Janet auf allen erhaltenen Fotos sehr wissend lächelt.

»Und dann gibt es da noch die Filmaufnahme von David Robertson«, ergänzt Ms Gregory, »auf der Janet, die nicht wusste, dass er filmte, einen Löffel verbiegt und versucht, einen dicken Metallbarren zu biegen. Dann springt sie auf dem Bett hoch und flattert mit beiden Armen.« Man weiß nicht, ob Janet in der Lage war, 70 Zentimeter hoch zu springen, aber die Zweifel bleiben.

»FLIEGENDE KILLERTELEFONE«

Wo: Columbus, Ohio, USA

Wann: 1984

Opfer: John und Joan Resch

An einem Samstagmorgen im März 1984 gingen in einem bescheidenen Familienhaus in Columbus, Ohio, plötzlich sämtliche Lichter an. John und Joan Resch, ihre vierzehnjährige Tochter Tina und ihre vier Pflegekinder waren sicher, dass niemand einen Lichtschalter bedient hatte. Und schon gar nicht sämtliche Lichtschalter im Haus.

Als der Elektriker Bruce Claggett kam, war er zuversichtlich, das Problem schnell lösen zu können. »Aber ich arbeitete drei Stunden daran«, berichtete er später, »und die Lichter gingen immer noch von selbst an.« Er versuchte, die Schalter in der Aus-Stellung zu fixieren, aber sobald er sie mit Klebeband befestigt hatte, schalteten sie sich wieder ein.

Am Abend kam es zu weiteren Manifestationen. Gegenstände wie Lampen, Wandbehänge und Kerzenständer aus Messing flogen durch die Luft, eine Dusche im Obergeschoss lief von selbst, die Zeiger der Uhren bewegten sich schneller als üblich. Gegen Mitternacht riefen die Bewohner des Hauses die Polizei, aber die Beamten mussten zugeben, dass sie machtlos waren. Am nächsten Tag zerbrachen Weingläser, Eier sprangen vom Herd und zerplatzten an der Decke, Messer flogen aus den Schubladen. Mittelpunkt der Störungen war offenbar Tina, die mehrere Male von fliegenden Gegenständen getroffen wurde. Ein Stuhl folgte ihr, als sie durch das Wohnzimmer ging, blieb dann aber in der Tür stecken.

Erst als sie das Haus verließ, um zur Kirche zu gehen, gab es eine Pause.

Am Montagmorgen lagen überall im Haus Glasscherben und umgestürzte Möbel. Der Reporter

James Randi, Bühnenmagier und Entschlüssler zahlreicher angeblicher Phänomene tat Tina Reschs Geschichte als »Angriff der fliegenden Killertelefone« ab. Er glaubte, Resch habe die Erscheinungen selbst inszeniert, indem sie an gut versteckten Telefonkabeln zog.

Mike Harden und der Fotograf Fred Shannon vom *Columbus Dispatch* kamen ins Haus. Harden berichtete, Tina hätte gerufen: »Ich will nur, dass es endlich aufhört!«

»Aber noch während sie sprach, sprang ein Telefon, das neben ihr gestanden hatte, durch die Luft. Sie legte es nicht nur einmal, sondern ein halbes Dutzend Mal hin. Jedes Mal sprang es wieder durchs Zimmer. Eine Tasse Kaffee sprang vom Tisch in ihren Schoß und zerschellte dann am Kamin. Als sie sich aufs Sofa setzte, erhob sich ein Teppich vom Boden und breitete sich über sie.«

Shannon konnte das fliegende Telefon fotografieren. Das Bild erschien am nächsten Tag in der Zeitung und wurde zu einer landesweiten Sensation. Reporter von Zeitungen, Radiostationen und Fernsehsendern scharten sich um das Haus in der Hoffnung, weitere Manifestationen zu sehen. W. G. Roll, zu dieser Zeit Direktor des Psychichal Research Institut in North Carolina, eilte herbei und bezeugte, dass ein Bild von der Wand gefallen war. Sein eigenes Tonbandgerät flog zwei Meter durch die Luft.

Wie alle Poltergeistaktivitäten kam auch diese irgendwann zum Stillstand. Aber die Kontroverse darüber ging noch lange weiter.

KOMMENTAR

James Randi, ein Bühnenzauberer, der einen Großteil seiner Zeit der Untersuchung (und in der Regel Entlarvung) von übernatürlichen Phänomenen gewidmet hat, entwickelte ein starkes Interesse an dem Fall. Die Familie Resch hatte ihn nicht ins Haus gelassen, aber es gelang ihm, einen Film des Zeitungsfotografen zu sehen. Nur ein Foto war in der Zeitung veröffentlicht worden, aber Randi enthüllte, dass auf den anderen Bildern deutlich Tinas Hand zu sehen war, die nach der Telefonschnur griff. Scherzhaft bezeichnete der Zauberer die Störungen als »Angriff der fliegenden Killertelefone«.

Später kamen noch weitere Hinweise auf Betrug dazu. Eine Fernsehkamera war unbemerkt weitergelaufen, und in dem Film sah man, wie Tina nach der Leitung einer Tischlampe griff und sie zu sich heranzog, während sie laut aufschrie. Auf Befragen hin erklärte Tina, sie sei von den ständigen Besuchern genervt gewesen und habe gehofft, man würde sie in Ruhe lassen, wenn sie einige »unerklärliche Phänomene« zu sehen bekämen.

Auch in diesem Fall von Poltergeistaktivität steht ein junges Mädchen im Mittelpunkt. Es scheint unmöglich, dass Tina alle Vorkommnisse selbst inszeniert haben könnte, aber ungeschulte Beobachter glauben vieles, und das Mädchen war nicht ständig unter Kontrolle. Andererseits liegt die Zeugenaussage von W. G. Roll vor, der in dieser Hinsicht sehr erfahren war. Ob Tina bewusst oder unbewusst die Zwischenfälle provozierte, ist unklar. Sie konnte sie jedenfalls nicht kontrollieren. Wie sie schon sagte: »Ich will, dass es aufhört.«

Obwohl es irgendwann tatsächlich aufhörte, blieb Tinas Leben belastet. Im Jahr 1992 wurde ihre dreijährige Tochter Amber tot aufgefunden. Sie war wohl erschlagen worden. Tina war inzwischen zwei Mal geschieden und nannte sich Christina Boyer. Ihr Freund David Herrin und sie wurden wegen Mordes angeklagt. Um der Todesstrafe zu entgehen, ließ sich Tina auf einen Handel mit der Staatsanwaltschaft hin und wurde zu einer lebenslangen Haftstrafe plus zwanzig Jahre verurteilt, allerdings mit der Möglichkeit einer vorzeitigen Entlassung. Herrin wurde wegen Kindesmisshandlung verurteilt und saß bis 2011 in Haft. Im Jahr 2004 veröffentlichte W. G. Roll Tina Resch' Geschichte unter dem Titel *Unleashed – Of Poltergeists and Murder*. Er hielt sie für unschuldig am Tod ihrer Tochter, war aber zwanzig Jahre nach den Ereignissen, die ihren Namen erstmals in die Presse gebracht hatten, immer noch der festen Überzeugung, dass sie über telekinetische Fähigkeiten verfügte.

EIN SPUKBETT

Wo: Savannah, Georgia, USA

Wann: 1998

Bericht: Al Cobb

Die ersten beiden Nächte, die der vierzehnjährige Jason Cobb in dem alten Bett aus dem 19. Jahrhundert schlief, fand er es toll. Seine Eltern, der Antiquitätenhändler Al und seine Frau Lila, hatten es ihm geschenkt. In der dritten Nacht jedoch geschah etwas Verstörendes. Jason wachte auf, weil zwei unsichtbare Ellbogen sich in das Kissen neben ihm bohrten. Außerdem spürte er kalten Atem auf dem Gesicht.

Zunächst taten seine Eltern es als Traum ab, aber in der folgenden Nacht stellte Jason fest, dass ein Foto seines Großvaters, das auf seinem Nachttisch stand, umgedreht worden war und dalag. Man könnte denken, dass es von einem Luftzug umgeworfen worden war. Aber am nächsten Tag fand Jason das Bild auf seinem Bett und dazu einige Gegen-

Ein Foto der vierzehnjährigen Tina Resch und eines »fliegenden Killertelefons« wurde 1984 im *Columbus Dispatch* abgedruckt. Der Parapsychologe W. G. Roll glaubte an die telekinetischen Fähigkeiten des Mädchens.

darin schlief. Jason benutzte das Bett nicht mehr, teste es jedoch später noch einmal. Sofort flog ein Wandbehang durchs Zimmer und verfehlte ihn nur knapp. Außerdem wurden einige Schubladen in der Küche geöffnet, und Möbel wurden umgekippt.

Wenig später erklärte Jason, er sei jetzt auch noch mit anderen Geistern in Kontakt. Einer von ihnen war »Onkel Sam«, der dem Jungen erzählte, seine Tochter läge unter dem Haus begraben und er wolle sie holen. Ein weiterer war ein Mädchen namens Gracie, möglicherweise Gracie Watson, die auf dem nahe gelegenen Bonaventure-Friedhof beerdigt war, wo es auch ein Standbild von ihr gibt.

KOMMENTAR

Der Parapsychologe Dr. Andrew Nichols, Leiter der Florida Society for Parapsychological Research und Psychologe am Santa Fe College in Gainesville, Florida, untersuchte den Fall. Er kam zu dem Schluss, dass eine ungewöhnliche elektrische Verschaltung in den Wänden von Jasons Zimmer ein sehr starkes elektromagnetisches Feld hervorgerufen hatte. Das Bett sei dabei nicht von Bedeutung gewesen. Aber dadurch, dass man das Bett an die eine Wand gerückt habe, sei das elektromagnetische Feld aktiviert worden und habe die bereits vorhandene Anlage des Jungen zum Tragen gebracht. Man könnte sagen, das elektromagnetische Feld hatte Jasons Fähigkeiten »eingeschaltet«.

Nichols erklärte jedoch, er hätte den Poltergeist schon selbst erleben müssen, um ihn zu bestätigen. Andererseits wollte er die Existenz eines Poltergeistes auch nicht ausschließen.

stände aus dem Zimmer – eine Muschel, ein Spielzeugdinosaurier und ein Vogel aus Gips.

Daraufhin beschloss Al, mit dem Geist Kontakt aufzunehmen und ihn nach Namen und Alter zu fragen. Als er keine Antwort bekam, ließ er Stifte und Papier auf dem Bett liegen und verließ für eine Viertelstunde das Zimmer. Als er wieder hereinkam, stand auf dem Papier »Danny« und »7«.

Eine Woche später erfuhr Al, dass Dannys Mutter im Jahr 1899 in dem Bett gestorben war und dass er nicht gewollt hatte, dass danach noch irgendjemand

DER VERSCHWUN-DENE ANHALTER & ANDERE URBANE MYTHEN

Urbane Mythen werden normalerweise so weitererzählt, als wären sie dem Freund eines Freundes passiert. Sie stellen eine neue Form der Geistergeschichte dar und enthalten immer ein übernatürliches Element. So überzeugend sie klingen, sind diese Geschichten häufig nur aktualisierte Fassungen viel älterer Erzählungen.

DER GEIST IM AUFZUG

Wo: Paris

Wann: 1893

Bericht: Lord Dufferin

Frederick Hamilton-Temple-Blackwood, der Erste Marquess von Dufferin und Ava, machte in den Jahren 1860 bis 1896 eine außerordentliche diplomatische Karriere, die in seiner sechsjährigen Tätigkeit als britischer Botschafter in Paris gipfelte. Er war ein großer Geschichtenerzähler, und eine seiner Tisch-

Eine einsame Straße erstreckt sich in die Ferne. In solchen Landschaften taucht der verschwundene Anhalter aus zahlreichen urbanen Mythen auf. Er lässt sich von einem Autofahrer mitnehmen und verschwindet später auf unerklärliche Weise.

geschichten beeindruckte seinen jungen Neffen Harold Nicolson ganz besonders.

Im Jahr 1883 übernachtete Lord Dufferin in einem Herrenhaus in der Nähe der irischen Stadt Tullamore. Eines Nachts erwachte er voller Schrecken: Seltsame und fürchterliche Geräusche waren durchs Fenster zu hören, darunter ein herzerweichendes Schluchzen, das eher von einem Tier zu stammen schien als von einem Menschen. Er stand auf und schaute hinaus – und da sah er im Schatten der Bäume und im Mondlicht einen Mann, der gebückt ging und einen Sarg auf dem Rücken trug.

Das Fenster ging auf eine Terrasse hinaus. Dufferin öffnete es, lief hinaus und rief dem Mann zu, er solle stehen bleiben. Die Gestalt hielt inne und sah sich um. Aber das Gesicht war so verzerrt von Schmerz und Hass, dass Dufferin unwillkürlich stehen blieb. Dann lief er weiter und stolperte in die

Gestalt hinein, die sofort verschwand. Der erschütterte Dufferin schrieb einen Bericht über das Erlebnis. Am nächsten Morgen informierte er seinen Gastgeber und die anderen Gäste, aber niemand hatte eine Erklärung. Jahrelang glaubte Dufferin, er habe einfach nur schlecht geträumt.

Zehn Jahre später, als Lord Dufferin Botschafter in Paris war, nahm er an einem Empfang im Grand Hotel teil, begleitet von seinem Sekretär. Sie standen mit anderen Gästen vor dem Aufzug, aber als die Tür aufging, taumelte er zurück, zog seinen Sekretär mit sich und weigerte sich, den Aufzug zu betreten. Denn das Gesicht des Aufzugführers war dasselbe wie das des Mannes, den er in Irland gesehen hatte.

Die anderen Gäste ignorierten sein Verhalten und drängten sich in den Aufzug, der dann langsam nach oben fuhr. Aber noch während Dufferin sich abwandte, um den Hotelmanager über den Angestellten zu befragen, hörte er das schreckliche Geräusch reißender Kabel, und Sekunden später stürzte der Aufzug in den Schacht. Alle Fahrgäste kamen ums Leben. Der zerquetschte Aufzugführer schien keine Angehörigen zu haben, überhaupt wusste niemand, wer er eigentlich war. Er war erst an diesem Tag angestellt worden. Aber Lord Dufferin war überzeugt, dass seine Vision zehn Jahre zuvor in Tullamore ihm das Leben gerettet hatte.

KOMMENTAR

Lord Dufferins Neffe Harold Nicolson wurde Schriftsteller und verwendete die Geschichte später für eines seiner Bücher. Der erste Bericht wurde aber schon 1920 von dem französischen Psychologen R. de Maratray veröffentlicht, der ihn von Nicolson gehört hatte und auch in sein Buch *Der Tod und seine Geheimnisse* (1923) aufnahm.

Kurz nach der Veröffentlichung untersuchte Paul Heuze, Journalist bei der Pariser Zeitschrift *l'Opinion*, den Inhalt. Er wies nach, dass das Buch voller unbewiesener Geschichten war und dass nicht zuletzt Lord Dufferins Bericht nicht durch Fakten gestützt wurde. Der Unfall im Grand Hotel war 1878 geschehen, fünf Jahre vor Dufferins angeblichem Erlebnis in Irland und zu einer Zeit, als er Generalgouverneur in Kanada war. Außerdem hatte es nur ein Todesopfer gegeben, eine junge Frau.

Im November 1949 kamen noch weitere Fakten zutage, als ein gewisser Louis Wolfe. Der Sekretär der Gesellschaft teilte ihm mit, der Fall sei nie untersucht worden, schrieb dann aber in dieser Angelegenheit an Lord Dufferins Enkelin. Sie erwiderte, ihr Großvater habe die Geschichte oft erzählt, aber über jemand anderen. Ein Freund, dessen Namen er nicht genannt habe, sei in Glamis Castle in Schottland des Nachts einem Mann mit verzerrtem Gesicht begegnet.

Weitere Untersuchungen förderten eine ähnliche Geschichte in einer Nummer der spiritistischen Zeitschrift *Light* vom 16. April 1892 zutage. Der Herausgeber, Reverend Stainton Moses, schrieb darin, sie sei ihm von einem persönlichen Freund übermittelt worden und sei echt und glaubwürdig. Darin ging es um eine junge Frau, die geträumt hatte, sie höre ein Klopfen an der Tür und sähe beim Hinausschauen einen Leichenwagen mit einem seltsame aussehenden Fahrer, der sie fragte: »Sind sie so weit?« Einige Wochen später sei sie in einem großen Warenhaus in der Stadt beinahe in einen Aufzug gestiegen, habe dann aber das Gesicht des Mannes wiedererkannt. Er habe sie auch wieder gefragt: »Sind Sie so weit, Miss?« Daraufhin habe sie den Aufzug nicht betreten, und er sei wenig später abgestürzt.

Die Geschichte hat sich also auf verschiedenen Wegen verbreitet, und dabei wurden einige Details

Der erste Marquess von Dufferin und Ava. Seine Dinnergeschichten gaben Anlass zu einem hartnäckigen Mythos, der sich von Irland nach Frankreich verbreitete, später auch in die USA und wieder zurück nach Europa.

verändert. Irgendwann erschien sie auch noch in der amerikanischen Veröffentlichung The Progressive Thinker und als Nachdruck noch einmal in der Zeitschrift Light vom 9. Februar 1907. Da ging es dann um eine gewisse Miss Gray aus dem US-Bundesstaat Washington, die zu Besuch in Chicago war und in einem der neuen Warenhäuser einkaufen wollte. In der Nacht zuvor sah sie ein unbekanntes Gesicht vor ihrem Fenster und entdeckte unten einen Leichenwagen. Der Besucher saß auf dem Fahrersitz und nickte ihr zu.

Als sie am nächsten Tag in dem Warenhaus einen Aufzug betreten wollte, nickte ihr derselbe Mann zu und sagte, er hätte noch für eine Person Platz. Sie weigerte sich jedoch, und der Lift stürzte wenig später vier Stockwerke tief, wobei zwei Fahrgäste getötet und alle anderen verletzt wurden.

Die verschiedenen Versionen dieser Geschichte zeigen, wie stark die Anziehungskraft urbaner Mythen sein kann.

DER FLIEGENDE TOD

Wo: Shallufa, Ägypten

Wann: 1942

Bericht: Wing-Commander G. A. Potter

Zur Zeit seines verstörenden Erlebnisses war Wing-Commander G. A. Potter Offizier bei der Royal Air Force und hatte Verwaltungsaufgaben am Boden. Er war zuständig für ein Bomberkommando, das während des Zweiten Weltkriegs Torpedos und Minen im östlichen Mittelmeer legte. Dreißig Jahre später berichtete er: »Irgendwie konnte ich ›sehen‹, wer von den Männern sterben würde. Ich erinnere mich, dass eines Nachts der Adjutant kam und mir sagte, ein kanadischer Pilot hätte sich in der Offiziersmesse betrunken und wolle die Bar nicht verlas-

sen. Ich wusste auf einmal, dass er zum Sterben verurteilt war, und sagte: ›Lassen Sie den armen Teufel in Ruhe, er hat nur noch zwei Tage zu leben und weiß das vielleicht sogar.‹ Zwei Tage später war er tot.«

Potter redete sich einen Zufall ein. Leider verloren ja bei diesen Kommandos sehr viele Männer ihr Leben. »Aber ich habe einfach zu oft ohne Zweifel gewusst, dass ein Mann bald sterben würde. Und meine Voraussagen waren immer richtig, so schrecklich ich das auch selbst fand.«

Dann kam seine fürchterlichste Vision. Als Potter eines Nachts noch in die Offiziersmesse ging, sah er den Wing-Commander einer Torpedoschwadron umgeben von seinen Offizieren. »Sie waren gute, fröhliche Jungs und ich mochte sie sehr. Der Commander war ein großer, gut aussehender Mann mit blonden Locken und einem netten Lächeln. Er war immer höflich und sehr beliebt … Dann kam der Flugoffizier Lamb herein und schloss sich mir an … Ich holte ihm einen Drink. Als ich ihm das Glas reichte, lachten die Männer links von mir laut auf, und ich schaute hinüber. Da sah ich, wie Kopf und Schultern des Wing-Commander sich ganz langsam in eine blauschwarze Tiefe bewegten. Seine Lippen wurden zu einem schrecklichen Grinsen verzogen, seine Augen waren nur noch leere Höhlen, und sein Gesicht wurde allmählich grün und lila. Neben seinem linken Ohr löste sich die Haut.«

Der Offizier Lamb sprach ihn an und sagte, Potter sähe aus, als hätte er ein Gespenst gesehen. Potter sagte ihm, genau das sei gerade passiert, und er zeigte auf den Wing-Commander, aber Lamb sah nicht dasselbe wie er. Potter fragte sich, ob er seine Beobachtung melden sollte, ließ es dann aber bleiben, weil ihm klar war, dass der Wing-Commander sich auf keinen Fall von einem Einsatz würde abhalten lassen. »Außerdem«, sagte er später, »bin ich überzeugt, dass meine Entscheidung, mich nicht einzumischen, ohnehin vorherbestimmt war.«

Am nächsten Morgen kam es zum Einsatz, und am folgenden Tag erfuhr Potter, dass das Flugzeug des Wing-Commander abgeschossen worden war, dass er und seine Leute sich aber in ein Boot hatten retten können. »Da war ich sehr erleichtert«, sagte Potter. »Aber nur für kurze Zeit, denn man hat die Männer trotz intensiver Suche nie gefunden. Und da wusste ich, was meine Vision bedeutete. Die blauschwarze Tiefe war das nächtliche Mittelmeer. Und der Mann trieb dort irgendwo, nur von seiner Schwimmwester über Wasser gehalten.«

KOMMENTAR

Die Geschichte wurde in dieses Buch aufgenommen, nicht um Potters Bericht in Zweifel zu ziehen, sondern weil sie typisch für viele Geschichten ist, die im Krieg zirkulierten. Es handelt sich um eine besondere Art des urbanen Mythos. Der Stress der Kriegserlebnisse kann durchaus zu paranormalen Visionen dieser Art geführt haben. Später sind die Geschichten dann weitererzählt und ausgeschmückt worden, bis man ihren Ursprung nicht mehr zurückverfolgen konnte.

EINE EISKALTE TÄNZERIN

Wo: Eine Küstenregion in den USA

Wann: 1950er Jahre

Bericht: Debby Creecy und Sharon McPartland

Joy Hendrix, ihr Mann und ein Freund fuhren eines Abends von Savannah in Georgia an den Strand, wo sie tanzen gehen wollten. Die Straße war lang und gerade, und auf der Fahrt sahen sie ein Mädchen weit voraus am Straßenrand stehen, vermutliche eine Anhalterin. »Es war windig, und ihre langen blonden Haare schienen ebenso zu wehen wie ihr weißes

Kleid«, berichtete Joy später. Der Fahrer hielt an, und das Mädchen fragte, ob man sie bis zum Strand mitnehmen könnte.

Es war zwar Sommer, aber nicht besonders warm. Die anderen im Auto waren warm angezogen, während das Mädchen nur ein ärmelloses Kleid trug. »Wir waren vielleicht eine Meile gefahren, da sagte sie, ihr wäre so warm und ob wir wohl das Fenster aufmachen könnten«, erinnerte sich Joy. »Irgendwie hatten wir das Gefühl, mit ihr stimmt etwas nicht. Aber wir machten das Fenster auf, sie war ja nett.« Sie fragten die Anhalterin, ob sie mit ihnen in die Tanzhalle gehen wollte, und sie sagte, das würde sie gern tun. Vor dem Tanzen wollten sie noch zum Pier spazieren, dachten aber, das wäre ihr vielleicht zu kalt. Aber sie sagte, das wäre eine schöne Erfrischung, ihr sei immer noch so warm.

Man ging also erst zum Pier und dann zu der Tanzhalle, und nachdem der Freund mit der Anhalterin getanzt hatte, entschuldigte sie sich für einen Moment. Als sie weg war, sah er die anderen verwirrt an. »Mit der stimmt etwas nicht«, meinte er. »Als ich ihre Hand beim Tanzen anfasste, war sie eiskalt. Ihr ist überhaupt nicht warm.« Joys Mann berichtete dasselbe, nachdem er ebenfalls mit ihr getanzt hatte.

Wenig später beschlossen die Hendrix', nach Hause zu fahren, und die Anhalterin schloss sich ihnen an. Der Freund, dem sie gut gefiel, fragte nach ihrer Adresse, sie gab sie ihm und sagte, sie hieße Rose White und er könne sie jederzeit anrufen. Aber sie bestand darauf, dass man sie dort wieder absetzte, wo sie ins Auto gestiegen war.

Am nächsten Tag wollte der Freund Rose wiedersehen und bat das Ehepaar Hendrix, mit ihm zu der Adresse zu fahren, die sie ihm gegeben hatte. »Wir fuhren also an die Stelle, wo wir sie abgesetzt hatten«, berichtet Joy. »Und das war tatsächlich ihre Adresse.« Die Hausnummer, die Rose dem Freund genannt hatte, war etwa eine Meile von der Hauptstraße entfernt, aber dort befand sich ein Kloster. Sie

Die Geschichte von Rose White ist eine Variante des urbanen Mythos vom verschwundenen Anhalter. Aber in diesem Fall gibt es nicht nur Erzählungen um mehrere Ecken, sondern direkte Berichte der Betroffenen.

fragten sich, ob sie vielleicht eine Nonne war, die für eine Nacht ausgerückt war, und ob sie vielleicht deshalb nicht gewollt hatte, dass man sie nach Hause brachte. Trotzdem beschlossen sie, nach ihr zu fragen. Die Schwester, die ihnen die Tür öffnete, sah sie

besorgt an und ließ sie herein. »Wann haben Sie Rose White kennengelernt?«, fragte sie. Als sie ihr sagten, dass sie das Mädchen am Abend zuvor getroffen hatten, holte sie ein altes Fotoalbum aus dem Regal und bat sie, sich ein Foto von Rose anzusehen. Tatsächlich fanden sie sie schnell, und die Schwester sagte ihnen, sie seien nicht die ersten, die nach Rose fragten. Sie würde ihnen zeigen, wo sie sei. Dann ging sie mit ihnen zum Auto und brachte sie zu einem nahe gelegenen Friedhof. Wenig später standen sie vor einem Grabstein mit dem Namen Rose White.

Die Schwester erklärte ihnen, Rose sei vor vielen Jahren gestorben, am Tag ihres Highschoolabschlusses. Und gestern sei der Jahrestag ihrer Beerdigung gewesen. »Ja«, sagte sie, »Rose White ist schon drei Mal gesehen worden, immer an diesem Tag. Sie kommt nur alle fünfzehn Jahre zurück.«

KOMMENTAR

Dies ist ein relativ frühes Beispiel der Anhaltergeschichte. Interessant ist daran, dass sie angeblich direkt von den Betroffenen erzählt wurde. 1971 lebte Joy Hendrix in Metter in Georgia. Ihr Bericht wurde von Debby Creecy und Sharon McPartland aufgezeichnet.

In seinem Buch *The Vanishing Hitchhiker: American Urban Legends and their Meanings* (1981) zieht der Literaturwissenschaftler J. H. Brunvand fast alle derartigen Geschichten in Zweifel. Er führt ihre Ursprünge über Generationen hin zurück und erklärt, dass man kaum feststellen kann, welche von ihnen auf echten Erlebnissen beruhen. Er stützt diese Ansicht auch überzeugend ab, aber es wäre interessant, von ihm zu hören, was er zu den hier wiedergegebenen Geschichten sagt, in denen Namen, Daten und Orte genannt werden.

Trotzdem muss man zugeben, dass auch diese Geschichte an ganz unterschiedlichen Orten wieder auftaucht. Auf Hawaii ist sie mit Pele, der Göttin des Vulkans Mauna Loa verbunden, die in Gestalt einer alten Frau mit einem Korb an der Straße auftaucht und wieder verschwindet. In Malaysia gibt es den Langsuyar, einen Vampirgeist, der die Gestalt eines hübschen Mädchens annimmt und auf einsamen Straßen Autos anhält. Sobald das Mädchen ins Auto einsteigt, fliegt es unter entsetzlichen Schreien in die Luft.

Die folgenden Geschichten sind wesentlich schlichter und durch die äußeren Umstände auch gut dokumentiert. Die Ähnlichkeit in der Form ist aber schon auffällig. Vielleicht handelt es sich um einen archetypischen Mythos. Die Leute, die davon berichten, haben durchaus etwas erlebt, bauen es aber in eine Erzählung ein, die dem Archetyp entspricht.

ERSCHEINUNG IN UNIONDALE

Wo: Bei Uniondale, Südafrika

Wann: 1978

Bericht: Dawie van Jaarsveld und andere

Am einem frühen Abend im Frühling 1978 fuhr Corporal van Jaarsveld von der südafrikanischen Armee auf seinem Motorrad die Barandas-Willowmore-Straße bei Uniondale entlang. Er wollte seine Freundin auf der Louterwater Farm besuchen. Über Kopfhörer hörte er dabei Radio. Vor ihm an der Straße stand plötzlich eine hübsche dunkelhaarige Frau, die eine dunkle Hose und ein blaues Oberteil trug und offensichtlich mitgenommen werden wollte. Er hielt an und sah sich vorsichtig um, weil er ausschließen wollte, dass sie nur der Köder für einen Raubüberfall war, aber nachdem er sich vergewissert hatte, bot er ihr den Rücksitz an und gab ihr seinen zweiten Helm und einen Ohrhörer, damit sie ebenfalls Radio hören konnte.

Nach ein paar Meilen spürte van Jaarsveld, dass sein Motorrad hinten seltsam hüpfte. Als er sich umsah, war die Mitfahrerin verschwunden. Er hielt an und fuhr zurück, weil er fürchtete, die junge Frau wäre heruntergefallen. Aber nirgendwo war eine Spur von ihr zu sehen, weder auf der Straße noch im Gelände. Der zweite Helm hing ordentlich an seinem üblichen Platz.

Bald erfuhren die Medien von dem Zwischenfall, und zwei örtliche Ermittler, Cynthia Hind und David

Corporal Dawie van Jaarsveld nahm in der Nähe von Uniondale in Südafrika eine junge Frau mit. Sie verschwand bei hoher Geschwindigkeit spurlos vom Rücksitz seines Motorrades.

Barritt, untersuchten die Sache. Hind besuchte ein Café in Uniondale, dessen Besitzerin bestätigte, dass van Jaarsveld sie kurz nach dem Vorfall angerufen hatte. Sie sagte, er habe sehr verstört gewirkt. Auch auf der Louterwater Farm bestätigten alle, der Corporal sei sehr beunruhigt gewesen. Barritt zeigte van

Jaarsveld ein Foto, auf dem er die junge Frau sofort erkannte. Es war Maria Roux, die im Alter von zweiundzwanzig Jahren am frühen Morgen des 12. April 1968 bei einem Verkehrsunfall ums Leben gekommen war. Der Wagen ihres Verlobten war damals von der Straße abgekommen.

Es zeigte sich, dass zwei Jahre zuvor ein gewisser Anton Le Grange ein ähnliches Erlebnis gehabt hatte. Er hatte eine junge Frau mitgenommen, die ihm eine Adresse nannte, die später nicht verifiziert werden konnte. Auch diese Frau war unterwegs verschwunden. Le Grange sagte aus, er habe einen Schrei vom Rücksitz seines Autos gehört, und als er sich umsah, war die rechte hintere Tür offen. Interessant daran war, dass direkt hinter Le Grange ein Polizist auf der Straße fuhr. Er hatte gesehen, wie die Tür aufging, aber einen Menschen hatte er nicht bemerkt.

KOMMENTAR

Ungewöhnlich ist an diesem Fall, dass eine ganze Reihe von unabhängigen Zeugen involviert sind und dass die Erscheinung plausibel identifiziert werden kann. Noch einige weitere Fahrer auf dieser Straße konnten von ähnlichen Erlebnissen berichten.

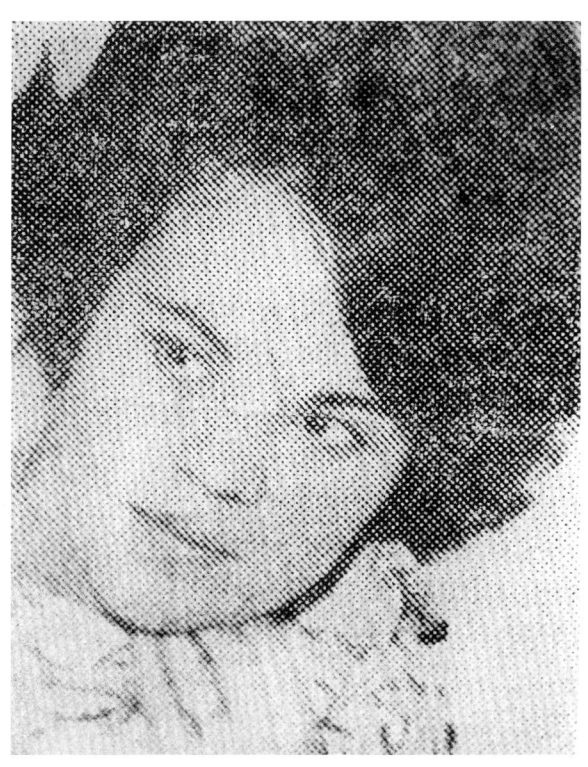

Als van Jaarsveld später ein Foto von Maria Roux zu sehen bekam, erkannte er sie sofort. Sie war zehn Jahre vor ihrer Begegnung mit van Jaarsveld bei einem Verkehrsunfall nahe Uniondale getötet worden.

EIN GESPENST ODER EINE ÄNDERUNG DER PLÄNE?

Wo: Stanbridge, Bedfordshire, England

Wann: Oktober 1979

Bericht: Roy Fulton

In einer nebligen Herbstnacht im Jahr 1979 sah Roy Fulton einen Anhalter an der Straße nahe dem Dorf Stanbridge. Er kam von einem Darts-Match im Pub zurück, hatte aber im Laufe des Abends nur sehr wenig getrunken. Der Anhalter war ein blasser junger Mann, der nur ein weißes Hemd und eine dunkle Hose trug. Fulton hielt an und fragte ihn, wohin er wollte. Der junge Mann zeigte nur in Richtung Dunstable, sagte aber nichts und sah ziemlich verwirrt aus. Fulton dachte, er könne vielleicht nicht sprechen oder sei geistig behindert. Auf jeden Fall zeigte er auf seinen Rücksitz, der Mann stieg ein,

und Fulton fuhr weiter mit etwa 40 Stundenkilometern Geschwindigkeit. Als er sich umdrehte, um dem Mann eine Zigarette anzubieten, war dieser verschwunden. »Ich bremste und schaute auf den Rücksitz, aber er war nicht da. Also klammerte ich mich am Lenkrad fest und fuhr los wie der Teufel.«

Wenig später meldete er den Vorfall der Polizei, aber obwohl man ihm dort durchaus glaubte – was übrigens auch für einen Reporter der *Dunstable Gazette* galt, der ihn interviewte –, konnten die Beamten nicht viel tun. Fulton blieb überzeugt, dass er jemanden mitgenommen hatte und dass dieser Jemand einfach vom Rücksitz verschwunden war.

Wer fürchtet sich mehr, der Autofahrer oder der Anhalter? Als Roy Fulton feststellte, dass der Mann, den er mitgenommen hatte, spurlos verschwunden war, wurde ihm sehr unbehaglich zumute. Aber vielleicht war der Mann auch schon früher aus dem Wagen gesprungen, weil er seinerseits Angst hatte.

KOMMENTAR

Die Geschichte wurde hier aufgenommen, weil sie auf einem persönlichen Bericht beruht. Anders als bei den beiden anderen Fällen gibt es hier jedoch keine weiteren Zeugen. Außerdem kann es durchaus sein, dass der junge Mann zunächst die Einladung annahm und die Tür des Wagens öffnete, es sich dann aber anders überlegte und die Tür wieder schloss, ohne tatsächlich einzusteigen. Dann hätte Fulton nur geglaubt, jemand säße hinten in seinem Auto auf dem Rücksitz.

RECHTZEITIGE WARNUNG

Wo: Palavas-les-Flots bei Montpellier, Frankreich

Wann: 20. Mai 1981

Bericht: Hilary Evans

Am späten Abend des 20. Mai 1981 fuhren zwei Paare nach einem Ausflug zum Strand zurück nach Montpellier. Ihr Auto war ein zweitüriger Renault 5, die beiden Männer saßen vorne, die Frauen hinten. Als sie in Palavas-les-Flots ins Landesinnere abbogen, stand ein weiß gekleidetes Mädchen am Straßenrand, und obwohl der kleine Wagen schon ziemlich voll war, hielt der Fahrer an, da er die junge Frau nicht zu nächtlicher Stunde draußen stehen lassen wollte.

Er sagte, er führe nach Montpellier; das Mädchen nickte, sagte aber nichts. Der zweite Mann stieg aus, damit man den Sitz nach vorn klappen konnte, und das Mädchen quetschte sich zwischen die beiden Frauen auf den Rücksitz. Als sie weiterfuhren, rief die Anhalterin plötzlich: »Pass auf die Kurven auf! Pass auf die Kurven auf, das ist lebensgefährlich!« Der Fahrer verlangsamte die Fahrt, und in diesem Moment schrien die beiden Frauen hinten erschro-

cken auf, weil die Anhalterin nach ihrem Warnruf einfach verschwunden war.

Sie konnte unmöglich einfach während der Fahrt ausgestiegen oder abgesprungen sein, aber der Fahrer hielt trotzdem an, und die vier suchten nach ihr. Da sie sich keinen Reim auf die Sache machen konnten, informierten sie in Montpellier die Polizei. Ein gewisser Inspektor Lopez nahm den Fall auf. Er erklärte später: »Ihre Panik war nicht gespielt, wir merkten schnell, dass sie es ernst meinten. Wir waren sehr besorgt.«

KOMMENTAR

In seinem Buch *Visions, Apparitions and Alien Visitors* beschreibt Hilary Evans diesen und auch noch einen ähnlichen weiteren Fall aus dem Jahr 1976. Er ereignete sich in Bagnères, ziemlich weit von Montpellier entfernt. Wie im hier wiedergegebenen Fall war das Auto ein zweitüriges Modell, ein Neuwagen, den zwei junge Männer aus der Stadt probefuhren.

Auch hier musste der Beifahrer den Sitz umklappen, damit die Anhalterin einsteigen konnte. Und auch hier warnte die Anhalterin vor den Kurven und sagte, es habe schon eine ganze Reihe von Unfällen gegeben. Der Fahrer fuhr langsamer, die beiden Männer versuchten die junge Frau zu beruhigen. Ein paar Minuten später sagte einer von ihnen über die Schulter: »Sehen Sie, Madame, andere Leute bringen sich hier um, aber wir kriegen das hin.« Als sie nicht antwortete, schauten die beiden Männer hinter sich – und der Rücksitz war leer.

Die Quelle für diese zweite Geschichte ist allerdings verdächtig: Sie erschien zuerst in der französischen Zeitschrift *Lumières dans la Nuit* und könnte für eine ganze Reihe von Nachahmergeschichten verantwortlich sein. Hilary Evans berichtet, dass man die Straßen in der Region inzwischen umgebaut und entschärft hat. Ob das Anhaltergespenst danach noch aufgetreten ist, konnte er nicht sagen.

GEISTER: FRÜHE ERKLÄRUNGEN

Kehren die Toten zurück? Seit frühester Zeit stellen Menschen sich diese Frage, und die Antworten bilden den Kern einiger primitiver Mythen.

Animistische Vorstellungen, die Vorläufer der komplizierteren Religionen, sahen in allem – in Bäumen, Steinen, Bergen, Flüssen und Seen – Geister, die angesprochen, respektiert und besänftigt werden mussten. Allmählich bildete sich eine Hierarchie dieser Geister heraus, die Vorstellung wichtiger Götter entstand, und daraus entwickelte sich ein oberster Gott, dem die anderen untertan waren.

Und wo stand die Menschheit in diesem Bild? Die Menschen hatten natürlich ihre eigenen Geister. Alle alten Religionen glaubten, dass der Geist des Menschen den Körper bei seinem Tod verlässt und sich unter all die anderen unsichtbaren Wesen mischt.

Die frühen Religionen gingen allerdings nicht davon aus, dass der Geist oder die Seele aus ihrer natürlichen Umgebung in ferne himmlische Gefilde ging. Einige afrikanische Religionen glauben gar nicht an einen natürlichen Tod. Sie gehen davon aus, dass der Mensch nicht mehr in seinem Körper lebt, weil er dort gestört wurde. Entweder durch andere Menschen oder durch böse Geister. Entsprechend

In der buddhistischen Tradition Chinas wurden solche Erscheinungen als böse Geister aus der Unterwelt betrachtet. In dieser Reproduktion eines chinesischen Holzschnitts erschreckt ein »Berggeist« einen Mann beim Erwachen.

nimmt man auch an, dass die Toten nicht verschwinden, sondern weiterhin am Leben teilnehmen, wenn auch in geistiger Form.

Man kann nicht sagen, dass die Angehörigen dieser traditionellen afrikanischen Religionen ihre Ahnen »verehren«. Sie sorgen sich vielmehr um ihr Wohlergehen, bitten sie um Rat und um den einen oder anderen Gefallen. Und manchmal streiten sie sogar mit ihnen. Die Geister der Toten sind nach ihrem Glauben noch ganz klar anwesend, oft in einem persönlichen Gegenstand oder an einem Lieblingsort. Dort können sie angerufen und um Rat gebeten werden.

FEINDLICHE GEISTER

Nicht alle ursprünglichen Religionen betrachten Geister als wohlwollend. Einige südafrikanische Stämme zum Beispiel halten alle Geister für feindselig, für gefährliche Kräfte, die man besänftigen muss. Es ist, als wollten sich alle diese Geister für ihren Tod rächen. Nach einem Todesfall in der Familie wird der Tote mit einem Bann belegt und so vertrieben. Oder der Körper wird weit entfernt bestattet, damit der Geist nicht wieder nach Hause findet.

Ähnliche Vorstellungen von Geistern finden sich auch in Japan, seitdem der Buddhismus die ursprüngliche animistische Shinto-Religion verdrängt hat.

Auch die afrikanischen Buschmänner fürchten ihre Geister. Sie häufen schwere Steine auf die Gräber und errichten darüber noch einen Erdhügel, damit der Geist des Verstorbenen nicht entkommen und ihnen nicht schaden kann.

VAMPIRE

In Südostasien gelten alle Geister als bösartig. Normalerweise sind sie unsichtbar, aber sie können eine sichtbare Gestalt annehmen und werden dann als riesengroß und von schrecklichem Aussehen beschrieben. Man geht davon aus, dass sie sich von Leichen ernähren, aber auch die Lebenden angreifen können, wenn sie besonders hungrig oder besonders böse sind. In dieser Hinsicht gleichen sie Vampiren. Kleine Kinder sind besonders gefährdet. Die Geister werden auch für den Ausbruch von Epidemien und schweren Krankheiten verantwortlich gemacht.

Der Glaube an kannibalische Geister spiegelt möglicherweise alte Praktiken wider, die noch bis vor Kurzem in den Bergen von Neuguinea angewandt wurden. Dort war es eine religiöse Pflicht aller Verwandten und Freunde von Kriegern, die im Kampf fielen, den Toten aufzuessen. Dahinter stand die Vorstellung, die Tapferkeit des Toten würde auf die Überlebenden übertragen. Außerdem sicherte man sich so das Wohlwollen der Geister, die im Kampf Unterstützung leisten sollten.

Wie auch in vielen anderen Kulturen ging man hier davon aus, dass die Toten sich nur ungern von ihrem irdischen Zuhause trennten und deshalb noch lange über ihre Verwandten wachten. Manchmal griffen sie auch unerwartet ein. Unglücksfälle wurden oft den Geistern verstorbener Verwandter zugeschrieben. Die Ahnen, deren Tod schon länger zurücklag, galten allgemein als wohlwollend, aber ihr Einfluss war auch minimal. Trotzdem wurde beim Erntefest ein Schwein für sie geschlachtet.

Obwohl viele Völker der amerikanischen Ureinwohner mit ihren Geistern friedlich zusammenlebten, gab es bei den Navajo auch böse Geister. Menschen, die in hohem Alter oder als Säuglinge gestorben waren, hatten gar keine Geister, alle anderen Geister galten als böse. Und sie kehrten in verschiedenen Gestalten zurück: als Menschen oder Tiere, manchmal auch nur als ein Pfeifen im Dunkeln. Sie brachten Krankheiten und Krieg, und wenn man einen von ihnen sah, war das ein böses Omen und sagte den eigenen Tod voraus.

VOODOO-GEISTER

Viele Westafrikaner, die als Sklaven nach Haïti verschleppt wurden, brachten ihre Glaubensvorstellungen mit. Ihr Wort »vodun«, das »Geist« bedeutet, lebt in dem Begriff »Voodoo« weiter. Voodoo-Beschwörungen spielten bei der erfolgreichen Revolution 1790 unter Führung von Toussaint l'Ouverture auf Haïti eine große Rolle. Nach der Befreiung der Skaven bleibt der Kult erhalten. So verbietet man Kindern immer noch, ihren Kopf nass zu machen, vor allem im Zusammenhang mit Tau, weil Wasser die Geister anzieht und weil der menschliche Geist im Kopf lebt. In der Nacht gehen böse Geister um, deshalb müssen Fenster und Türen fest geschlossen werden. Doch der *loup-garou,* der das Blut von Kindern trinkt, kommt durch das Schlüsselloch. Dann gibt es noch den tonton macoute, einen bösen Geist, der Kinder mitnimmt, wenn sie nicht brav sind. Er wurde zu einer schrecklichen Realität – nicht nur für Kinder – während der Herrschaft von François »Papa Doc« Duvalier (1957–1971), weil die Mitglieder der Todesschwadrone so genannt wurden, die die Aufgabe hatten, politische Gegner zu terrorisieren.

Freundliche und hilfreich oder bösartig – Geister haben über Hunderte von Jahren in den alten Religionen auf der ganzen Welt überlebt.

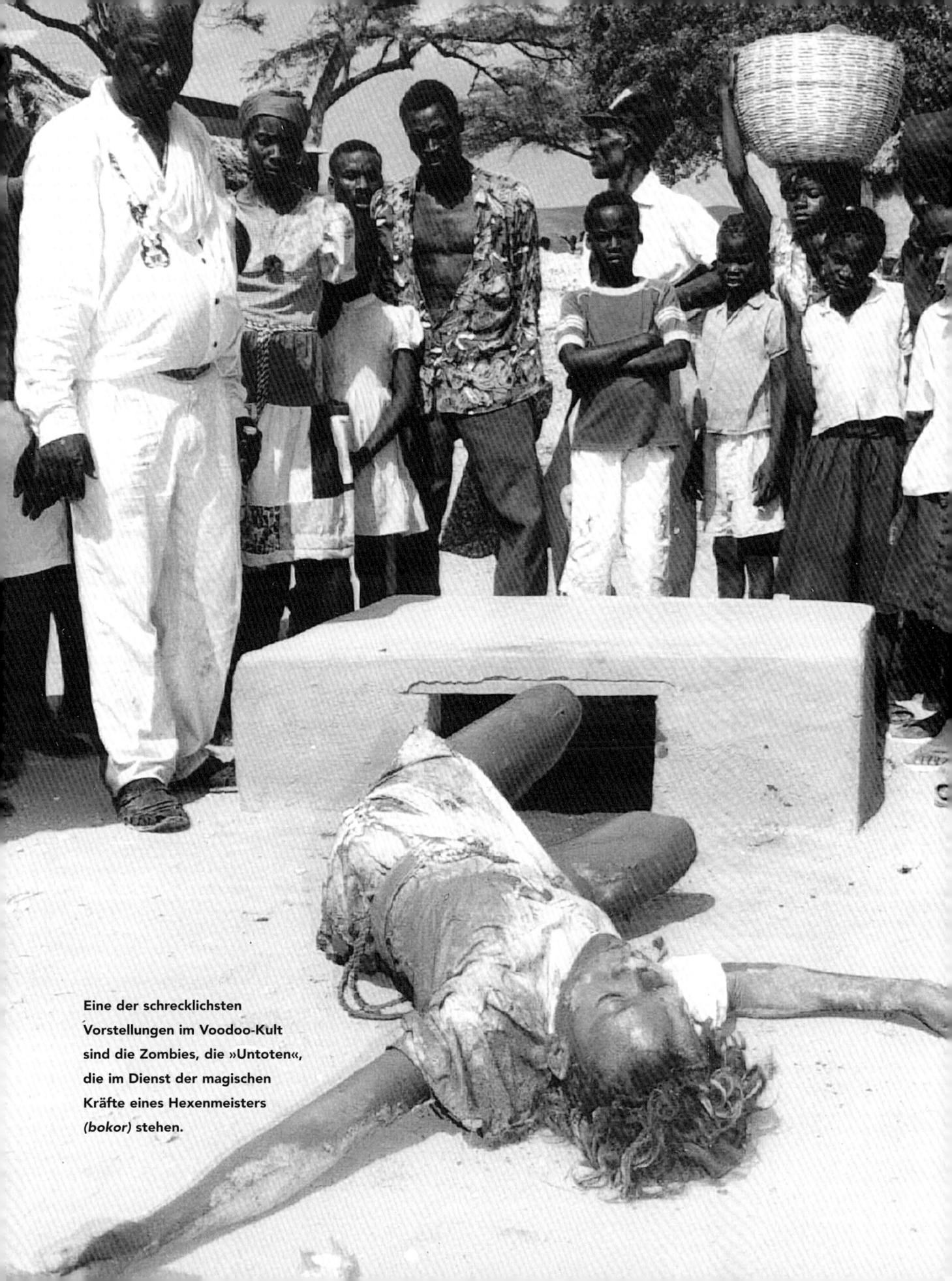

Eine der schrecklichsten
Vorstellungen im Voodoo-Kult
sind die Zombies, die »Untoten«,
die im Dienst der magischen
Kräfte eines Hexenmeisters
(bokor) stehen.

ANHANG 2

GEISTER UND DIE GEISTIGE WELT

Totenbeschwörung, die alte Praxis der Kommunikation mit den Toten, ist als »schwärzeste aller schwarzen Künste« beschrieben worden. Im 15./16. Jahrhundert wurden Leichen exhumiert und Gräber geplündert, und das englische Statut gegen Hexerei aus dem Jahr 1542 verurteilt ausdrücklich »die hinterhältigen Personen, die gesetzwidrig Anrufungen und Beschwörungen von Geistern entwickelt und praktiziert haben«. Umso erstaunlicher ist es, dass sich der Spiritismus, der sich auf die Fähigkeit gründet, mit den »Dahingegangenen« zu kommunizieren, als offizielle Religion mit Kirchen und eigenen Gottesdiensten etablieren konnte.

Die emotionale Kraft hinter der Entwicklung des modernen Spiritismus war eine Gegenreaktion gegen ein mechanistisches Weltbild, das, beginnend mit Descartes im 17. Jahrhundert, während der Aufklärung des 18. Jahrhunderts zur Blüte gelangte. Die etablierten Kirchen waren unfähig, ihre Lehren auf die neuen Entdeckungen und die Theorie von der Evolution einzustellen. Normale Menschen erkannten wie Hamlet, dass es »mehr Dinge zwischen Himmel und Erde gibt, als sich unsere Schulweisheit träumen lässt«. Und da sie bei der Kirche keinen

Die Totenbeschwörung war Jahrhunderte lang eine verbotene Praxis. Viele Legenden ranken sich um Dr. Dee, den Astrologen der englischen Königin Elisabeth I. Hier ist er mit seinem Assistenten Edward Kelly dargestellt, wie sie einen Leichnam aus einem Grab rufen.

Trost fanden, wandten sie sich anderen Glaubenssystemen zu, die ihnen ein Weiterleben nach dem Tod versprachen.

Der moderne Spiritismus geht auf die Schwestern Fox in Rochester in den USA zurück. Als »Gründungsjahr« darf man 1849 ansetzen. Ob die Schwestern nun Betrügerinnen waren oder nicht, sie förderten ein quasi-naturwissenschaftliches Interesse an medialen Fähigkeiten, das sich schnell in der gesamten westlichen Welt verbreitete. Leute, die bei Vorführungen oder durchs Hörensagen von der Möglichkeit erfahren hatten, hielten jetzt Seancen in ihren Häusern ab, und bald entwickelten sich die ersten Vereinigungen und Organisationen.

Im Jahr 1852 kam der Spiritismus auch nach Großbritannien, und zwar durch Mrs Maria B. Hayden, ein amerikanisches Medium. 1865 wurde die Association of Progressive Spiritualists in Darlington gegründet. Spätere Versuche, eine landesweite Organisation zu bilden, blieben lange erfolglos. Erst 1902 gründete sich die Spiritualists' National Union Ltd., die mitgliederstärkste Organisation in Großbritannien. Bis zur Mitte des 20. Jahrhunderts waren Großbritannien und die USA Zentren des Spiritismus. Inzwischen wächst die Bewegung vor allem in Lateinamerika, insbesondere in Brasilien, wo sie stark von afrikanischen und indianischen Glaubensinhalten profitiert.

Der Spiritismus entwickelte sich zwar aus dem allgemeinen Interesse an übersinnlichen Wahrnehmungen, nahm aber bald auch religiöse Aspekte an. Viele Spiritisten suchten nach einem Ersatz für das Christentum. Allmählich entwickelten sich Rituale, die angeblich die richtige Atmosphäre für die Kommunikation mit der anderen Welt schaffen sollten, in Wirklichkeit aber denen der etablierten Kirchen sehr ähnlich waren. Ab den 1870er Jahren bezeichneten sich viele spiritistische Organisationen als Kirchen.

Was glauben Spiritisten? Das ist schwer zu verallgemeinern, aber es gibt einige, weit verbreitete Glaubensvorstellungen. Der Mensch, so sagen sie, setzt sich aus zwei Elementen zusammen: einem sterblichen Körper und einer unsterblichen Seele, einem Geist. Beim Tod verlässt der Geist den Körper und bewegt sich auf die »geistige Ebene«. Es gibt sieben solche Ebenen, von denen die Erde die unterste ist Die zweite Ebene, oft als »Sommerland« bezeichnet, ähnelt der Erde, aber es gibt dort keinen Schmerz und kein Leid mehr. Auf dieser Ebene ist eine geistige Entwicklung möglich, ähnlich wie auf der Erde.

Böse Menschen finden sich nach ihrem Tod allein in einer Art nebligem Zwischenreich wieder. Einige spiritistische Zirkel organisieren Rettungskreise, die solche verlorenen Seelen zur Reue bewegen wollen. Wer sich im Leben zu sehr an materielle Dinge gehängt hat, kann die irdische Sphäre kaum verlassen und erscheint laut Spiritisten als Geist wieder.

BOTSCHAFTEN AUS DER GEISTIGEN WELT

Eins der interessantesten Experimente zur Kommunikation mit Toten wurde von einer Gruppe von Mitgliedern der Society for Psychical Research entwickelt. Eine Reihe von Freunden beschlossen gemeinsam, sie würden nach ihrem Tod versuchen, Botschaften an die hinterbliebenen Freunde zu senden. Um das Experiment glaubwürdiger zu gestalten, verabredeten sie, dass jeder nur Teile der Botschaft

senden sollte, sodass die Bedeutung erst klar würde, wenn die Teile zusammengesetzt würden. Zu dieser Gruppe gehörten F. W. H. Myers, ein bekannter Altphilologe, und Edmund Gurney – beide hatten bei der Gründung der SPR eine wichtige Rolle gespielt. Später kamen noch der Griechisch-Professor Henry Butcher und Dr. A. W. Verrall, ein weiterer führender Altphilologe, dazu. Die Ergebnisse des Experiments werden »Kreuzkorrespondenz« genannt.

Der Bericht über das Experiment ist kompliziert, weil darin so viele schwierige Bezüge zur klassischen Literatur enthalten sind. Es war viel Erfindungsreichtum nötig, um die Botschaften zu entschlüsseln. So mag ein frühes Beispiel genügen.

Am 16. April 1907 produzierte eine Mrs Fleming, die nicht als Medium arbeitete, beim automatischen Schreiben eine Botschaft, die da lautete: »Maurice. Morris. Mors. Und damit fiel der Schatten des Todes auf ihn und seine Seele verließ seine Glieder.« Mors ist das lateinische Wort für Tod.

Am nächsten Tag sowie eine Woche später sprach in England Mrs Leonora Piper, ein amerikanisches professionelles Medium, die folgenden Worte, als sie aus einer Trance erwachte: »Sanatos ... tanatos.« Thanatos ist das griechische Wort für Tod.

Ein weiteres Mitglied der Gruppe, Mrs Verrall, brachte beim automatischen Schreiben eine Botschaft hervor. Zunächst ein leicht verfälschten Zitat des Autors Walter Savage Landor – »wärmte beide Hände vor dem Feuer des Lebens, es scheitert, und ich bin bereit zu gehen«. Danach folgte der griechische Buchstabe Delta, das Zeichen für Tod. Dann schrieb sie noch ein lateinisches Vergil-Zitat aus der *Aeneis,* in dem es um den frühen Tod eines Neffen des Kaisers Augustus geht, und die ersten fünf Worte aus einem Lied in Shakespeares *Twelfth Night:* »Komm doch, komm doch, Tod.«

Isoliert betrachtet, mag dieses Beispiel nicht besonders überzeugend wirken. Die Damen waren allesamt bereit, Botschaften von Menschen zu empfangen, um deren Tod sie wussten. Im Ganzen gesehen lässt sich die Kreuzkorrespondenz aber nicht einfach abtun. Enttäuschend ist nur, dass die Teilnehmer des mehr über Wert oder Unwert des Spiritismus sagen konnten.

Myers angeblicher Geist soll gesagt haben: »Das beste Bild, das ich finde, um die Schwierigkeiten beim Senden einer Botschaft zu beschreiben, ist dieses: Ich stehe hinter einer milchigen Glasscheibe, die die Sicht versperrt und alle Töne dämpft, ich diktiere mühsam einem zögernden und nicht sehr aufmerk-

samen Sekretär. Ein Gefühl schrecklicher Unfähigkeit belastet mich. Ich bin nicht fähig, zu sagen, was mir so viel bedeutet. Ich kann nicht mit denen sprechen, die mich verstehen und mir glauben würden.« Damit endete das Experiment.

Die Entwicklung der Fotografie im 19. Jahrhundert fiel mit dem Aufstieg des Spiritismus zusammen. Dieses Foto eines Geistes, der während einer Seance erschien, wurde angeblich von Richard Boursnell im Jahr 1897 aufgenommen.

ANHANG 3

AUSSERKÖRPER-LICHE & NAHTOD-ERFAHRUNGEN

Forscher im Zusammenhang mit Geistererscheinungen haben die Phänomene natürlich auch mit Astralprojektionen oder außerkörperlichen Erfahrungen verglichen. Viele Menschen haben irgendwann ein derartiges Erlebnis. Als das Institute of Psychophysical Research in Oxford die ersten Untersuchungen anstellte, kamen Details zu mehr als vierhundert Fällen zusammen. Sie teilen sich in zwei Typen, die man als »parasomatisch« und »asomatisch« bezeichnet.

Beim parasomatischen Typus bemerkt das Subjekt einen doppelten Körper, eine Art Doppelgänger. »Ich schaute auf mein zweites Ich hinunter und stellte fest, dass ich eine vollständige Replik meines materiellen Selbst war. Ich berührte meine Kleidung und schaute mich an und war erstaunt zu sehen, dass ich denselben schwarzen Rock und die weiße Bluse mit den roten Punkten trug, dieselben Schuhe und so weiter … Ich erinnere mich, dass ich mich berührte und den Kleiderstoff spürte. Es fühlte sich sehr real an.«

Bei asomatischen Erfahrungen betrachtet sich das Subjekt aus einem anderen Blickwinkel und nimmt gar keine körperliche Gestalt mehr wahr, nur noch

In einer Beschreibung von Erfahrungen mit »Astralprojektionen« visualisierte Sylvan J. Muldoon seinen Astralleib so, dass dieser mit seinem physischen Körper durch eine »Schnur« verbunden war.

einen entkörperlichten Bewusstseinszustand oder, wie einer es bezeichnete, »eine Nadelspitze von Präsenz«.

In vielen Fällen kann der Beobachter den Doppelgänger noch in normaler Funktion sehen. So beschrieb ein Zahnarzt, wie er sich selbst beim Zähneziehen beobachtete, während er etwa einen Meter halb links hinter seinem Doppelgänger stand.

Erfahrungen wie diese treten selten mehr als ein oder zwei Mal im Leben auf, aber es gibt Personen, die von sich sagen, sie könnten ihren Körper beliebig verlassen. Sie beschreiben verschiedene Methoden, diesen Zustand zu erreichen. Eine bezieht sich auf verschiedene körperliche Entspannungsübungen, die zweite nutzt Konzentration und Meditation, die dritte den Vorgang des »Klarträumens«, einen Zustand, in dem sich der Träumende darüber klar ist, dass er träumt.

Praktizierende in »Astralprojektion« machen erstaunliche Angaben. Sehr häufig sind Fälle, in denen das Subjekt aus dem Körper »davontreibt« und einen anderen, unbekannten Ort besucht, der im Detail beschrieben werden kann. Diese Beschreibungen ließen sich später bestätigen. Man könnte hier auch Telepathie vermuten, aber es gibt noch weitere, erstaunlichere Experimente. »Astralreisende« behaupten, die Zimmer schlafender Freunde besucht und dort Gegenstände verstellt zu haben. Es gibt sogar Fälle, in denen das projizierte Selbst mit anderen Gespräche führt.

Viele außerkörperliche Erfahrungen finden unerwartet im Alltag statt, andere treten auf, wenn das Subjekt in eine emotionale oder körperliche Krise gerät. Wie auch immer – normalerweise gerät das Subjekt dabei in eine ruhige, freudvolle Stimmung. Manchmal ist es sogar aufgeregt oder begeistert: »Mein entflohenes Selbst fühlte sich einfach wunderbar«, berichtet eine Person nach einer solchen Erfahrung. »Sehr leicht und voller Lebenskraft, viel besser als jemals vorher oder seitdem.«

Das führt uns in den Bereich der Nahtoderfahrungen. In den letzten Jahren haben neue medizinische Wiederbelebungstechniken es möglich gemacht, Menschen wirklich vom Rand des Todes zurückzubringen. Für kurze Zeit waren sie klinisch tot, aber viele berichten, dass sie in dieser Zeit durchaus noch bewusste Erfahrungen gemacht haben.

DEM LICHT ENTGEGEN

Das erste Gefühl ist das einer extremen Ruhe, einer vollkommenen Abtrennung von den hektischen Versuchen der Wiederbelebung. Normalerweise tritt dann eine außerkörperliche Erfahrung ein, in der der Patient sich als von seinem Körper getrennt erlebt. Dann folgt das Gefühl, mit hoher Geschwindigkeit durch einen dunklen Tunnel einem hellen Licht entgegenzufliegen. Viele Menschen empfinden dabei ein geradezu ekstatisches Gefühl.

Was dann folgt, gilt heute für viele als Beweis für ein Leben nach dem Tod – und als Rechtfertigung aller Vorstellungen von Geistererscheinungen. Die Schwierigkeit besteht nur darin, dass wir uns auf die Interpretation der Patienten verlassen müssen, die selbstverständlich von ihren eigenen Erwartungen gefärbt ist.

Die Erfahrungen umfassen das Erscheinen einer Gestalt, die Liebe und Mitgefühl ausstrahlt, den Besuch eines schönen Gartens oder eine »Stadt des Lichts«, einen Schnelldurchlauf des eigenen Lebens wie in einem rückwärts laufenden Film und ein Wissen jenseits von Zeit und Raum. Dazu kommen Begegnungen mit toten Familienmitgliedern und

Freunden, die manchmal erklären, das Subjekt komme zu früh und müsse zur Erde zurückkehren. Diese Rückkehr im Rahmen einer Wiederbelebung wird oft als große Enttäuschung beschrieben. Viele Personen entscheiden sich nach einer Nahtoderfahrung, ihr Leben zu ändern, vor allem in spiritueller Hinsicht. Aber keiner von uns weiß im Voraus, ob diese Beschreibung des Lebens nach dem Tod tatsächlich zutreffend ist.

In einer von Sylvan J. Muldoons »Astralprojektionen« wurde er zu einem Haus getragen, wo er ein Mädchen sah. Wochen später traf er dieses Mädchen und konnte das Haus in allen Einzelheiten beschreiben.

ANHANG 4

AUTOMATISCHE KUNST JENSEITS DES GRABES

Arbeitet Beethoven immer noch an seiner zehnten Symphonie? Kann Albert Einstein noch Beiträge zu unserem Verständnis des Kosmos liefern? Will Picasso immer noch Bilder auf die Leinwand bringen?

Solche Fragen stellen sich, wenn wir die erstaunlichsten aller übersinnlichen Phänomene betrachten: die Entstehung von Kunstwerken – Zeichnungen und Gemälde, Kompositionen und eine Vielzahl literarischer und philosophischer Schriften – durch automatische Techniken.

»Automatisch« umschreibt in diesem Zusammenhang die Produktion von Werken, die nicht aus dem Bewusstsein der Person fließen, deren Hand sie ausführt. Die Psychologie kennt keine scharfe Unterscheidung zwischen dieser Aktivität und anderen »dissoziierten« Zuständen: Schlafwandeln, Gedächtnisverlust, Tics, multiple Persönlichkeiten, Zungenreden und viele andere Manifestationen von Trancezuständen. Diejenigen, die die Werke hervorbringen und natürlich die Spiritisten zweifeln jedoch nicht daran, dass sie im direkten Kontakt mit den Geistern der toten Künstler entstehen und deren Werk sind.

Pearl Curran aus St. Louis war fast fünfundzwanzig Jahre lang das spirituelle Medium der Schriften von »Patience Worth«, darunter Gedichte, Theaterstücke und zwei Romane.

Einige »Automatisten« versetzen sich in tiefe Trance und haben keinerlei Bewusstsein darüber, was sie da tun. Andere sind in einer leichten Trance und nur leicht benommen. Wieder andere sind wach, aber ganz in sich zurückgezogen. Und dann gibt es auch Personen, die bei vollem Bewusstsein sind und sogar Gespräche führen können, während ihre Hände bei der Arbeit sind. Auch das Bewusstsein über die Arbeit der Hände kann sich erheblich unterscheiden. Einige wissen, was sie tun und können darüber sprechen, andere sind sich dessen zwar bewusst, haben aber keine Ahnung, was sie da schreiben oder zeichnen. Und einige wissen gar nicht, dass sich ihre Hände bewegen

Lassen wir die schriftlichen Prophezeiungen von Sehern vieler Jahrhunderte seit der Zeit des griechischen Orakels in Delphi einmal beiseite, so gehören zu den frühesten Beispielen des automatischen Schreibens die *Spirit Teachings* von W. Stainton Moses (1873), oft auch als »Bibel« des britischen Spiritismus bezeichnet, und W. T. Steads Buch *After Dead* (1897). Schriften dieser Art jedoch, die von dem Psychologen William James als »seltsam vage optimistische Philosophien« bezeichnet wurden, »als ob die Autoren selbst in Trance geschrieben hätten«, unterscheiden sich stark von den meisten späteren Werken.

PATIENCE WORTH

Der Fall »Patience Worth« beispielsweise gibt Kommentatoren seit mehr als achtzig Jahren Rätsel auf. Es begann im Mai 1913 St. Louis, wo Mrs Pearl Curran und einige Nachbarn fröhlich mit dem Buchstabierbrett experimentierten und feststellten, dass es immer wieder »Pat-C« anzeigte. Einen Monat darauf buchstabierte es: »Oh, warum stählt der Kummer mein Herz? Dein Busen ist nur seine Amme, die Welt seine Wiege und das Grab sein liebendes Zuhause.« Eine eindrucksvolle, aber undurchschaubare Äußerung von Gefühlen. Dann, am 8. Juli, verkündete das Brett, die Texte kämen von »Patience Worth«.

Fast fünfundzwanzig Jahre lang überlieferte Mrs Curran die Schriften von Patience, viele von ausgezeichneter literarischer Qualität, obwohl die persönlichen Botschaften in einem seltsam archaischen Englisch verfasst waren, das aus einer seltsamen Mischung regionaler Dialekte zu bestehen schien. Patience sprach nicht viel über sich selbst. Sie gab nur an, sie sei eine Quäkertochter aus Dorset, im 17. Jahrhundert geboren, und ihre Familie sei nach Amerika ausgewandert, wo sie kurz nach der Ankunft von Indianern getötet worden sei.

Patience diktierte viele Gedichte, einige Theaterstücke und zwei lange Romane. Ihr erster Roman, *The Sorry Tale* (1917) wurde über zwei Jahre hinweg geschrieben. Er spielt in Jerusalem zur Zeit Christi und zeigt detailliertes Wissen über römische und jüdische Sitten, religiöse Gruppierungen, die Politik der Zeit und verschiedene Ereignisse. Auch das Alltagsleben und der Grundriss der Stadt waren der Autorin wohlbekannt.

Der zweite Roman, *Hope Trueblood* (1918) ist die emotionale Geschichte eines unehelich geborenen Mädchens im viktorianischen England. Er wurde nicht nur in Amerika, sondern auch in England veröffentlicht, wo seine ungewöhnliche Entstehungsgeschichte nicht bekannt war und wo er sehr gut aufgenommen wurde, nicht zuletzt wegen seiner »ausgezeichneten literarischen Qualität, … seiner gut gezeichneten Charaktere, die ausreichen würden, um ein Dutzend Romane auszustatten«. Patience' drittes großes Werk war *Telka: an Idyll of Medieval England* (1928), ein sechzigtausend Wörter umfassendes episches Gedicht.

Mrs Curran und ihre Schriften wurden von Walter Franklin Prince von der Boston Society for Psychical Research untersucht. Er war überzeugt, dass sie weder den Wortschatz, noch das notwendige Wissen besaß, um diese Werke selbst hervorzubringen. Seiner Ansicht nach konnte sie sie auch nicht unbewusst aus der Erinnerung an ihre sehr beschränkte Lektüre produziert haben.

Was die literarische Qualität angeht, so sind die Werke von »Patience Worth« die herausragendsten Beispiele automatischen Schreibens. Es gibt noch weitere, darunter *When Nero was Dictator* von Geraldine Cummins (1939) und die Werke des Brasilianers Francisco Candido Xavier.

Mit Blick auf musikalische Kompositionen war eine Londoner Hausfrau besonders fruchtbar: Rosemary Brown schrieb Originalwerke im Stil (und angeblich aus der Hand) von Liszt, Beethoven, Brahms, Debussy, Chopin, Schubert und Strawinsky. Professionelle Musiker haben sich höchst beeindruckt von diesen Stücken gezeigt. Im Laufe von Filmarbeiten eines amerikanischen Fernsehsenders im Oktober 1980 brachte Mrs Brown eine Mazurka in Des Dur aufs Notenpapier, die sie Chopin zuschrieb.

AUTOMATISCHE KUNST

Automatisches Zeichnen und Malen fällt in eine andere Kategorie. Fast jeder kennt Reproduktionen von Werken verschiedener Künstler. Wer einigerma-

Teenager in den Siebzigerjahren produzierte und als Dürer, Beardsley, Klee, Picasso und da Vinci signierte. Sogar Werke von Beatrix Potter sind darunter. Einige ähneln wirklich sehr stark dem Stil der jeweiligen Künstler, sind aber Originale. Andere sind gute, wenn auch nicht exakte Kopien bekannter Meisterwerke. Manning hat Dürers berühmtes Rhinozeros gezeichnet, und man sieht die Hand des Amateurs. Aber es gibt auch eine Kreidezeichnung im Stil von Raoul Dufy, die seltsamerweise mit »Monet« signiert ist.

Ganz anders sind die Bilder des Brasilianers Luiz Gasparetto. Während Manning ruhig dasaß und immer wusste, was um ihn herum vor sich ging, bis sein Zeichenblock mit einem offenbar genau geplanten Kunstwerk ausgefüllt war, wirft sich Gasparetto hektisch auf die Leinwand, löffelt Hände voll Farbe darauf und schmiert ein oder zwei Minuten wild herum, bis er sein Ziel erreicht und signiert. Selbst als »Van Gogh« signiert er, obwohl der Künstler selbst das nie getan hat und sich auf ein schlichtes »Vincent« beschränkte.

Dies sind nur ein paar »Stars« der automatischen Kunst, aber die Praxis der unbewussten Produktion von Kunstwerken ist weit verbreitet. Es gibt auch Medien, die Zeichnungen von verstorbenen Verwandten produzieren, ohne jeden künstlerischen Anspruch freilich. Und es gibt schriftliche Botschaften, die nicht aus der eigenen Hand stammen.

Es gibt kaum Hinweise darauf, dass es sich bei diesen automatischen Künstlern um Betrüger handelt. Wie hoch auch immer die Qualität ihrer Werke sein mag, sie ist jedenfalls deutlich höher, als wenn sie bewusst schreiben, malen oder komponieren würden. Und sie selbst sind davon überzeugt, dass sie mit den Geistern der Toten in Verbindung stehen.

Rosemary Brown schreibt eine Mazurka nieder, die ihr angeblich der Geist des Komponisten Frédéric Chopin diktierte.

ßen begabt ist und ein »künstlerisches Auge« hat, kann vermutlich auch bekannte Werke kopieren. Kunstexperten versuchen oft, auch automatische Kunst auf diese Weise zu erklären, also als rein physische Reproduktion eines Bildes, das im unterbewussten Gedächtnis ruht.

Das könnte man wohl auch von den Werken behaupten, die der Engländer Matthew Manning hervorbringt. Seine Kunstwerke umfassen eine große Vielfalt von Zeichnungen und Gemälden, die er als

ANHANG 5

GEISTER: VERSUCHE EINER ERKLÄRUNG

Was ist ein Geist? Für viele Menschen und sicher für alle Spiritisten ist die Antwort ganz einfach. Ein Geist ist die Seele eines Verstorbenen, die entweder noch nicht ganz auf einer höheren Ebene der Existenz angekommen ist oder die Schauplätze ihres Erdenlebens noch einmal besucht.

Für den Naturwissenschaftler ist die Frage nicht zu beantworten, denn seine Beobachtungen müssen von jedem anderen Naturwissenschaftler mit den entsprechenden Fähigkeiten und der entsprechenden Ausrüstung wiederholbar sein. Geister kann man nicht zuverlässig fotografieren, Tonaufnahmen sind bestenfalls von zweifelhafter Aussagekraft und können nicht vernünftig analysiert werden; außerdem war bisher niemand in der Lage, einen Geist dazu zu überreden, zu einer bestimmten Zeit aufzutauchen und reproduzierbare Phänomene zu liefern.

Angesichts dieser Probleme und der Tatsache, dass die derzeit existierenden Theorien das Auftauchen von Geistern nicht befriedigend erklären können, reagieren die meisten Wissenschaftler typischerweise so: Wenn etwas nicht erklärt werden kann, nimmt man lieber an, dass es nicht existiert.

F. W. H. Myers, ein bekannter Altphilologe und einer der Gründer der Society for Psychical Research, war der Verfasser des Buchs *Human Personality and its Survival of Bodily Death* (1903). Er spielte auch (nach seinem Tod) eine wichtige Rolle bei den Experimenten mit Kreuzkorrespondenzen.

GEISTER UND TELEPATHIE

Die SPR hat seit vielen Jahren unter ihren Mitgliedern auch Naturwissenschaftler, die bereit sind, eine offene Haltung einzunehmen. Sie neigt zu einer mittleren Lösung. Ihre Untersuchungen von Geistererscheinungen gehen seit jeher Hand in Hand mit Versuchen, die Existenz telepathischer Kommunikation nachzuweisen. Zu Beginn stellte sich vor allem die Frage, ob »Halluzinationen« nicht in Wirklichkeit Bilder waren, die empfänglichen Personen auf telepathischem Wege übermittelt wurden.

Daraus ergibt sich natürlich die Frage, ob Telepathie überhaupt vorkommt. Hier ist aber nicht der Ort, um diese Frage zu diskutieren. Viele sorgfältig kontrollierte Experimente, vor allem im Institut für Parapsychologie an der Universität Edinburgh, haben allerdings zu der Annahme geführt, dass zwischen manchen Personen nicht-physikalische Kommunikation stattfinden kann.

Daraus ergibt sich ein sehr interessantes Problem, mit dem die SPR konfrontiert war, sobald die Ergebnisse ihrer Zählung von Halluzinationen 1894 vorlagen. Die meisten berichteten Übermittlungen waren Bilder von Toten, die anscheinend versuchten, mit den Lebenden zu kommunizieren. Nun kann man gut die Hypothese aufstellen, dass bisher unentdeckte Formen von Kommunikation zwischen Lebenden vorkommen. Aber wie kann es sein, dass die Toten sich derselben Möglichkeiten bedienen?

**Der Luftfahrtingenieur J. W. Dunne entwickelte eine
faszinierende Theorie über das Wesen der Zeit, das
helfen könnte, Geistererscheinungen zu erklären.**

Diese Frage wurde von einem der Gründer der
SPR gestellt, F. W. H. Myers, und zwar in seinem Buch
Human Personality and its Survival of Bodily Death
(1903). Später griff sie G. N. M. Tyrrell in seinem
Buch *The Personality of Man* (1947) wieder auf. Wir
alle sind uns unserer Existenz bewusst, in einer
Weise, die wir anderen Lebewesen, vor allem den
Pflanzen und den meisten Tieren nicht unterstellen.
Dieses Bewusst-Sein scheint unabhängig von unse-
rem Körper und von den normalen Funktionen
unseres Gehirns zu existieren. Das führt uns zur
Vorstellung von der Seele. Nennen Sie es, wie Sie
wollen – Seele, Geist oder Persönlichkeit: Dieses
Wesen, so nimmt man an, überlebt den Tod und

kann auf dieselbe transzendente Weise kommunizieren, wie sie es im Leben tun konnte.

Aber wie und wo überlebt dieses Wesen? C. G.
Jung, der nach einer Reihe persönlicher Erlebnisse
fest an die Existenz von Geistern, an Telepathie und
andere übersinnliche Phänomene glaubte, nahm die
Existenz eines »kollektiven Unbewussten« an, an
dem wir alle teilhaben und in dem das gesamte
Menschheitsgedächtnis gespeichert ist.

Das erklärt aber nicht, warum manche Erscheinungen nur im Moment des Todes oder kurz danach
auftreten oder doch allmählich verblassen. Eine
andere Theorie geht von einer Existenz eines Kraftfeldes aus, vergleichbar mit einem elektrostatischen
oder magnetischen Feld oder vielleicht eher mit der
Wellenstruktur der Atome. Alles, was existiert, sei es
körperlich oder geistig wird durch Konzentrationen
von Energie an bestimmten Punkten in diesem Feld

repräsentiert. Beim Tod eines Menschen verteilt sich die physikalische Energie sehr schnell, aber die geistige Energie kann noch einige Zeit konzentriert an einem Punkt verbleiben. Menschen, die zu Lebzeiten telepathische Fähigkeiten besitzen oder mit den Toten kommunizieren können, sind in der Lage sich auf bestimmte Bereiche dieses Kraftfeldes einzustimmen wie ein Radioempfänger, der aus der Unzahl von Signalen einen ganz bestimmten Sender herausfiltert.

Eine einfache Analogie kann vor Augen führen, wie Geistwesen innerhalb des Kraftfeldes überleben. Jeder, der schon mal an einem ruhigen Abend ein Boot ganz sanft über einen See gerudert hat, weiß, dass die Ruder, sobald man sie aus dem Wasser hebt, Strudel bilden, die sich spiralförmig über das Wasser bewegen. Man kann sehen, wie sie über den See wandern und dabei allmählich ihre Energie verbrauchen. Dabei sind sie ein deutlicher Hinweis darauf, dass gerade ein Boot vorbeigefahren ist. Auf dieselbe Weise kann ein intensives Erlebnis – Schmerz, Schock oder was auch immer – eine Veränderung in dem Kraftfeld hervorrufen, die nach dem Tod ihre Energie behält und sich aufspüren lässt. Die Möglichkeit dieses hypothetischen Kraftfeldes erklärt auch Poltergeistaktivitäten – jedenfalls besser als jede andere Theorie.

PARALLELE UNIVERSEN

Eine andere Theorie beruht auf dem Wesen der Zeit. Die meisten Naturwissenschaftler bestehen darauf, dass sich die Zeit nur in einer Richtung, nämlich vorwärts bewegt. Sie sprechen von einem Zeitpfeil oder Zeitstrahl. Und so wie wir uns in der Zeit nicht rückwärts bewegen können, so können wir auch nicht vorausschauen. Einstein nun wies bei seiner Ausformulierung der Vorstellung vom Raum-Zeit-Kontinuum darauf hin, dass die drei

räumlichen Dimensionen und die einzelne Zeitdimension überhaupt nicht voneinander getrennt werden können: Unsere Alltagserfahrung findet in genau diesem vierdimensionalen Rahmen statt. Davon ausgehend könnte man argumentieren: So wie es räumliche Dimensionen innerhalb jeder Zeit gibt, so kann auch jede Zeitdimension.

Diese Theorie wurde von dem Mathematiker und Ingenieur J. W. Dunne entwickelt. Dunn beschäftigte sich zwar nicht ausdrücklich mit der Existenz von Geistern, aber es ist verlockend, anzunehmen, dass die Sichtung eines Geistes letztlich ein Blick hinaus aus unserem eigenen Zeitrahmen und hinein in einen anderen ist.

Der Parapsychologe G. N. M. Tyrrell trat 1908 der Society for Psychical Research bei und widmete sich nach einer frühen Karriere im Zusammenhang mit der Entwicklung des Radios der Erforschung paranormaler Phänomene.

ERFUNDENE GEISTER

In der klassischen Literatur gibt es viele Geister, ebenso in der epischen Literatur des sogenannten dunklen Zeitalters, aber man kann in diesem Zusammenhang nicht von Fiktion reden: Diejenigen die die Geschichten erzählten – und natürlich auch ihre Zuhörer – glaubten daran, dass sie existierten. Tatsächlich tauchten die einzigen nicht-historischen Geister vor dem Aufstieg des Romans im 17. Jahrhundert auf der Bühne auf.

Wenn wir den durch Totenbeschwörung herbeigerufenen Geist der Helen in Marlowes *Dr Faustus* (1594) anerkennen, ist dies vielleicht der erste erfundene Geist der Weltliteratur. Aber Vorsicht: Faustus war eine reale Person, und Marlowe hat möglicherweise an die Realität seines Paktes mit dem Teufel geglaubt. Selbst Shakespeares berühmte Geister – Hamlets Vater und Banquo in *Macbeth* – erscheinen im Rahmen dramatischer Geschichtsinterpretation.

Wirklich erfundene Geister tauchen erst in den Schauerromanen Mitte des 18. Jahrhunderts auf, darunter *The Castle of Otranto* (1765; dt. Das Schloss von Otranto), dessen Autor Horace Walpole schrieb: »Ich habe meiner Phantasie die Zügel schießen lassen, bis mich Visionen und Leidenschaften fast erwürgten.« Diese Schauerromane spielten in der

Der Geist von Jacob Marley erscheint Ebenezer Scrooge in der womöglich ersten voll entwickelten Gespenstergeschichte, Charles Dickens' *Weihnachtsgeschichte*.

Regel in Spukschlössern, auf Friedhöfen oder an anderen aufregenden und pittoresken Schauplätzen. Spätere berühmte Vertreter des Genres sind Mary Shelley, Edgar Allan Poe und Sheridan Le Fanu, aber ihre Geschichten neigten eher zum Horror als zum rein Übernatürlichen.

Washington Irving sammelte im frühen 19. Jahrhundert die Volkssagen der niederländischen Siedler in Amerika und schmückte sie aus, beispielsweise in *The Legend of Sleepy Hollow* (dt. Die Sage von der schläfrigen Schlucht), aber das vielleicht erste vollständig entwickelte Beispiel einer »Geistergeschichte« ist Charles Dickens' Weihnachtsgeschichte aus dem Jahr 1843. In ihr treten nicht weniger als vier Geister auf: Jacob Marley und die Geister der vergangenen, der gegenwärtigen und der zukünftigen Weihnacht. Da rasseln die Ketten, da hört man Schritte und Klopfgeräusche, wie sie schon in Plinius' Sage vom Geist des Athenodorus eine Rolle spielten – und in den Erzählungen so vieler weniger bedeutender Autoren. Acht Jahre nach Dickens' Weihnachtsgeschichte taucht in Charlotte Brontës Roman *Villette* der Geist einer Nonne auf, die lebendig begraben wurde.

Von da an beschäftigten sich immer mehr Autoren mit Geistern. Während des gesamten 19. Jahrhunderts interessierte man sich im Westen für übersinnliche Erfahrungen, und die Romanautoren waren nur allzu bereit, dieses Interesse zu bedienen. Wilkie Collins war ein enger Freund und Mitarbeiter

Verspieltes Gespenst: Rex Harrison wird in Noël Cowards *Blithe Spirit* von Kay Hammonds Geist heimgesucht.

von Charles Dickens, und in Romanen wie *The Haunted Hotel* (1879) hielt er die Tradition aufrecht.

Ende des Jahrhunderts war die Geistergeschichte zu einer etablierten literarischen Form geworden, mit der auch führende Autoren gern spielten. So entstand Oscar Wildes *The Canterville Ghost* (1887, dt. Das Gespenst von Canterville), Henry James setzte Maßstäbe mit seinem Meisterwerk *The Turn of the Screw* (1898, dt. Die Drehung der Schraube), das er selbst als »Falle für Leichtsinnige« bezeichnete. Diese Geschichte über den Geist des bösen ehemaligen Dieners Peter Quint und seine Geliebte, die frühere Gouvernante Miss Jessel, häuft einen literarischen Horror auf den anderen.

Die beste Sammlung makabrer Kurzgeschichten sind die Ghost *Stories of an Antiquary* (1904) des Theologen M.R. James. Sein wichtigster Rivale ist Algernon Blackwood, dessen Sammlung *The Empty House* aus dem Jahr 1906 von mehr als dreißig weiteren Büchern gefolgt wurde.

Als im 20. Jahrhundert der Skeptizismus um sich griff, spaltete sich das Genre der Geistergeschichten in zwei Richtungen auf: Entweder bewegte man sich weiter in den Bereich des Horror hinein wie in den Werken von H.P. Lovecraft, oder man wurde frivol.

Aber Susan Hills Kurzgeschichte *The Woman in Black* (1983, dt. Die Frau in Schwarz), die auch zu einem erfolgreichen Bühnenstück umgewandelt wurde, bewies, dass es immer noch Interesse an der guten alten Geistergeschichte gab. Und Stephen Kings Roman *The Shining* (1977), in der ein Junge die entsetzliche Vergangenheit des Hotels »sieht«, in dem er mit seiner Familie wegen eines Schneesturms festsitzt, setzt die Lovecraft-Tradition fort.

In jüngerer Vergangenheit haben Lindsay Clarkes Roman *The Chymical Wedding* (1989) und A.S. Byatts Roman *Possession* (1990, dt. Besessen) der Gattung der Geistergeschichte neue Dimensionen hinzugefügt.

Verliebtes Gespenst: Rex Harrison spielt diesmal selbst den Geist, als er Gene Tierney in *The Ghost and Mrs Muir* (dt. Ein Gespenst auf Freiersfüßen) erscheint.

GEISTER AUF DER LEINWAND

Seit einem Jahrhundert zeigt das Kino Geister. Oft waren die Darstellungen eher frivol wie in Noël Cowards Stück und Film *Blithe Spirit*, bei dem freundlichen Zeichentrick-Geist *Casper* und den boshaften Geistern, die die *Ghostbuster* bekämpften. Und dann gab es noch die romantischen Geister, die sich mit lebenden Partnern verbanden, wie in *Ghost – Nachricht von Sam* (1990).

In Horrorfilmen sorgen Geister immer noch für Angst und Schrecken, so in Stanley Kubricks Stephen-King-Verfilmung *The Shining* (1980) oder in *Poltergeist* (1982). Die *Insidious*-Serie (seit 2011) und die *Paranormal Activity*-Filme (seit 2007) in denen die Geschichte aufgrund angeblich gefundener Aufzeichnungen von Überwachungskameras und Amateurfilme erzählt wird, gehören ebenfalls in diese Kategorie. Die falschen Dokumentarfilme begannen mit *The Blair Witch Project* (1999), in dem drei Filmstudenten in einem Wald in Maryland verschwinden, während sie Material über eine örtliche Spukgeschichte sammeln.

In den letzten Jahren kommen auch aus Ostasien

Verrücktes Gespenst: Michael Keaton spielt den Geist in der Komödie *Beetlejuice*.

sehr überzeugende Geistergeschichten, darunter *Ringu* (1998) aus Japan und der Singapur-Hong-kong-Film *The Eye* (2002). Zu beiden gab es auch Hollywood-Remakes.

Eher psychologische, klassische Schauergeschichten auf der Leinwand finden wir in *The Innocents* (1961) einer Adaption des Henry-James-Romans *The Turn of the Screw*, in *The Others* (2001) und in *The Sixth Sense* (1999), wo ein Kinderpsychologe auf einen verstörten Jungen trifft, der mit Geistern kommuniziert.

Wenn wir annehmen dürfen, dass wir heute wie vor hundert Jahren an Geister glauben, dann können wir auch erwarten, dass Schriftsteller und Filmemacher weiterhin Geistergeschichten erzählen werden, seien sie komisch oder romantisch, beruhigend, verstörend oder schockierend.

In dem Film *Ghost – Nachricht von Sam* erscheint Patrick Swayze der trauernden Witwe, gespielt von Demi Moore.

REGISTER